ポストモダンの「近代」

目次

ポストモダンの「近代」

——米中「新冷戦」を読み解く

序　ポストモダンの「近代」

私たちは、「分かれている」とともに「つながっている」世界に生きている。ほとんどの人は国籍を持ち、領土によって区切られた国に所属している。世界は国によって分けられている。しかし、それにもかかわらず、いまやわれわれは世界中の情報を瞬時に知ることができる。衣食住ありとあらゆるものは、世界中から輸入されるし輸出されている。人によっては、ほとんど毎日世界中を飛び回っている。

このような世界に人類が住むようになったのは、「近代」と呼ばれる時代になってからである。「近代」がいつ始まったかについては、さまざまな見方がありうるが、いま世界を区分している主権国家の原型がヨーロッパで誕生した頃と考えれば、だいたい十六世紀から十七世紀頃であり、ちょうどその頃から、世界一周を試みる人びとが現れるようになった。

ほぼ同じ頃、やはりヨーロッパを中心にさまざまな領域で革新が起こった。軍事革命、科学革命、そして産業革命である。化石燃料を大々的に使う産業革命は、その新しい生産形態（産業化）により、それまで考えられもしなかった量の生産物を生み出した。海上交通も陸上交通も飛躍的に向上し、世界中が結びつけられるとともに、世界中にモノもサービスも情報もあふれかえるようになった。近代といえば、人類史上最大の経済発展の始まった時代であった。産業革命以前から世界人口は徐々に増え始め、十九世紀初めには一〇億人に達していたとみられるが、十九世紀から現在に至る人口増は爆発的で、二十世紀初めに一六億人を超え、いまや七〇億人を超えるに至った。[1] 医療技術や農業生産の向上が増大する人口を支えた。近代といえば、人類史上最大の人口爆発の時代であった。

しかし、化石燃料に依存した経済発展と人口爆発は、地球環境をも変化させた。いまや地表表面の平均気温は、産業化以前とくらべて一度以上上昇したといわれている。経済面でも人口面での近代の傾向をそのまま継続することは、人類が生存していく上での物理的条件を大幅に悪化させ、「持続可能」ではないと言われるようになった。また、近代に起こった社会変化は、世界各地で人口減少をもたらし始めている。近代の趨勢は、生態的破局が起きなくとも、大幅に変化せざるをえないのかもしれない。まして、生態的破局が起きれば、いずれは変化せざるをえない。いまや人類は、ポストモダンのあり方をさぐる段階にきているのであろう。

しかし、人類は地球大の問題にどのように対処することができるのであろうか。七〇億人以上の人びとが個々別々にこの大問題に参与できるわけではない。人びとは国によって仕切られつつも、経済や社会などさまざまな分野で「つながり」つつ生きている。したがって、ポストモダンのあり方もまた、近代の「分かれ」と「つながり」の変遷を基礎にして考えていくしかない。ポストモダンへ向かう現実と必要性のなかで、近代的なやり方とそれを超える試みが相克している。これが二十一世紀の世界システムではないか。

1　領域的主権国家

分かれるやり方について超長期的に観察すれば、近代とは、人びとに国籍を与えている主権国家という仕組みが世界中に普及していく過程であった。一定の領域を明確な線（国境）で区切り、その内部を役割構造のはっきりした官僚制で統治し、外部に対しては軍隊でもって独立を維持するという仕組みである。この仕組みを支える法的概念として登場したのが、自らより上位の権利を認めない「主権」という考え方である。このような仕組みは、丁寧にいえば「領域的主権国家」とすべきであろうが、以下、簡略化する場合は「主権国家」と呼ぶことにする。

この主権国家は、まず西ヨーロッパで成立した。中世の複雑で入り組んだモザイクのような統治組織の併存状態から、三十年戦争をはじめとする数々の混沌とした戦争のなかから、近代のイギリスやフランス、スペインやオランダやスウェーデンが主権国家として登場してきたのであった。

この領域をはっきりと区画した主権国家は、それまでになかった政治制度であった。たとえば、徳川幕藩体制は、それなりにしっかりした政治制度であったが、このような意味での領域的主権国家ではなかった。北の境界ははっきりしなかったし、南の琉球王国は清朝にも薩摩にも朝貢する存在だった。統一的な軍隊は存在しなかったし、役割構造のはっきりした官僚制も未成熟だった。幕末に至るまで主権意識も十分明確ではなかった。日本は、明治維新を経て急速に主権国家という組織形態を身につけることによって、近代の世界に参入していったのであった。

日本のように急速に主権国家の体制を作れた国は独立を保てたが、そうでない地域は、主権国家となった国々によって侵略され、植民地とされるか、混乱状態に置かれることになった。主権国家という組織形態自身が軍事的に強力であったことに加え、主権国家体制をいち早く達成した西欧諸国で産業化が進展し、これが軍事力の圧倒的格差を生み出したからである。近代が欧米中心の世界であるといわれることが多かったのは、主権国家化と産業化において、欧米地域が他の地域よりはるかに進んでいたからであった。

自らの独立と生存を確保した主権国家にしても、領域内に対する至高の主権を維持し、他国に対して下位に立たないだけの実力を現実に持つことは、それほど容易なことではなかった。領域内に主権を確立するためには、しばしば内戦が戦われた。六〇万人以上ともいわれる戦死者を出した「南北戦争」は、十九世紀最大の内戦であり、主権国家アメリカの一体性をめぐる争いであった。

また、主権国家は誰をも上位者と認めないのであるから、国家間に紛争や対立が起きた時、これを裁定するための上位の権威は存在しない。その結果、外交で解決されなかった国際紛争は、戦争で決着されることになった。戦争に敗北した国家は、不利な紛争の決着を受け入れなければならなかった。最悪の場合、国家が消滅させられることすらあった。近代において、ポーランドは、一七九五年の第三次分割で消滅し、ナポレオン戦争で復活したが、その後も何度も領土を変更させられた。国際紛争で自らが不利な決着を受け入れないためには、自らの軍事力を強化しなければならなかった。

そして軍事力の強化において決定的だったのが産業化であった。前近代の政治組織間の強弱は、鉄とか馬とかの革新的武器の導入によっても左右されたが、おおむねどれだけの人口をその組織が動員できるかによって決まっていた。産業化は、軍事力の背景として人口よりも経済力や技術力が決定的であることを示した。人口の面ではそれほど多くないイギリスが世界大国として七つの海を支配したのは産業化を背景とした軍事力が強大になったからであった。しかし、産業化は一つの国だけで起こるわけではない。多くの国が産業化を進めると、それらの国の間には成長の速度の差が生じ、新興国が常に登場することになった。十九世紀末、イギリスを勢いよく追い上げたのは米国でありドイツであった。産業化の進展の差異による「パワーシフト」と「覇権競争」もまた近代の特徴となった。

2 ネーション

主権国家分立の仕組みは、「ネーション」という概念が十八世紀から十九世紀にかけて登場したことによって、さらに複雑になった。当初の主権国家は、実力のある主権者つまり絶対君主が、その実力でもって一定領域とその領域内の人びとに主権を行使するという存在だった。しかし、この絶対君主による国家という形態に対して、国家は同質の人びと（ネーション）によって形成されなければならないという考え方が生まれてきた。(2) 君主の都合で国家が区画されるべきではなく、そこに住む同質の人びとである民族が国家を作るのであるという考え方であった。

典型的にはフランス革命を経験したフランスでこのような考え方が顕著となった。そこでは、ネーションという分かれ方は、ステートの分かれ方とほぼ同じとなり、ネーション・ステート（国民国家、民族国家）という概念が生まれることになった。(3) そして国家と人びとが一体であるとの観念は、国家の軍事力を強化することになった。徴兵されて国家のために戦うことは、国家と一体化した人びとにとっては当然のこととみなされた。ナポレオンの強さの一因は、傭兵を雇うことなく、人びとを徴発して国民軍を作れたことにあった。こうして、国民軍を作るという動きが、主権国家の生き残りのためにも必要であるとの見方が流布することになった。

歴史的にいえば、程度の差はあっても、比較的同質とみられる人びとは世界各地に存在した。

共通の言語をもったり、同じ宗教を信じていたり、共通の歴史を記憶する人びとである。しかし、そのようなネーションの分布と、十八世紀前後から出現した主権国家の領域は、必ずしも一致しなかった。その結果、「国民国家」という観念が誕生した後の時代、国家とネーションを一致させたいという運動が、近代の政治を大きく動かすことになった。「ウィーン体制」という国際秩序は、この動きを押しとどめようとした秩序であったが、十九世紀半ばまでには崩壊せざるをえなかった。結局、ドイツ語を話す人びとの暮らす何十もの国は、いくつかの戦争を経てプロシアの影響力のもと統合し、ドイツ帝国となった。また、同じ頃、イタリア語を話す人びとの住む国々も統合してイタリアとなった。

しかし、一つのネーションだと自らが思う人びとは、必ずしも一つの地域にまとまって住んでいたわけではない。当初、主権国家として成立した国々のなかには、複数のネーションが住んでいたり、また、複数の国家にわたって一つのネーションが住んでいることが稀でなかった。「民族自決」(national self-determination)という考え方は、第一次世界大戦後、一般的にいえば望ましいことであるとみられるようになったが、実際には、さまざまな紛争を起こすことになった。第二次世界大戦の端緒となったのがチェコスロバキアであったのは象徴的であった。チェコスロバキアではチェコ人が多数派のネーションであったが、その一つの地域であったズデーテン地方にはドイツ人が多数であった。イギリスやフランスが、ミュンヘン会談においてズデーテン地方のドイツへの割譲を認めたことが、その後のナチ・ドイツの連鎖的な征服を引き起こし、第二次世界大戦につながったのである。

　植民地になった地域や中国やオスマントルコ帝国のような前近代的帝国でも、ネーションの問題は、その後大きな問題となっていった。植民地の区画は、帝国主義諸国の都合によって作られたため、ネーションの分布とは一致しない場合が多かった。第二次世界大戦後、アジアやアフリカのほとんどの植民地は独立したが、独立をめぐって旧宗主国と戦争が起こることも多く、独立した後も、どのネーション（植民地の場合は、エスニック・グループと呼ばれる場合が多かった）が新国家の支配権を握るかをめぐって内戦がしばしば発生した。

　もともとの前近代の帝国の版図には、その後、別々のネーションだと考えるようになる人びとが数多く住んでいた。たとえば、前近代的帝国であった中国には、漢民族以外にもモンゴル、チベット、ウィグルなどさまざまな民族が居住していた。十九世紀後半の清朝は、アヘン戦争やアロー戦争で欧米列強に敗北すると同時に太平天国の乱などの内乱にも苦しみ、日清戦争に敗北以後も義和団事件に際しては欧米列強の介入を招いた。一九一一年の辛亥革命後は、主権国家としての体裁を保ったが、かつての清朝の版図すべてを実効的に支配することは困難であった。軍閥が各地に割拠し戦争を繰り広げ、統一をめざした蔣介石の北伐も一〇万人以上の戦死者を出す内戦となった。ロシア革命後には、モンゴルが独立し、チベットも中華民国とは衝突を繰り返した。満洲は一九三一年に日本に占領され、「満洲国」を打ち立てられてしまった。その後は、中国国民党と中国共産党との内戦、日中戦争、さらには日本が敗北したあとも、一二〇万人も戦死者が出たと推定される国共内戦と、戦火の絶えることがほとんどなかった。こうして一九四九年に成立した中華人民共和国は、この凄惨な内戦の結果、清朝の版図とみなされた領域のうちモンゴルと台湾、香港とマカオ以外をその国境の内側に確保したのであった（香港とマカオは一九九七年平和的に回収された）。

多くのネーションからなる主権国家にとって、内戦や混乱状況を防ぐことは大きな課題となった。そのための一つの方策は、国家に合わせてもう一度ネーションを再構成しようとする動きとなった。ジャワ人やスマトラ人やその他もろもろの言語を異にする集団は、エスニック・グループではあっても一つの国家を形成すべきネーションではない。国家を形成すべきネーションは、インドネシア人という、インドネシア国家の国籍を持つ人びとなのだというのが、世界で最も複雑な民族構成をもつインドネシアでとられた方式であった。言うまでもなく、アメリカ合衆国もまたその典型であったし、インドもそうであったし、中国もそのような形をとらざるをえなかった。

こうして領域的主権国家という組織形態は、国家間戦争や内戦をともないながら、そして複雑なネーションとネーションの対立をともないながら、国際関係の基本単位として地球上に普及し、二十世紀の後半には、南極以外の地球上の陸地のほぼすべてを覆うようになった。近代とは主権国家普及の時代であった。

3　人権と民主化

しかし、この主権国家の普及とほぼ時を同じくして、領域的主権国家の内的構造の一つのタイプとして自由主義的民主制という制度が誕生してきた。思想的にいえば「人民主権」という考え方がその基礎をなす。つまり、主権国家の主権は、絶対君主や専制的指導者が保持しているのではなく、本来、その国家を構成する人びとに由来するという考え方である。統治の必要のため、王や代表者に主権の行使の一部は委譲されているにしても、根源的には主権は人びとが持っている。したがって統治の必要があるからといって、王や代表からなる政府が好き放題していいわけではない。王や代表者を拘束する人びとの契約としての「憲法」が作られなければならないとの考えが生まれた。また、人びとの譲り渡すことのできない権利は、常に尊重されなければならないとの考えも主張されるようになった。このような自由主義的民主制の初期の発想の典型こそ、アメリカ合衆国であり、合衆国憲法は、そのための仕組みとして三権分立による統治機構を規定し、修正第一条から第一〇条で守るべき人権を定めたのである（「権利の章典」と呼ばれる）。

領域的主権国家のすべてにこのような自由主義的民主制や人権尊重の制度が広まったわけではない。アメリカ合衆国はじめ十九世紀に自由主義的民主制が導入された国々もあったが、その数は限られていた。また自由主義的民主制を支える代議制にしても、なかなか男女すべての普通選挙が実現したわけではない。しかも、自由主義的民主制は、必ずしも安定した政治体制ではなかった。たとえば、日本でも大日本帝国憲法によって、帝国議会が開設され、ある程度の人権は保障されるようになり、一九二〇年代には二大政党による政党内閣が成立し、一九二五年には男子のみとはいえ普通選挙が実施されるまでになった。しかし、一九三〇年代、政党政治は軍部の対応を前に機能不全に陥り、人権弾圧も行われるようになってしまった。ドイツもまた第一次世界大戦後に理想的な民主主義制度が導入されたが、その民主主義的手続きによってヒトラーが政権を握り、民主主義を破壊し、未曽有の人権弾圧を行ったのであった。

自由主義的民主制は、うまく機能すれば、多民族国家のエスニック・グループ間の対立を超克して、主権国家大のネーションを形成することができた。アメリカ合衆国が典型的な成功例であろう。独立後のインドやスハルト体制崩壊後のインドネシアもこの事例とみなしてよいであろう。他方、少数者の権利を尊重しようとする人権意識の確立しない段階で選挙制度のみを導入したようなケースでは、多数派のエスニック・グループによる支配が選挙によって正当化され、これに不満を持つ少数派との間で内戦や混乱が生まれることも多かった。また、自由主義的民主制の成立していない権威主義体制のもとでは、国家に合わせたネーション形成は、強権によって行われることになった。中華人民共和国やスハルト体制下のインドネシアがその事例である。

しかし、このようなさまざまな困難があるにもかかわらず、世界各地で民主化の動きを継続し、また一九四八年の世界人権宣言、一九六六年の自由権規約や社会権規約にみられるように国際的にも人権尊重の規範の重要性は繰り返し説かれた。自由主義的民主制の普及は、サミュエル・ハンチントンが主張したように、波のように上昇と下降をともなって進んでいった。[4]その「第三の波」が起こったのが一九七〇年代の後半であり、冷戦の終結によってさらに普及が進んだ。民主化の波の繰り返し、民主化の成功と失敗の繰り返しこそが近代であった。

4　自由貿易と保護主義

「分かれる」基本単位としての領域的主権国家の普及と内部構造の転変が、近代の世界のダイナミックスの一つのテーマであったとすると、領域的主権国家によって区切られているにもかかわらず、「つながる」動きとそのあり方が近代のもう一つのテーマであった。

近代以前にも、世界各地は、情報の流れやモノの交易さらには人の行き来によってつながっていた。仏教という情報でインドと日本はつながったし、シルクロードを通してペルシアのガラスが奈良にまで到来した。しかし、世界各地のつながりが、年の単位や月の単位で意識されるようになったのは近代になってからである。一定領域を国境によってしっかり管理するという主権国家が登場していった時代に、つながりがどんどん進んでいったということは、なかなか興味深い現象である。近代以前の政治組織体は、それほどの国境管理能力を保持しなかったにもかかわらず、一生懸命自らの版図外との交流を管理しようとした。御朱印状を持たない舟には交易させせないなどというやり方である。しかし、ヨーロッパにおいてもアジアにおいても、中世といわれる時代において、都市、商人、さらには海賊などが入り乱れ、各地の交流が現実には進み、これを政治組織が統一的に制御することは困難であった。日本や朝鮮の鎖国は、例外的に前近代国家の制御が比較的効果のあった事例にすぎない。

なぜ主権国家は、つながりを重視したのか。近代のはじめの頃は、主権国家が特許会社に独占的な交易権を与え、その利益を国家財政にあてようとした。オランダやイギリスの東インド会社がその典型例である。そして、各国は重商主義の考え方にのっとって、莫大な利益をもたらす輸入以外の輸入は制限するという形の国境管理を行った。つまり、初期の主権国家は、自らが作り出した仕組みを通して「つながり」を制御しようとした。

しかし、十八世紀末から重商主義批判の考え方が陸続と生まれるようになる。アダム・スミスやデービッド・リカルドの経済学が自由貿易を支える理論を提供したことは重要であるが、それに加えて、産業革命による産業化は、国境を越えたマーケットの必要性を生み出したのである。産業革命の現実と経済学の発展は、カール・ポラニーのいう「自己調整的市場」にすべてをまかせることによって生産は最大化されるとの考えを、産業化の最も進んだイギリスで生み出した。(5)その結果、イギリスは、一八四六年に穀物の輸入を制限した穀物法を撤廃し、一八六〇年には英仏の自由貿易を規定した英仏通商条約を締結した。さらにイギリスは、各国に自由貿易を押しつけていった。外とのつながりは商人や有限責任の制度のもと発達してきた民間の会社にまかせればよいとされた。

もっとも、すべての国が自由貿易に合意したわけではない。アメリカ合衆国は、十九世紀においては高関税をかけて自らの産業を保護しようとした。ドイツも十九世紀後半、システマティックに保護関税を利用した。しかし、全般的にいえば、十九世紀後半にかけて貿易は生産を上回る速度で成長し、ヨーロッパ諸国の間の経済的相互依存は著しく進んだ。

国家が経済活動には干渉しないという形で世界各地の「つながり」を進めていったが、その結果発生した経済現象は、必ずしもすべての人びとを満足させたわけではない。一つは景気循環であって、経済には景気のよい時期のあとには不況、時には恐慌と呼ばれるような現象が発生するようになった。景気循環にもさまざまな周期のものが観察されたが、最も長期のサイクルとしては、ロシア人経済学者であるニコライ・コンドラチェフの提唱した「長波」が有名である。とりわけ世界全体に大きな影響を与えたのは、一九二九年の大恐慌であった。これによって、当時の先進国の生産は極端な収縮を来し、各国は金本位制から離脱し、ブロック経済化が進み、自由貿易は窒息したのであった。

その後、自由貿易を促進したのは、第二次世界大戦が世界最大の産業経済となったアメリカであった。東西冷戦で東側の経済とは切断された形ではあったが、西側に関していえば、アメリカは自らの市場を開放することによって、自由貿易を広めていったのであった。

こうして、主権国家からなる世界ではあっても、イギリスやアメリカという覇権国のリーダーシップのもと、世界中の「つながり」が促進される自由貿易の時期と、それぞれの覇権国の相対的能力の低下や長期の景気循環の影響のもと、「つながり」が停滞する保護主義の時期とが交互に現れるというパターンが、近代の世界を特徴づけたのであった。

5　新しい主体の登場

主権国家からなる国際システムと密接に結びつく世界経済の併存が、近代の世界の特徴であった。そこでは、国家形成や国家競争をめぐり戦争が発生し、経済的には自由貿易と保護主義が繰り返すというパターンがみられた。しかし、近代の世界は同じパターンのみを繰り返すシステムではなかった。経済成長と世界経済のつながりの深化や、人びとの考え方の変化は、主権国家の構成のあり方、経済組織、人びとの組織形成などにも影響を与えていくことになった。

主権国家の多く、とりわけ産業化の進んだ国家が、産業化を担う企業の自由な貿易を認めたことは、企業という主体の重要性を増大させることになった。当初の国際貿易は、東インド会社などのあとを受けて取引を円滑にすることに特化した商事会社が担ったが、やがて、生産活動を行う企業自らが国際的活動に参与するようになる。製造業における最初の多国籍企業は、一八六七年にイギリスに海外工場を成立した米国のシンガー社であるといわれるが、その後、多国籍企業の数は増大し、二十世紀半ばには五〇〇〇以上になったといわれる(6)。

しかも企業の取り扱う資金量は、世界経済の拡大とともに莫大なものになっていった。一九九三年の『フォーチュン』誌の世界企業の売上統計でみると、当時世界最大の売り上げ高を誇ったのはゼネラル・モーターズであったが、その売り上げ高より多い国内総生産のあった主権国家は、二三ヵ国しか存在しなかった。二〇一八年の同データによれば、世界最大の売上高を誇る企業はウォルマートで、二五ヵ国しかこれより大きな国内総生産を持つ国家は存在しない（二五位はタイ）。

一九九〇年代以降のインターネットの登場によって、GAFA（グーグル、アマゾン、フェイスブック、アップル）など従来型の製造業と異なるプラットフォーマーと呼ばれる巨大企業の影響力が強まっている。主権国家とこれらのプラットフォーマーとの間で、巨大データの取り扱いの問題、さらには税金の問題などさまざまな調整が必要となっている。

産業化の進む世界では、保護主義的政策をとる国家は存在したとしても、他国との「つながり」をすべて切断するという国家は存在しなかった。その結果、交流を調整する仕組みが必要とされるようになる。すでに述べた通り、主権国家間の決定的対立は「戦争」で決着させるしかなかったが、交流が増大すれば、無数の小さい対立が発生する。これをすべて戦争で決着させるのは利益と費用が釣り合わない。商人や企業が活動を行い、無数の取り引きを円滑にするためのルールや規則が必要とされるようになった。一八一五年に複数国を流れるライン川の管理をするためにできた「ライン川航行に関する中央委員会」が近代最初の国際組織だと言われるが、その後もさまざまな領域で国際組織が設立された。国際電信連合（一八六五年）や万国郵便連合（一八七八年）などである。

二十世紀に入ると、それまで紛争決着の手段とされてきた戦争についても、被害が大きくなるにつれ、重大な見直しを求める声が大きくなった。当初は、戦争実施にあたって行ってよい行為と、戦争といえども行ってはいけない行為についてのルールが作られなければならないとの見方が強くなった。野蛮な戦争を防ぐために戦時国際法を確立すべきであるとして、一八九九年ハーグで開催された万国平和会議で「ハーグ陸戦条約」が制定された。

それにもかかわらず、その後発生した第一次世界大戦は、戦死者だけで八六〇万人という未曽有の全面戦争となってしまった。そもそも戦争を国際紛争の解決の手段と見なすこと自体が不当であるとの認識が大きくなったのであった。国際連盟は、まさに戦争そのものを防ぐために作られた国際組織だった。その後一九二八年に不戦条約が締結されて、国際紛争を解決するための戦争は、違法であるとの合意がなされた。しかし、それにもかかわらず、第二次世界大戦が発生し、第一次世界大戦以上の犠牲者を出してしまった。

このために作られたのが国際連合という組織であった。しかも、第二次世界大戦の原因をめぐる議論のなかから、単に戦争だけを規制するのではなく、より自由で安定した国際経済を作るための国際組織の必要性が認識され、国際通貨基金や世界銀行などの組織が設立されることになった。その後、国連を中心として国際組織は、ありとあらゆる領域に及んだ。さらにまた、世界の各地域でも、それぞれの地域ごとに国家間で取り決めを結び、さまざまな問題についての地域組織が形成された。

言うまでもなくその典型がヨーロッパ連合（EU）に結実することになる地域組織であった。数え方にもよるが、二十世紀の終わる段階で、そのような主権国家を加盟国とする国際組織は、主権国家数よりも多い三五〇以上存在する。(7)

二十世紀に入って、主権国家が加盟国となる国際組織にもまして増加したのが、非政府組織（NGO）であった。個人が国家と離れて非営利の組織を作ろうという運動は、人権意識の向上と密接に関連していた。一八三九年に設立された「反奴隷インターナショナル」は、現在も存続しており、世界最古の人権組織と自称している。一八六三年設立された「赤十字国際委員会」も、敵味方の区別なく戦争負傷者の手当てを目的としており、やはり主権国家の立場から離れた存在だった。もちろん非政府の活動もさまざまであるから、人権のみがNGO活動ではない。さまざまな領域で組織化が進んで、二十世紀末には四万を超えるNGOが世界中で活動するようになっている。小規模なNGOも多いが、なかにはきわめて規模の大きいNGOも存在する。たとえば、ビル・アンド・メリンダ・ゲイツ財団は、国際的な開発援助を行っているが、その年間贈与額は、世界第三の経済大国である日本の国際協力機構（JICA）の行う無償協力に遜色のない規模である。

NGO以外の非国家主体も重要性を増している。ローマ教会が多大な影響力を持っていることは言うまでもないが、イスラム教の組織もまた重要性を増している。さらにいえば、二〇〇一年九月十一日に米国を攻撃したアルカイダなどのテロリスト集団の影響力も増大している。テロリスト集団は、かつてであれば、主権国家でなければできなかったような武力攻撃の能力を持つようになったのである。「イスラム国」のように領域を保持して、領域的主権国家になろうとしているかにみえたテロリスト集団も存在したが、仮に「イスラム国」が掃討されなかった場合いかなる国家になっていたかは、よくわからない。いずれにしても、多くのテロリスト集団は、インターネットによる情報網も活かし、国家による制御が十分及んでいない地域に柔軟に拠点やネットワークをはりめぐらせることによって、その活動を続けており、多くの人びとへの脅威となっている。

6　ポストモダンの「近代」

主権国家を基本的な区分とし、世界経済として密接につながる近代の世界システムは、産業化によって世界全体の生産規模を爆発的に拡大しつつ、ネーションという区分法との折り合いを探求し、人権と民主化による組織原理を普及させ、自由貿易と保護主義を繰り返し、その過程で主権国家以外のさまざまな組織（非国家主体）を形成してきた。

二十世紀の後半になる頃から、このような近代の世界システムのなかに、これまでの相互作用のパターンとは異なるパターンを生じさせている空間が現れ始めているのではないかとの指摘がなされるようになってきた。カール・ドイッチュは、国家として統一されていないにもかかわらずその内部では国家間戦争が考えられないような「多元的安全保障共同体」が生まれているのではないかと指摘した。[8] また、ロバート・コヘインとジョセフ・ナイは、経済相互依存が進展した国家間には「複合的相互依存」状況が発生して、そこで行われる政治は「現実主義」の政治とは異なる政治となっていると論じた。[9] さらに、マイケル・ドイルは、安定した自由主義的民主制の国家どうしは戦争をすることが「皆無」であったとする分析を示して「民主平和論」を提唱した。[10]

筆者は、一九九六年に刊行した著書で、「現在、ヨーロッパ中世とまったく異なる技術水準のもと、世界政府（世界帝国）でもなく、また主権国家システムでもない、少なくともヨーロッパ中世と比較可能なような相互作用の形態が生まれつつある」と主張し、現代の世界システムは「新しい中世」に向かいつつあるのではないかと論じた。[11] ただし、世界システムすべての空間でそのような新しい相互作用が生まれているわけではなく、世界には、新しい相互作用のパターンが顕著な圏域（新中世圏）と、近代の傾向を保持しつづける圏域（近代圏）と、そして近代において普及した主権国家が機能不全に陥っている圏域（混沌圏）が存在すると指摘した。

「新しい中世」という用語は、複雑で多重重複的関係と普遍思想の共存という「ヨーロッパ中世」の特徴が、現代の世界システムの少なくとも一部（新中世圏）においては、新しい姿形で現れていると考え、使った用語であった。主権国家と非国家主体が複雑重複的に相互作用する一方、自由主義的民主制という考え方が普遍的に受け入れられつつあると考えたからである。理論的にいえば、この用語を変える必要は必ずしもないが、他方、「中世」にはどうしても否定的なイメージも強く、世界が暗黒化・混沌化するとの主張であるように受け取られる場合もあった。

実際、「新中世圏」という空間における国家は、自由主義的民主制が安定的に運営されている国家であり、産業化に成功し、人びとの生活水準は高い国家である。治安状況は良好であり、企業やNGOは、最大限の自由な活動が行われている。また、安定した自由主義的民主制のもとの国家の間では、国境の壁は著しく低くなり、企業やNGOや個人は、大きな制約を感ずることなく自由な活動ができる。そして、このような国々の間では、紛争解決のために国家間戦争が行われることはほとんど考えられもしない。人権が確保されたこの空間では、人びとの環境保護に関する意識も高い。気候変動への対策に最も熱心なのはこの圏域の人びとである。このような状況を「中世」と似ているという主張には、やはり時代錯誤的な面があると言わざるをえないのかもしれない。

したがって、理論的にそれほど満足いくわけでもないのであるが、現代起きている変化は「近代」を超える変化という意味で「ポストモダン」の動きとでも言うしかないかと思うようになった。他方、本書では、三つの圏域については「自由主義圏」「現実主義圏」「脆弱圏」という用語にして叙述をすることにした。それぞれの圏域内で行われる相互作用のパターンが、国際政治学の理論としての自由主義（リベラリズム）に最も近似する圏域を「自由主義圏」と呼び、現実主義に最も近似するのが「現実主義圏」であるとしたのである。そして、国家が機能不全を起こしている圏域は、人びとの生活から脆弱性が除去されない空間であるとして「脆弱圏」としたのである。

冷戦が終結し、かつての共産主義国の多くが世界経済に組み込まれ、その多くが民主化した。第I部で述べるように開発途上国を中心に驚くべき高度成長の時代に入った。貿易自由化が進むなか、インターネットの普及や交通網の整備によって、世界的な生産ネットワークは、数多くの国境にまたがる複雑なものになった。他方、二〇〇一年の9・11テロは、主権国家間の紛争よりテロとの戦いを重視するかのような傾向も生み出した。GAFAによって豊かな生活を享受しつつ、アルカイダやISに怯える米国は、ポストモダンの世界を象徴していた。

しかし、この時期、開かれた世界経済の恩恵を十二分に享受し驚異的な経済成長を遂げた中国は、近代的な領域的主権国家、そして国民国家への願望をますます強固に保持する国家であった。中国共産党は、台湾を回収するまでは完全な領域的主権国家になれないとの意識を持ち、しかも「中国人」というネーションも自発的にはなかなか形成することに成功していない。新疆ウィグルやチベットにおける強権発動が必要な理由、一国二制度のもとでの香港における「中国人」意識の希薄化や大陸への反発は、いかにナショナリズムに燃える中国においてネーションの形成が困難であるかを示している。

冷戦後の混乱から抜け出て石油価格高騰という追い風をうけて復活したロシアもまた、近代的現実主義外交を繰り広げている。ロシア人が多数住むという理由によって、武力を背景にクリミアを併合し、東部ウクライナに圧力を加えるロシアの行動は、十九世紀から第二次世界大戦以前の列強の行動を彷彿とさせるものであった。

二〇一六年に、イギリスが住民投票によってEU（欧州連合）からの離脱を決めたことは、ヨーロッパ統合に対してイギリスという主権国家が自らの意思を示した動きであった。EU域内で無制限に人びとの移動が自由になるという状況に、EU離脱を支持した連合王国の市民たちはネーションとしての反発を示したのである。

さらにまた、米国には、「米国第一」を掲げ多国間主義や国際規範にはほとんど関心をもたない大統領が誕生した。規範やルールよりも相対取引を重視するこの大統領は、国際組織の成立する以前の国際政治のあり方を志向しているようにみえる。

いまや「近代」の現実主義が復活し、ポストモダンの傾向を窒息させつつあるのであろうか。筆者は、事態はそれほど単純ではないと思う。現実主義圏（近代圏）の国々が成長著しいのは確かであり、これらの国々は十分な抑止をされない限り武力行使をもためらわないのは確かである。しかし、そのような傾向自体は、現実主義圏の国家は常に保持していた。また、自由主義圏内部のBREXITやトランプ政権の成立は、たしかにこれまでのナイーブとも言いうる地域統合や国際規範の形成に逆行している。しかし、BREXITもトランプ政権も比較的安定した民主主義の内部で発生している現象であることを忘れてはいけない。BREXITを戦争で実現するとか、これを阻止するため武力行使もためらわないなどという人はヨーロッパでは皆無である。また米国の「抑制と均衡」の仕組みは、大統領がすべての政策について専横的に振る舞うことを許さない。トランプ大統領もまた「香港人権・民主主義法案」に署名したのである。

さらにまた中国や他の権威主義体制の国々も、地球を一体化させつつある技術革新を無視するわけにはいかない。これらの技術革新を利用して徹底した監視社会を作ろうとする中国国家の姿勢自身は、主権を至高とする近代意識から生じていることは確かであるが、その試みがポストモダン状況においてそれほど容易な試みでないこともまた確かなのである。中国がいかに情報統制しようとしても、最近のウィグルにおける人権弾圧の情報が流出するなど、完璧な情報統制には困難がともなう。また、完全な情報統制をしたまま世界最高水準の知性を集めて技術革新に邁進できるかも疑問である。いま眼前に発現している「近代」は、ポストモダンの状況に制約されている。

さらにいえば、世界システムは、単に大国間関係によってのみ規定される仕組みではない。欧米中心の世界とみられてきたこのシステムにおいて、二十一世紀に入ってから、ますますアジア太平洋からインド洋を含む巨大な地域（「インド太平洋」）が重要性を増している。そして、これらの地域の発展は、人びとを貧困から決別させるとともに、地球環境を破壊しないために持続可能なものにしていかなければならないと認識されるようになってきている。このような認識の世界的な広まりによって、二〇一五年には、持続的開発目標（ＳＤＧｓ）が国連総会で合意され、気候変動問題に対処するためのパリ協定が締結された。近代を超えるための仕組みがここに提示されたと考えるべきであろう。

しかし、事態が深刻であることに変わりはない。現在、武力行使が頻発するような近代的国際政治が常態となっているわけではないにしても、そのような危険が実現する可能性がないわけではないからである。今後ますます顕著になるのは、自由主義圏と現実主義圏の間の対立が大きくなるということではないか。現実主義圏の中国やロシアは自らの権威主義的体制を変化させず経済成長を遂げた。この経済成長と今後の技術進歩を前提として、たとえば中国は、中国型の経済モデルが存在することを主張するようになった。自由主義的な経済発展モデルに対しての対抗モデルが再び登場したかもしれないのである。これは、自由主義圏の人びとにとっては深刻な問題となりうる。もし、中国型モデルが自由主義的発展モデルを圧倒して、現在の自由主義圏内部でも、中国によって統制される情報システムが情報空間を支配するようになれば、自由主義圏の自由と民主制度は圧殺されてしまうかもしれないからである。

とすれば、自由主義圏の人びとにとって現在の米中貿易戦争そして「米中新冷戦」は人ごとではありえない。米中新冷戦は、ポストモダンの近代における一つの主戦場なのである。

しかし、ポストモダンの近代には、もう一つ主戦場がある。気候変動対策である。ここでも世界が主権国家に分かれて存在している現実に直面せざるをえない。果たして世界は、パリ協定で定められた温室効果ガスの削減というポストモダンの要請に「近代」の仕組みで応えることができるであろうか。

ポストモダンに向かう現実と必要性のなかで、現実の国際政治はどのように動いているか。これが本書のテーマである。

註

（1）Massimo Livi-Bacci, *A Concise History of World Population* (Cambridge: Blackwell, 1992), p.31. および The Maddison Project Database (https://www.rug.nl/ggdc/historicaldevelopment/maddison/releases/maddison-project-database-2018) のデータ。後者については、本書五五ページの註7を参照。

（2）ネーションは、英語でも日常的には曖昧に使用され、時に国家と同義に使われる。国際連合は United Nations であり、ここでの Nations は、主権国家のことである。日本語では通常、民族とか国民と訳すが、国民というと国家の存在を前提にしており、国家を持たないネーションとか、国家内に複数のネーションがいるという状況のとき不都合を生じる。したがって、日本語としては民族とかエスニック集団といった用語にせざるをえなくなる。

（3）実際は、フランスにおいても、国境内に単一の同質のネーションが存在したかどうかはあやしい。その後何度もドイツとの間で問題になるアルザス・ロレーヌ地域の人びとが、フランス人というネーションの一員としての意識は強固ではなかったであろう。

（4）Samuel P. Huntington, *The Third Wave: Democratization in the Late Twentieth Century* (Norman: University of Oklahoma Press, 1991).

（5）カール・ポラニー『大転換——市場社会の形成と崩壊』（東洋経済新報社、一九七五年）

（6）Alice Teichova, Maurice Levy-Legoyer, and Helga Nussbaum, eds. *Multinational Enterprise in Historical*

Perspective (Cambridge: Cambridge University Press, 1986), p. 364.

（7）The Correlates of War Project のデータによる（http://www.correlatesofwar.org）。

（8）Karl W. Deutsch, Sidney A. Burrell, et. al. *Political Communities and the North Atlantic Area: International Organizaton in the Light of Historical Experience* (Princeton: Princeton University Press, 1957).

（9）Robert O. Keohane and Joseph S. Nye, Power and Interdependence: World Politics in Transition (Boston: Little, Brown and Company, 1977).

（10）Michael W. Doyle, "Kant, Liberal Legacies, and Foreign Affairs," Parts 1 and 2, *Philosophy and Public Affairs*, vol. 12, nos. 3-4 (Summer and Fall 1983), pp.205-54, 323-53.

（11）田中明彦『新しい「中世」――二一世紀の世界システム』（日本経済新聞社、一九九六年）一八八頁。同書は、二〇〇三年に補章を加えて日経ビジネス人文庫『新しい中世――相互依存深まる世界システム』（日本経済新聞社、二〇〇三年）として再刊され、さらに二〇一七年に若干の微修正をして講談社学術文庫『新しい中世――相互依存の世界システム』（講談社、二〇一七年）としてさらに再刊された。以下本書で同書に言及する場合は、書誌事項は、講談社学術文庫版で注記する。したがって、上述の註もこの原則に従えば、田中明彦『新しい中世――相互依存の世界システム』（講談社、二〇一七年）二〇五頁となる。

I

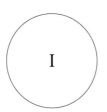

冷戦後の世界システムの展開

『RESEARCH BUREAU』二〇一八年十二月号

はじめに

一九八九（平成元）年は、世界的にいえば冷戦の終結を象徴する年であった。ベルリンの壁が打ち壊され東ドイツの人びとが西ベルリンに殺到したのは、この年の十一月であった。その後、ソ連圏のもとにあった共産主義政権は次から次へと崩壊し、一九九〇年秋には東西ドイツが統一し、さらにその翌年の一九九一年にはソ連自体が解体してしまった。

こうして、冷戦が終結するとともに、「短い二十世紀」が終わったとも言われた。(1) しかし、その後の時代がどうなるかについてはさまざまな見方が生まれた。アメリカのみが超大国として残ったのだから、冷戦後はアメリカが圧倒的に優越する「単極の時代」になるとの見方が生まれた。(2)

これとは対照的に、冷戦後の世界はかつての十九世紀から二十世紀初めのような多極の時代となって、不安定化するとの見解もあった。(3)あるいはまた、冷戦の終結によってマルクス・レーニン主義という統治に関するイデオロギーが敗退し、自由主義的民主制が唯一正統かつ有効な統治イデオロギーとして残ったので、イデオロギー間の闘争としての「歴史」そのものが終焉したとの議論もあった。(4)他方、今後は「文明」の違いが大きな意味をもつのだとの見解もあった。(5)

筆者自身は、一九九六年に書いた著書で、世界システムは全体として経済相互依存が進展し多様な主体が複雑な相互作用を行い、国家の役割が相対化するような、かつての中世にも似た「新しい中世」的な傾向を示すのではないかと論じ、当面の世界は、「新しい中世」的傾向の強い「新中世圏」と、「近代」の傾向が強く残る「近代圏」と、政治経済秩序が機能不全に陥っている「混沌圏」の三つの圏域が併存するであろうと論じた。(6)

平成三十年という今日の視点で振り返ってみるとき、世界は結局どうなったと言うべきなのであろうか。「短い二十世紀」が終わったとすれば、平成の時代とは、「長い二十一世紀」の最初の三〇年ということになるのであろう。この三〇年間にいかなる変化が生じたのであろうか。

相互依存の加速と高度成長

第二次世界大戦以後の世界が驚異的な経済成長を遂げたことは言うまでもない。一九六〇年代にアメリカとならんで西欧や日本が高度成長を遂げたことはよく知られている。冷戦後の日本で

図Ⅰ-1　1人当たり世界総生産成長率：1950-2016

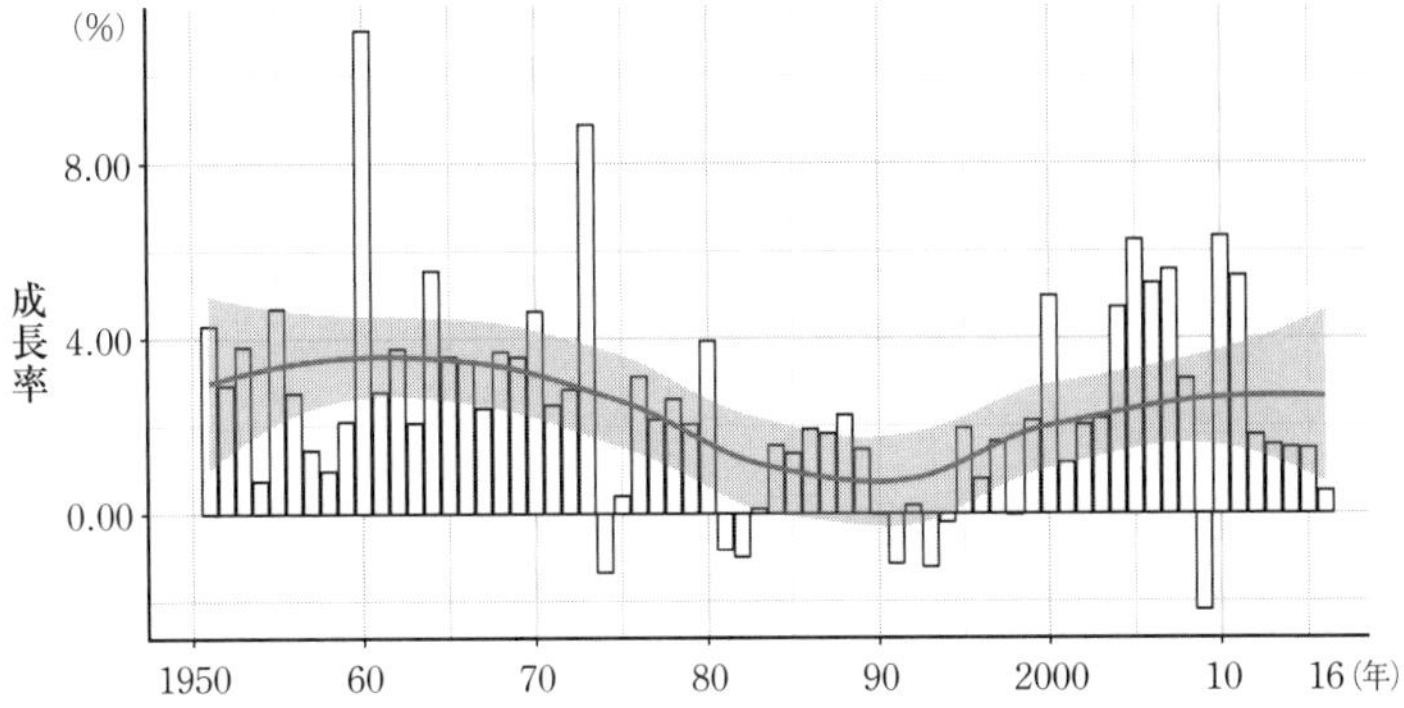

Data: The Maddison Database Project

は、バブルの崩壊に引き続く低成長の時代が続いたために、それほど実感されていないが、世界的にみれば、冷戦後の時代もまた、高度成長の時代であった。図Ⅰ－1は、マディソン・プロジェクト[7]のデータから計算した一人当たり世界総生産の成長率であるが、一九七〇年代から一九八〇年代にかけて停滞していた成長率が、一九九〇年代後半から二十一世紀にかけて上昇傾向を示していることがわかる。かつて、ニコライ・コンドラチェフは、ほぼ五〇年程度の周期で長期の景気変動が起きると唱えたが、図Ⅰ－1の傾向線は、冷戦後、世界経済は第五のコンドラチェフ長波の上昇を示しているように見える[8]。

一九九〇年代の前半までは、この高度成長の中心は東アジアであり、東南アジアそして改革開放を進めつつあった中国であった。一九九七年から一九九八年にかけてのアジア通貨危機は、東アジア経済に打撃を与えたが、その影響は短期的なものにとどまり、多くの国は成長軌道に復帰した。さらに二十一世紀に入ると、それまで停滞を続けてきた南アジアやサブサハラ・アフリカにも高度成長の波が押し寄せるようになった。一九九〇年には、極度の貧困にある人びとは、世界全体で約一九億人いたが、二〇一五年には七億三六〇〇万人へと減少した。世界人口はこの間上昇したため、人口に占める割合でいうと、一九九〇年の三六%から二〇一五年には一〇%まで低下したのである。(9)

かつてのコンドラチェフ長波の上昇をもたらしたものが、技術革新であったように、一九九〇年代以降の高度成長をもたらしたものが情報技術であったことは、いまや常識的であろう。PCが爆発的に普及するようになったのは一九九〇年代からであり、世界中のPCをインターネットが結び、さらに携帯電話、スマートフォンが普及し、世界経済をプラットフォーマーと呼ばれる巨大IT企業が牽引するようになった。その基盤技術ともいうべきWorld Wide Webサーバーがインターネット上に初めて登場したのが一九九一年の夏であったことは、冷戦後の高度成長の開始を象徴している。

このような情報技術の向上とともに、貿易は拡大に拡大を遂げた。モノとサービスの貿易が世界総生産に占める割合は、一九八九年には三九%だったものが、二〇〇〇年には五〇%を超え二〇〇八年には、六〇%に達した。(10)これだけの貿易の拡大は、複雑な多国籍生産のネットワークによってもたらされた。直接投資も変動をともないながらも増加を遂げた。一九八九年以前では、世界全体で直接投資の純受入額は、GDP比で一%未満だったが、二〇〇〇年には四%を超え、二〇〇七年には五%になった。(11)

図Ⅰ-2　世界の紛争数の推移：1946-2018

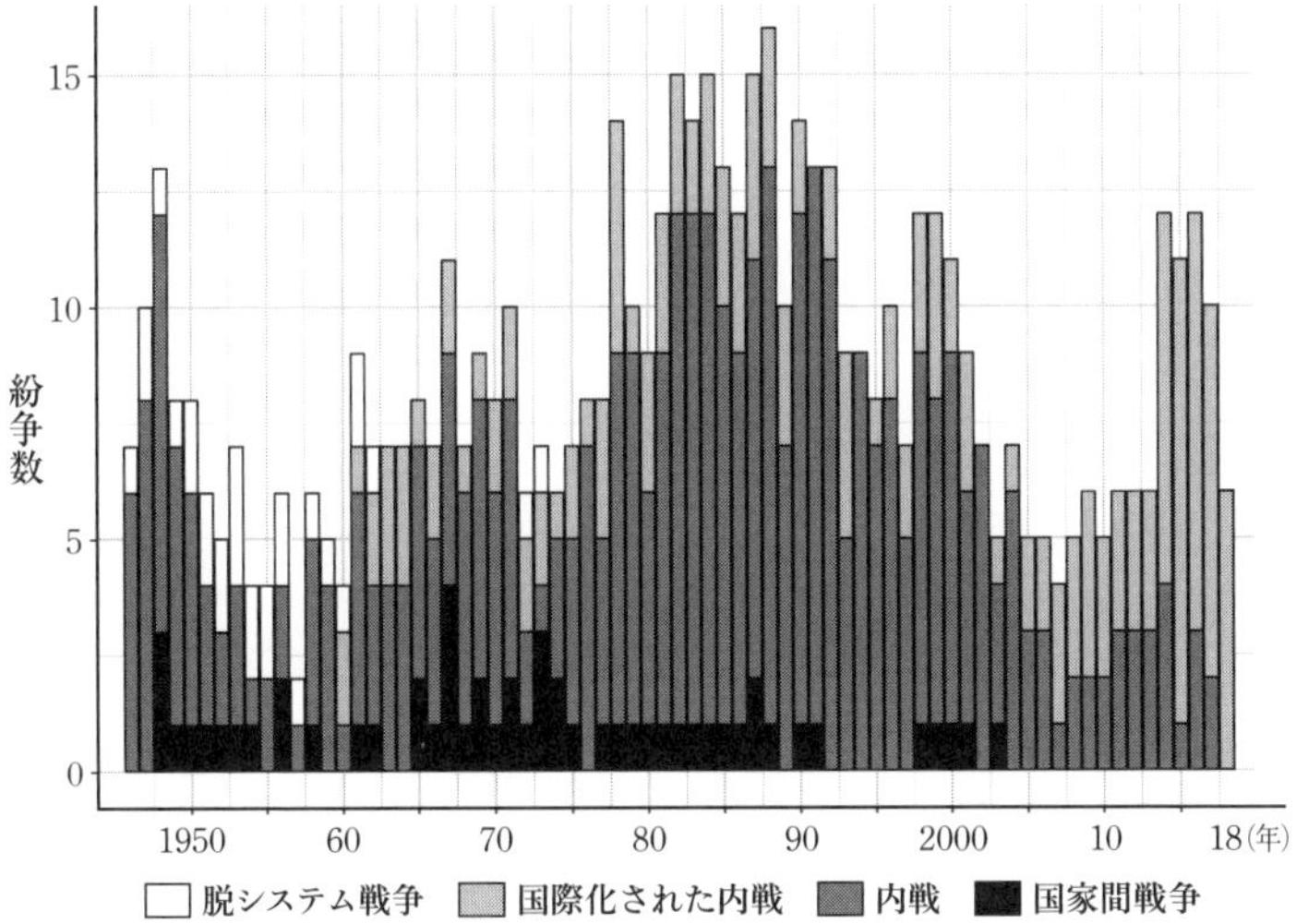

Data: UCDP/PRIO Armed Conflict Dataset v19.1

安全保障環境の変化

冷戦の終結は、世界の安全保障環境にいかなる影響をあたえたのだろうか。時に冷戦は「長い平和」の時代であったといわれた。[12] 米ソが直接戦火を交えなかったという意味では、その通りである。[13] しかし、いかなる戦争もなかったかといえばそのようなことはない。図Ⅰ－2は、ウプサラ大学の紛争データベースから、年間一〇〇〇人以上の戦死者の出た紛争の数をグラフ化したものである。[14] 一九八〇年代後半の冷戦の終結時まで、戦争のなかった年は存在しない。また、冷戦期の後半にかけて内戦の数が増大してきたことがわかる。しかし、一九九〇年頃を境として、戦争の数は減少傾向が続いてきたことがわかる。とくに国家間戦

図Ⅰ-3　戦死者数の推移：1989-2016

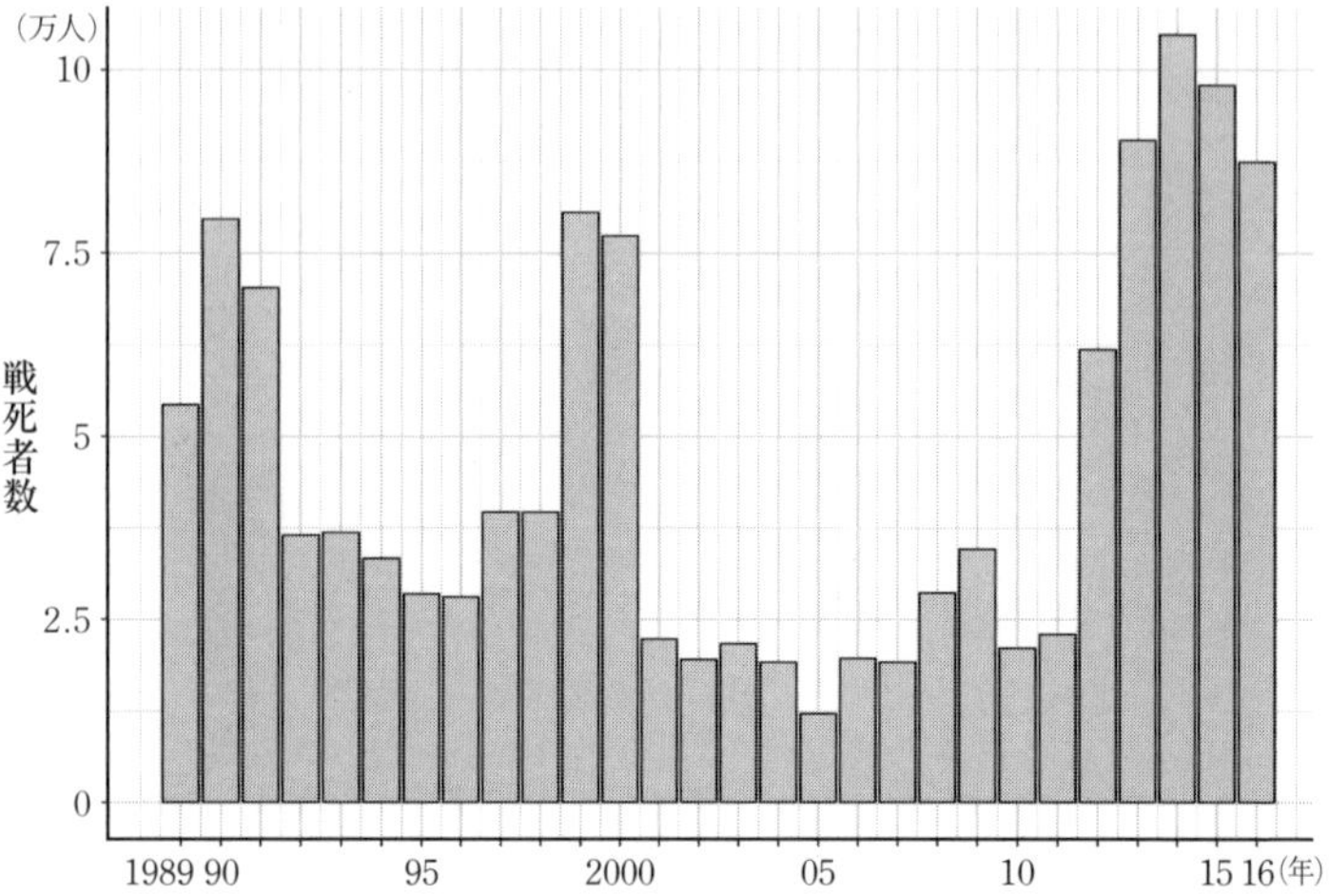

Data: UCDP Battle-Related Deaths Dataset v17.1

争は、きわめて少なくなった。このデータベースによれば、一九九〇年から一九九一年の湾岸戦争、一九九八年から二〇〇〇年のエチオピア・エリトリア戦争、二〇〇一年のアフガニスタン戦争、二〇〇三年のイラク戦争のみである。

　しかも、このグラフは戦争の数のみを示しており、戦争の規模はこれではよくわからない。

　ウプサラ大学の紛争データのなかには、とくに一九八九年以降の戦死者を推計したものがあり、これにもとづき毎年の戦死者合計をグラフ化したのが図Ⅰ-3である。この図によると、冷戦終結後、すべての紛争による戦死者数はかなり低い水準になっていったことがわかる。例外は、一九九九年と二〇〇〇年で、これはエチオピア・エリトリア戦争によるものであり、両年ともに七万人規模の犠牲者が出た。さらに二〇一三年以降の戦死者がきわめて大きくなっていることがわかる。主な原因は、シリア内戦である。冷戦期については、同じ基準でくらべられるデータセットはないのだが、「戦争の相関研究」プロジェクトのデータによれば、朝鮮戦争は、九一万、ベトナム戦争は一〇二万、イラン・イラク戦争は一二五万の戦死者が出ており、冷戦後の戦死者はこれほど犠牲者は多くはない。(15)

冷戦後の安全保障上の脅威として大きく注目を集めるようになったのがテロである。二〇〇一年九月十一日のテロ攻撃は、とりわけ注目を集めた。ニューヨークの世界貿易センタービル二棟とワシントンDCの国防総省がテロリストにハイジャックされた旅客機の自爆攻撃にみまわれ、世界貿易センタービルはテレビカメラの眼前で全壊した。合計三〇〇〇人以上の人びとが一瞬にして犠牲者となった。アメリカのブッシュ政権は、以後、テロとの戦いを最優先にしていった。国家間戦争として、アフガニスタン戦争とイラク戦争を挙げたが、この二つは、アフガニスタン戦争は9・11テロに対する反撃として行われた戦争であり、イラク戦争は、テロリストによる核攻撃を阻止するための予防戦争であったとみることができる。

図I－4は、メリーランド大学のグローバル・テロリズム・データベースのデータを年ごとに集計して地域別にテロによって死亡した人の数を表したグラフである。(16)これによると、冷戦期（後期）は、ラテンアメリカでテロが多かったことがわかる。その後中東での発生件数が増えたが、二〇〇一年は、9・11テロの結果、「その他」の数が増えていることがわかる。しかし、それ以後は、中東と南アジアにおける死者が上昇し、二〇一二年以降両地域で急上昇していることがわ

図Ⅰ-4　テロによる死者数の推移：1970-2016

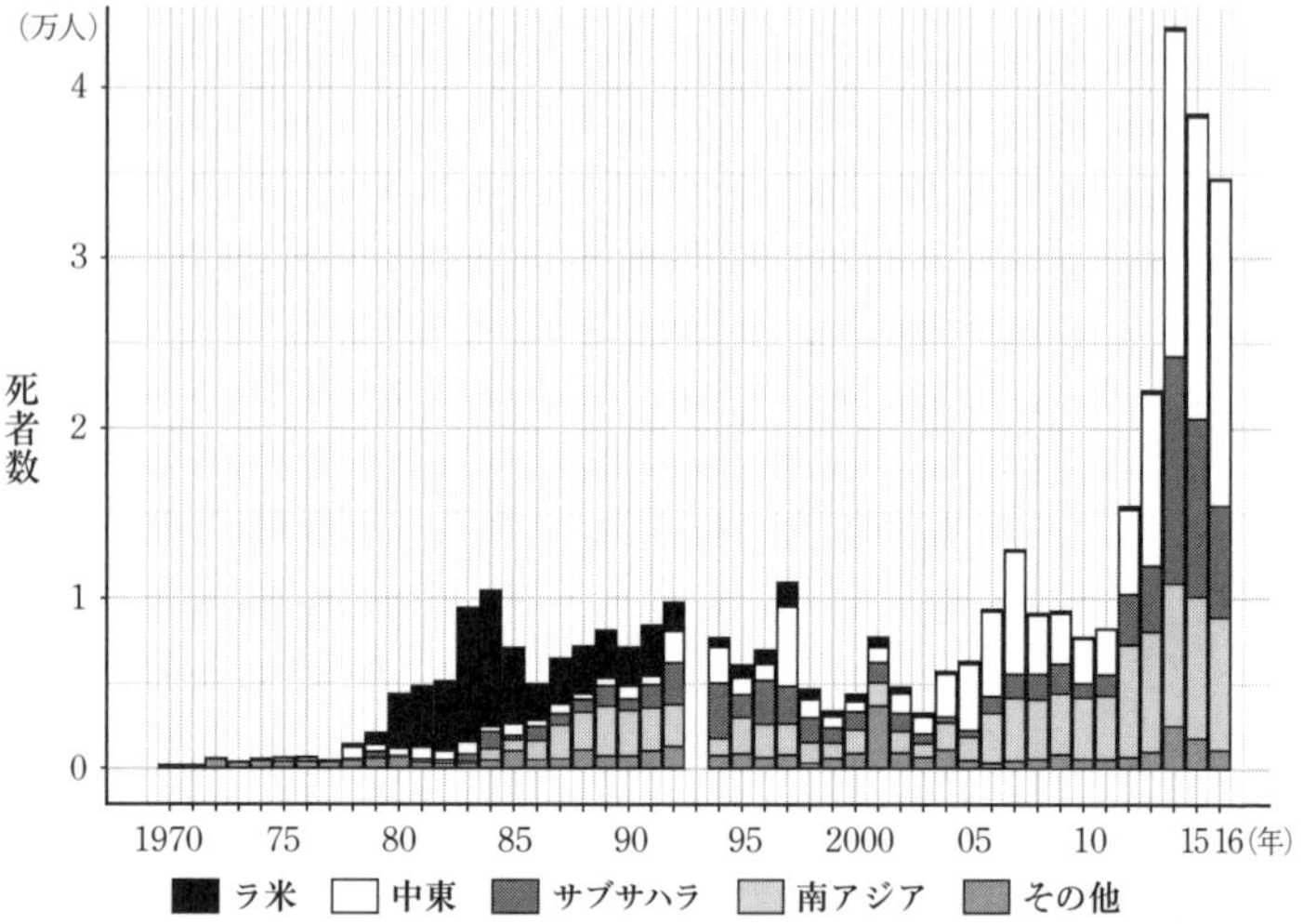

Data: Global Terrorism Databaset

かる。テロとの戦いで、アフガニスタンとイラクにアメリカを中心とする多国籍軍が攻め込み、相手政権を倒すことには成功したが、その後の治安回復には失敗した。かえってテロリスト集団を中東とアフガニスタン周辺に拡散させることになった。二〇一二年以降は、サブサハラ・アフリカでもテロ活動が活発化することになった。また、二〇一二年以降は「その他」でもテロ活動が増加していることに注目すべきである。

全体としてみると、冷戦後の三〇年間、安全保障環境は冷戦期とくらべてかなり変質してきた。国家間戦争はきわめて稀になり、また犠牲者も減少した。9・11テロのもたらした衝撃はきわめて大きく、これへの対抗措置という形で戦争が行われることになった。しかもアフガニスタン戦争とイラク戦争双方の戦後の治安回復は困難をきわめ、かえって中東と南アジアにテロリズムが拡散することになった。シリア内戦は、国際化するとともにテロリスト集団が「イスラム国」を作り混乱を継続させた。テロの活動はサブサハラ・アフリカにも拡散していき、難民や国内避難民を増加させることになった。

三圏域モデルによる冷戦後の世界システムの変化

以上検討した経済の相互依存と経済成長および安全保障の動向は、冒頭で述べた「三圏域モデル」からみてどのように解釈できるであろうか。旧著で筆者は、生活水準と政治的自由度という二つの軸で世界各国の位置づけを行うとそれぞれの国の国際関係のあり方がおおむね理解できると主張した(17)。

まず第一に、生活水準も高く政治的自由度も高い国々は、国内的には民主主義制度が定着し市場経済も機能することで政治も経済も安定した国々で、これらの国々の間では「民主平和論」にもとづく国際関係が成立していると想定した。旧著では、この圏域を「新中世圏」と呼んだが、国際政治学の理論における「自由主義的行動」をとる傾向が強いという意味で、本稿では「自由主義圏」と呼ぶことにする。

第二に生活水準と政治的自由のいずれかの点で、それほど高くない国々は、自由主義的であっても経済に難点を抱えているか、生活水準はある程度高くなったとしても十分自由主義的でない。

図Ⅰ-5　三つの圏域モデル

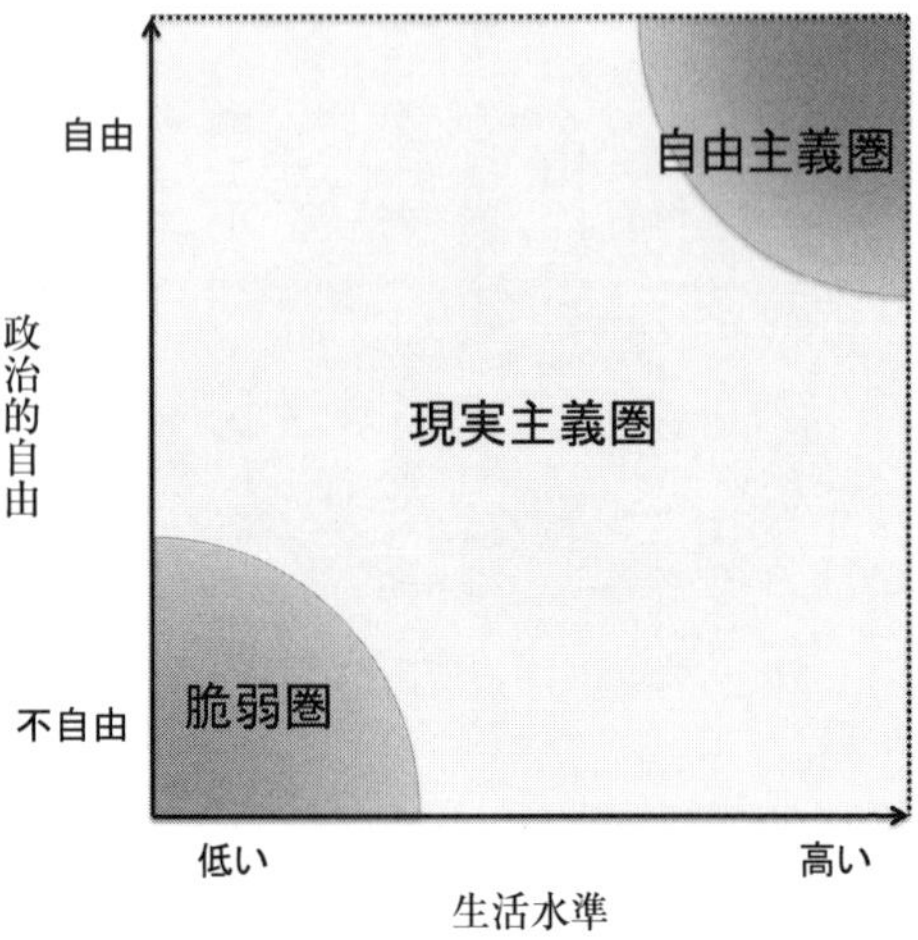

このような国々は、いわば「近代化」の途上にあり、十九世紀から二十世紀初頭にかけての列強が行ったような国際関係を行う傾向がある。つまり、対外的な紛争を解決するために軍事力を使うことをためらわず、国内政治や経済の困難を打破するために対外的に冒険的な行動をとる場合もある。国家の求心力を高めるためにナショナリズムに訴える傾向が強い。このように想定した。旧著では、これらの国々を「近代圏」と呼んだが、国際政治学の理論からすると「現実主義的行動」をとる傾向が強いという意味で、本稿では「現実主義圏」と呼ぶことにする。

第三に、生活水準も低く、政治的にも不自由な国々のなかには、国家機能が著しく低く、社会秩序が崩壊してしまった国々が存在する。(18) 紛争は常態化し、内戦や政治的不安定が継続する。その結果、難民や国内避難民が数多く発生し、またテロリストが根拠地を作ったりすることになる。旧著では「混沌圏」と呼んだが、基本的な国家や社会の「脆弱性」に注目すべきであると考え「脆弱圏」と呼ぶことにする（図Ⅰ－5）。

旧著では、このモデルを適用するためのデータについて検討が進んでいなかったこともあり、生活水準は、購買力平価ではかった一人当たり国内総生産と平均寿命を組み合わせて分類し、政治体制の自由度（以下では政治的自由）は、フリーダムハウス（自由と民主主義を監視するNGO）の「自由」「部分的に自由」「不自由」の三分類を使った[19]。質的な分類にとどまり、連続的に変化する空間を設定できなかったためダイナミックな動きの分析ができなかった。今回は、生活水準に国連開発計画が毎年発表している人間開発指数（HDI）を使い、政治的自由には、フリーダムハウスの自由度についての得点を使った。いずれも順序尺度として測定されており、その上を各国が移動する空間を設定することができる[20]。

このモデルで想定される三つの圏域の違いは、戦争の発生確率である。自由主義圏では、ほとんど戦争は起きないと想定されるのに対し、現実主義圏では国家間戦争もありうるとされ、また脆弱圏では内戦なども頻発すると想定される。また、テロについてみれば、脆弱圏や脆弱圏に近い現実主義圏で発生する確率が高いが、自由主義圏においても発生しうる。

図I−6は、世界各国を人間開発指数とフリーダムハウスの自由度によって配置し、それぞれに一九九〇年から二〇一五年の毎年の戦死者数を凡例に示すような円の大きさでプロットしたものである。データはウプサラ大学の紛争データベースのもので、図I−3で使ったものと同じである。戦死者の数は、戦死した場所の属する国にカウントされているため、たとえばイラク戦争で戦死したアメリカ人の数は、イラクにカウントされる。それぞれの円は年ごとに重ねてプロッ

図Ⅰ-6　戦死者：1990-2015

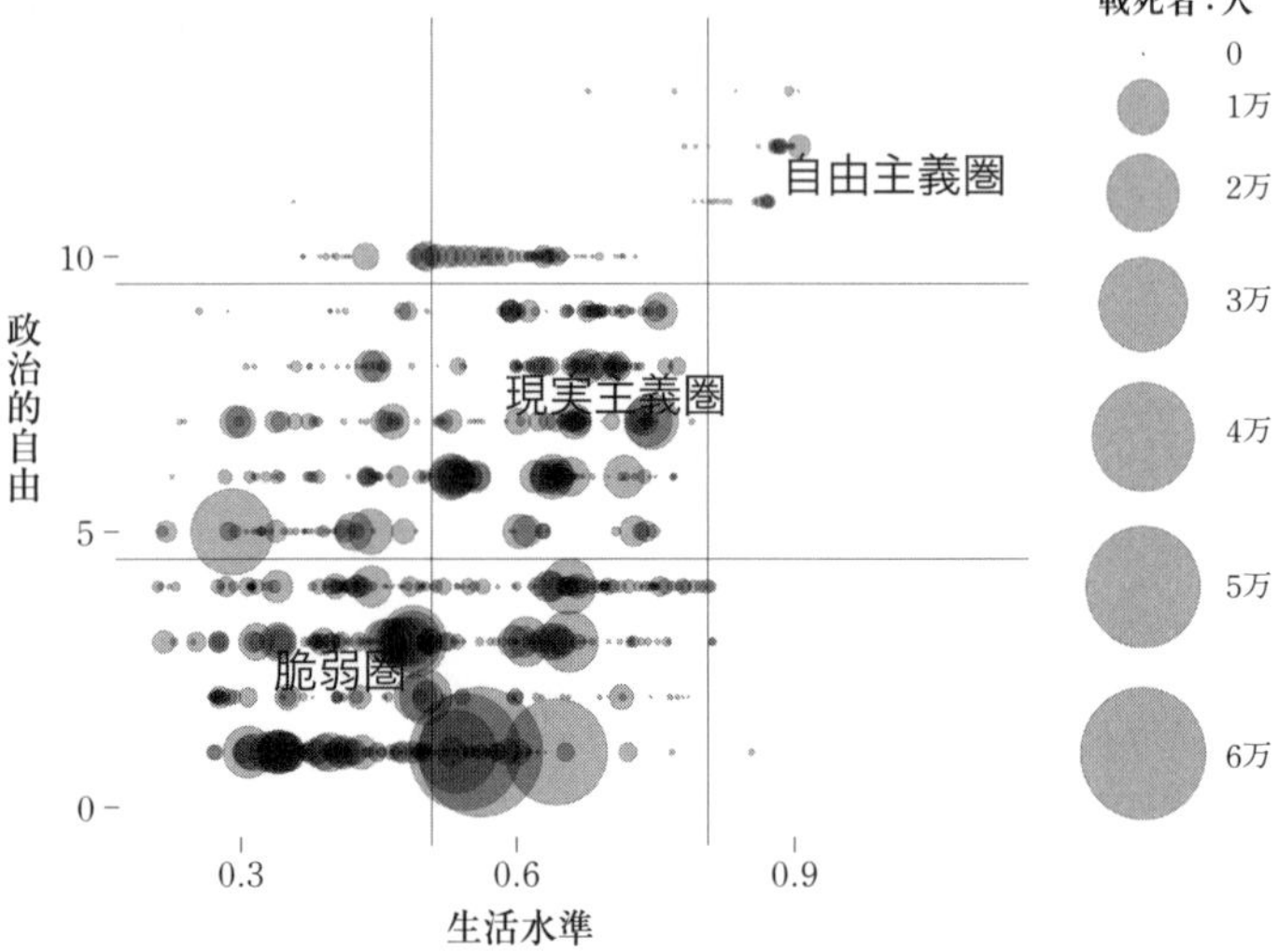

トしてあるため、この空間の同じ場所で発生した戦死者数は重ねてより黒くなっている（各国は年ごとに空間上を移動するため、同じグラフの同じ場所の円が、同じ国のものとは必ずしもいえない）。

図Ⅰ－6からは、明らかに自由主義圏での戦死者がほとんどいないことがわかる。例外は、イスラエルである。戦死者が最も多いのは、図の左下の脆弱圏とみなされる部分である。また、現実主義圏でもかなりの戦死者が出ている。民主主義平和論では、民主主義国同士は戦わないが、民主主義国が非民主主義国とは戦争をする可能性があることが想定されているが、本稿対象の三〇年間においても、アフガニスタン戦争やイラク戦争のように民主主義国が現実主義圏や脆弱圏の国で戦ったことはある。

図Ⅰ－7は、一九九〇年から二〇一五年まで

図Ⅰ-7　テロによる死者：1990-2015

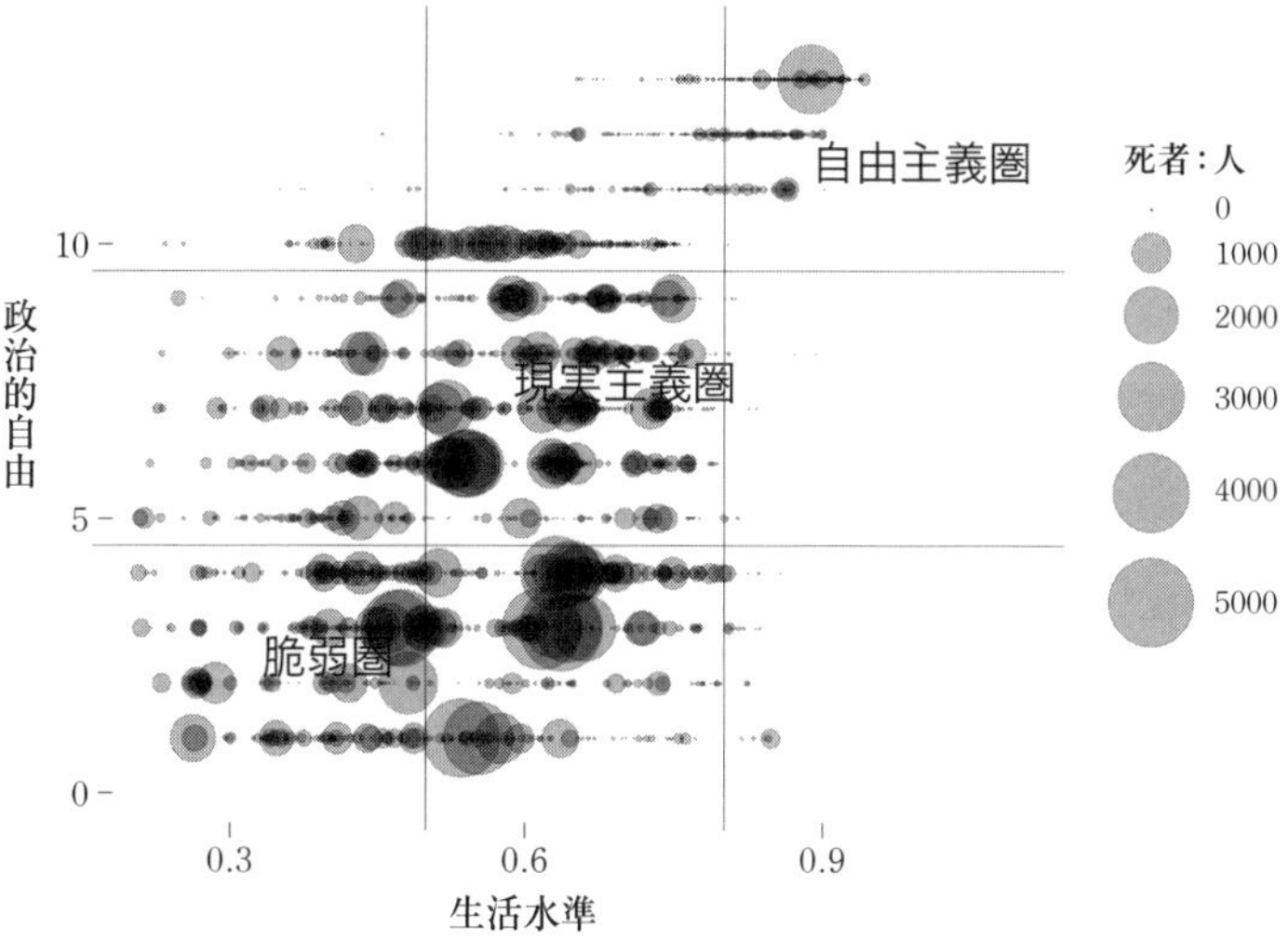

の間に世界各国で発生したテロによって死亡した人の数を、凡例に示す円の大きさでプロットしたものである。この図からわかることは、テロは、脆弱圏で多く起きるが、現実主義圏でもかなりの規模のものが起きており、さらに自由主義圏でも発生していることである。右上のかなり大きい円は、9・11テロの起きた二〇〇一年のアメリカにおける死者数を表している。

自由主義圏にくらべて、現実主義圏や脆弱圏は安全保障上の不安定性が高いことが示されたが、経済的には、どうであろうか。図Ⅰ－8に、三つの圏域に属する国々の実質国内総生産（GDP）の成長率の平均をプロットしてある。(21)この図によれば、現実主義圏のみならず脆弱圏の国々も自由主義圏よりも平均成長率は高いことがわかる。とくに二十一世紀に入ってからはその傾向は顕著である。まさに二十世紀末から二

図Ⅰ-8　圏域別平均GDP成長率（実質）

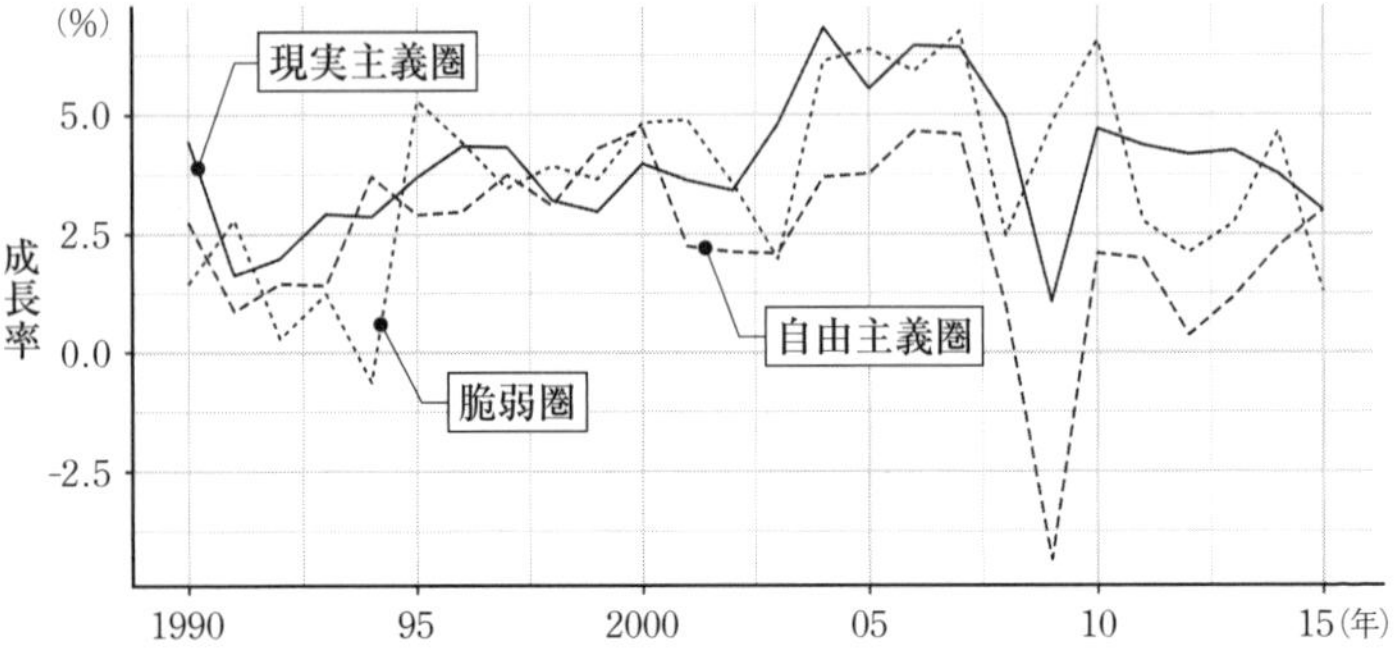

図Ⅰ-9　圏域別平均軍事支出成長率（実質）

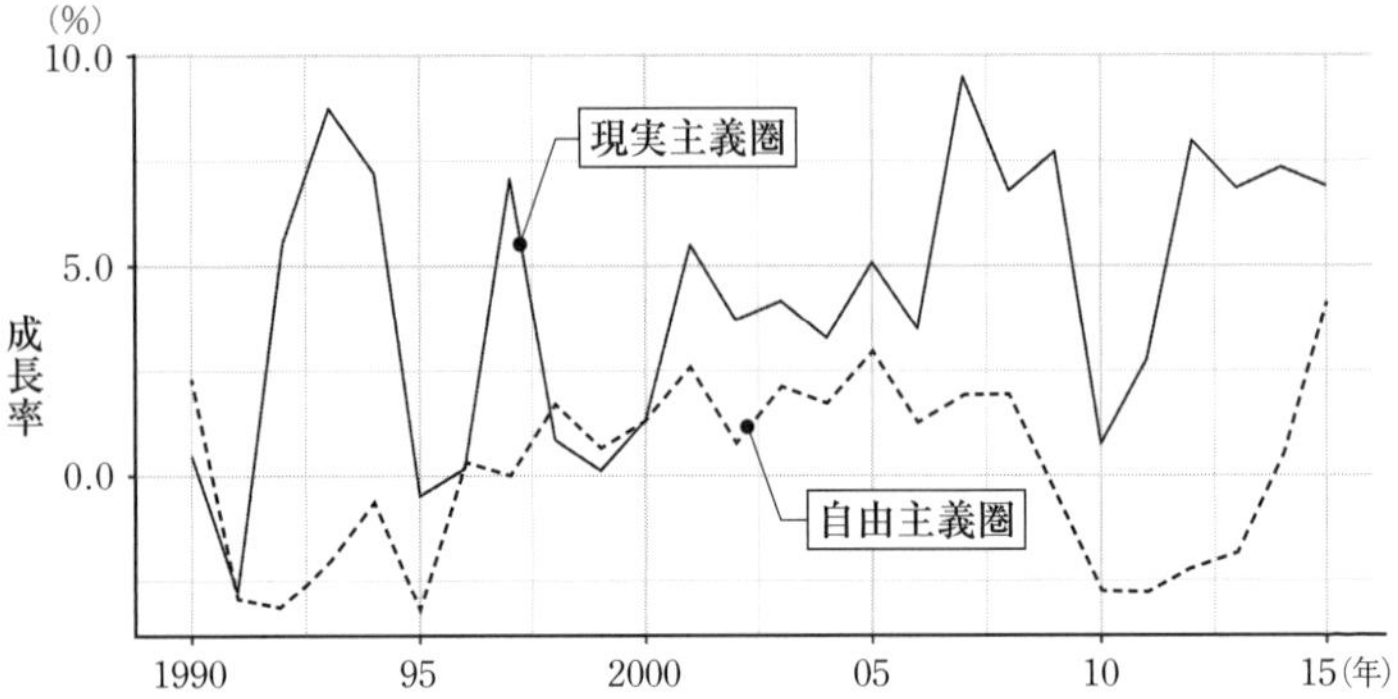

Data: World Development Indicators

十一世紀にかけての高度成長は、日本のような自由主義圏の国々が低成長になるなか、現実主義圏や脆弱圏の国々の間で起こった現象だといってよいであろう。

現実主義圏の国々は、経済成長を遂げながら軍事支出も増加させる傾向がある。図Ⅰ－9は、自由主義圏と現実主義圏それぞれの軍事支出の実質成長率の平均をプロットしたものである。過去二五年の

図Ｉ-10　圏域別政府支出に占める軍事費の割合

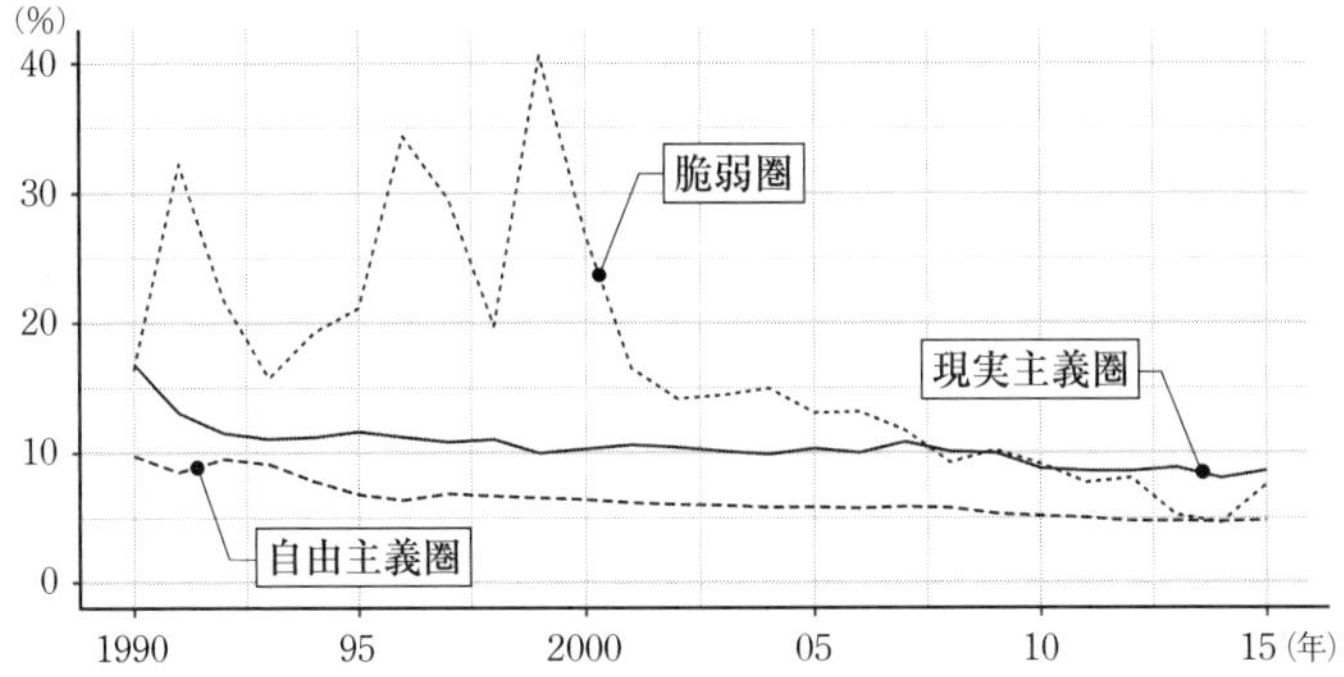

Data: World Development Indicators

間、一九九〇年と一九九〇年代の最後の時期を除いて、常に現実主義圏のほうが軍事支出の成長率が高いことがわかる。しかも、現実主義圏と自由主義圏の間の軍事支出の成長率の差は、経済成長率の差よりもかなり大きい。単に現実主義圏の国々の経済成長率が高いから軍事支出成長率も高くなるというよりも、三圏域モデルが想定するように現実主義圏の国々のほうがより軍事的関心が強いので軍事支出の増加率も高くなるのであろう（脆弱圏の国々の実質軍事支出の平均成長率は、極端に変化が激しいため、この図にはプロットしていない。脆弱圏における政治は、軍事支出のような予算を極端に上昇させたり下降させたりする傾向があり、これは政治体制の脆弱さをまさに物語っているのであろう）。

現実主義圏のほうが自由主義圏より軍事面を重視していることは、政府支出に占める軍事費の割合をみるとさらにはっきりする（図Ｉ－10）。過去二五年の間、一貫して現実主義圏諸国の軍事支出割合の平均は、自由主義圏のそれを三～四％程度上回っている。この図には脆弱圏のデータも入れてあるが、きわめて振れ幅が大きいことがわかる。そして、二十世紀末あたりまでの政府支出に占める軍事費の割合が極端に大きいことがわかる。乏しい財政のなか、軍事のみが突出していたところにも、脆弱圏における政治の不安定さが表れている。GDPに占める軍事費の割合においても、同様の傾向がみられ、自由主義圏の平均値は、二〇一五年には、一・四八%で、現実主義圏の平均値は、二・二%であった。

中国の台頭

過去三〇年の世界システムの歴史において最も劇的な変化は、中国の台頭であった。一九八九年に、中国の国内総生産は、日本のそれの一八%程度であったのが、二〇〇九年には追い越し、世界第二の経済大国になった。[22]まさに、一九九〇年代以降の世界的高度成長の典型を示していた。その原動力は、受け入れた直接投資で建設した工場から世界中に向けて送り出す輸出であった。世界中から直接投資を積極的に受け入れ、二〇一〇年代にはアメリカへの直接投資とほぼ拮抗するほどの流入額となった（図I－11）。

二〇〇一年には世界貿易機関（WTO）加盟を果たし、輸出指向型の成長をダイナミックに進めていった。二〇〇〇年に中国が最大の輸入相手だったのは、香港、マカオ、北朝鮮のみだったのに対し、二〇〇五年には日本を含め七ヵ国・地域、二〇一〇年には二七ヵ国・地域となり、二〇一七年には、なんと五七ヵ国・地域で中国が最大の輸入相手国となったのである。[23]

図Ⅰ-11　直接投資（純流入額）

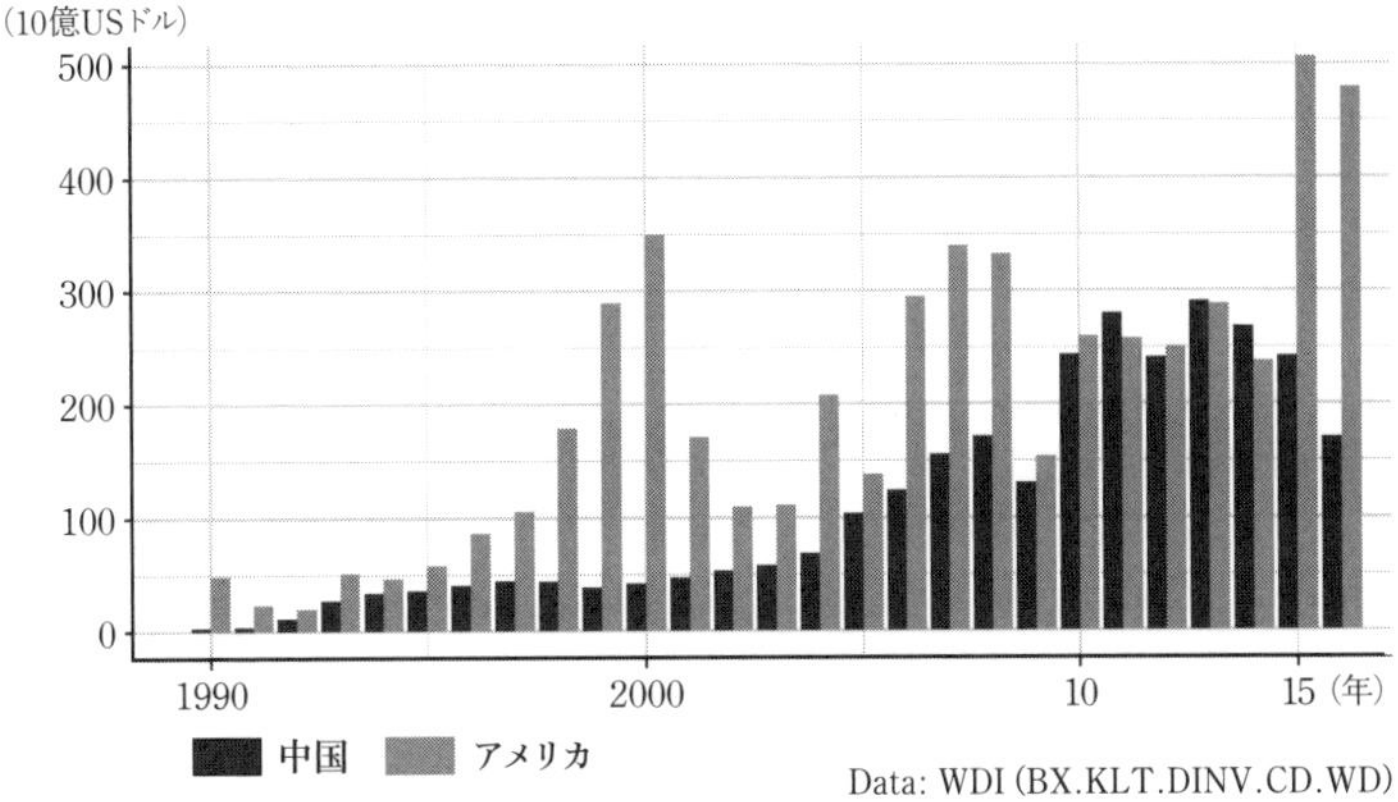

Data: WDI (BX.KLT.DINV.CD.WD)

三圏域モデルからすると中国は典型的な現実主義圏域に属する国である。さらにいえば、日本、韓国、台湾をのぞけば東アジアは、みな現実主義圏域に属する国である。しかし、それにもかかわらず東アジアでは過去三〇年間にほとんど戦争が起きていない。図Ⅰ―12は、図Ⅰ―2と同じウプサラ大学の紛争データのうち、戦争と分類されるもので、東アジアで発生したものを全世界のものと対比させてプロットしたグラフである。冷戦終結まで東アジアでは数多くの戦争が起こっていたことが確認できるとともに、一九九〇年代以降、二〇〇〇年を除いてまったく戦争が起きていない。二〇〇〇年と二〇一七年の一件は、フィリピンのミンダナオ紛争である。

東アジアにおける平和は、過去三〇年間の東アジアの繁栄の大きな要因となったのであろう。しかし、そのことは東アジアにおいて戦争の可能性が皆無になったことを意味しない。二〇一八年六月の米朝首脳会談を機に情勢がややおちついたとはいえ、北朝鮮の核兵器・弾道ミ

図I-12　東アジアと世界の戦争：1946-2018

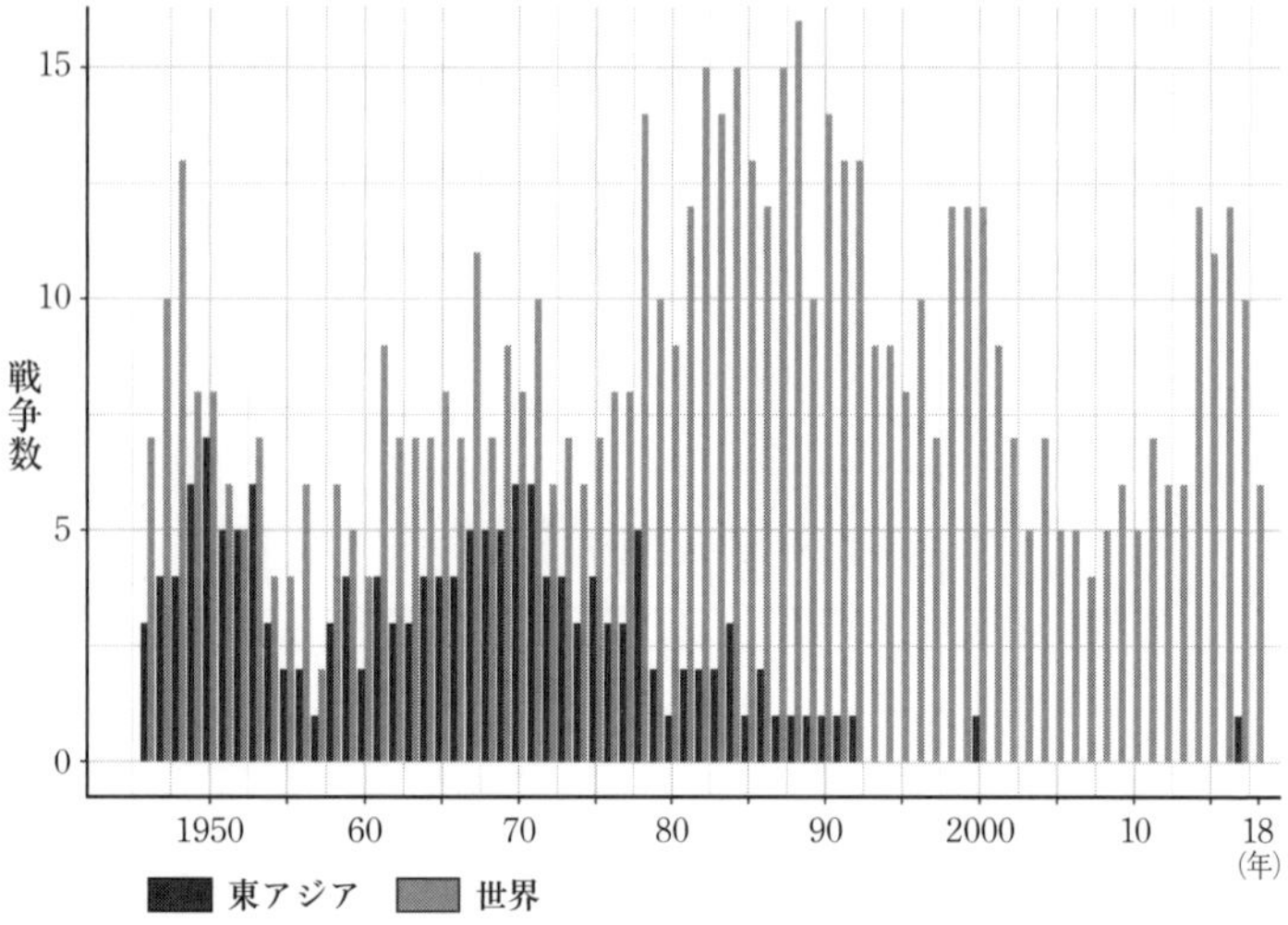

Data: UCDP/PRIO Armed Conflict Dataset v19.1

サイルがすべて放棄されたわけではない。また、台湾と中国の間には依然として根本的な対立要因が残っている。また、世界第二の経済大国になった頃から、中国が強圧的行動をためらわなくなったことも懸念材料である。中国の軍事費は、公表しているものだけでも経済成長率を超える率で増大している。南シナ海では、人工島の建設を推し進め軍事施設として利用しようとするまでになっている。

もっとも増大した中国の軍事費といえども、いまだアメリカのレベルには遠く及ばない。トランプ大統領の大統領選挙キャンペーン時のレトリックにもかかわらず、アメリカの同盟網は機能しており、中国が東アジアで軍事的優越を得ることはまだまだ困難である。しかし、中国の台頭には、もう一つイデオロギー的挑戦という面がありうることが徐々に明らかになりつつある。この点を考えるため、三圏域モデルのグラフで、今度は円で国内総生産を表したものを検討してみよう。

図I―13は、一九九五年の三つの圏域のなかに占める各国の位置とそれぞれの国の国内総生産である。一九九五年の分布をみると、各国は、おおむね左下から右上に向かって分布しており、経済規模は右上に行けば行くほど大きくなる傾向を示していた。つまり、かつて近代化論が示したような傾向が確認されたようにみえた。生活水準が上がれば上がるほど、政治的自由度も向上する。そして、生活水準も高く政治的に自由な国ほど経済規模も大きい。このような傾向が見られたのであった。フランシス・フクヤマが指摘したように、イデオロギーとしてマルクス・レーニン主義は敗退した。その結果、図I―13に示した傾向の通り、貧しい国が豊かになっていけば、そのうちの多くは自由主義的になるのではないかと期待されたのであった。

それから二〇年経った二〇一五年の配置を示したのが図I―14である。この図から確認できることは、数多くの国の生活水準が上昇したことである。まさに一九九〇年代後半から二十一世紀にかけての高度成長が、数多くの国の生活水準を向上させた。また、かつて貧しく自由度も低かった国が右上の方向に移行する例のあることも確認される。インドやインドネシアが典型的な事例である。

しかし、図I―14は、それとは異なる移行パターンもまた存在することを示している。中国が典型的であるが、中国は、生活水準を向上させ経済規模を拡大させ続けたにもかかわらず、政治

図Ⅰ-13　三圏域とGDP（1995）

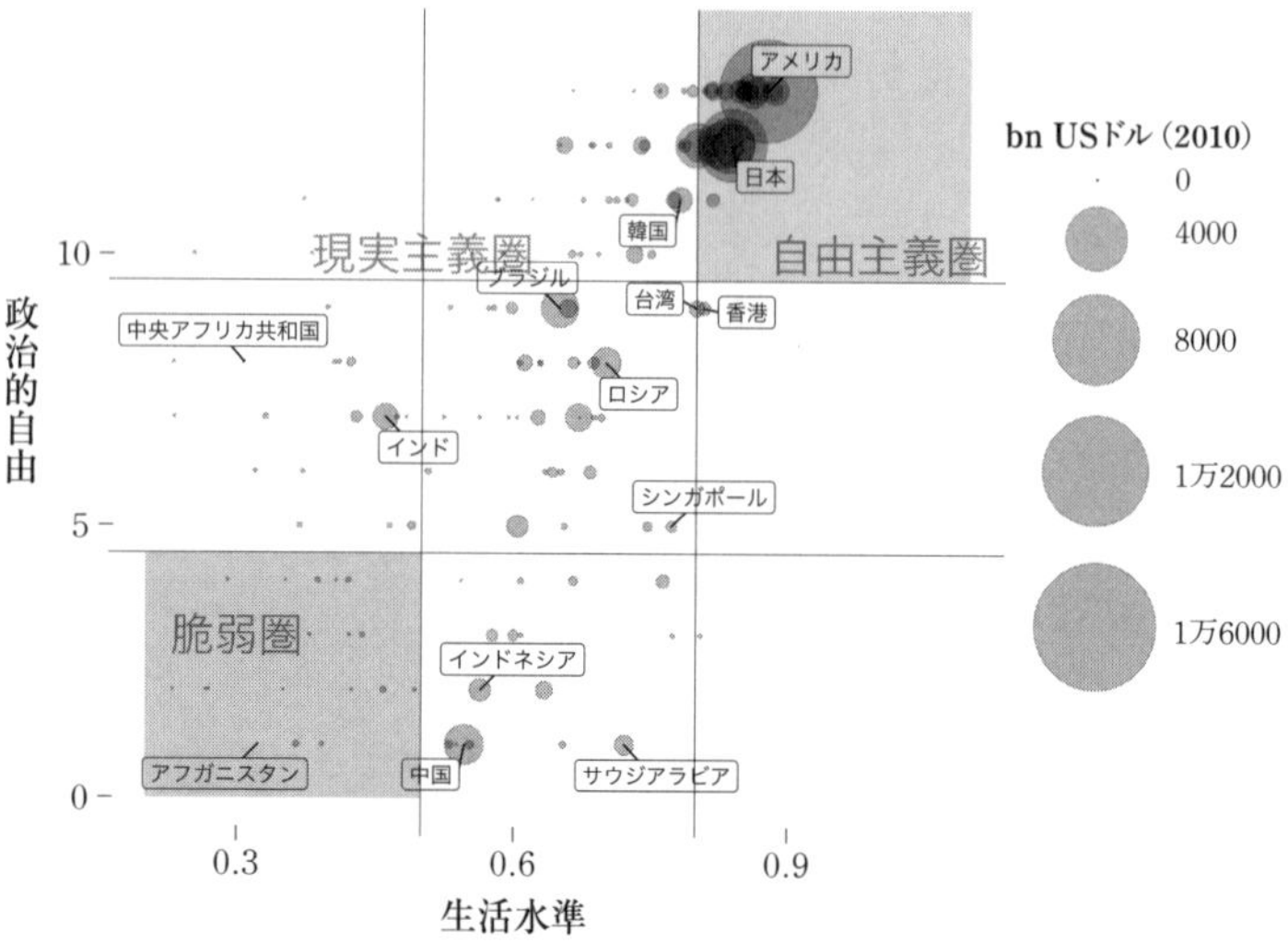

的自由はほとんど変わらないままである。ロシアにいたっては、冷戦終結直後の政治的自由が比較的高かったときから、生活水準も向上させ経済規模も拡大させたにもかかわらず、政治的自由はかえって低下させたのであった。つまり、右上に連なる傾向とともに、いまや右下に連なる傾向もありうることを図Ⅰ－14は示しているのである。

そして、問題は、右下に連なる国々の経済規模が相当大きいことである。あたかも二〇一七年秋、中国共産党第一九回全国代表大会（全人代）で習近平総書記は、二十一世紀中葉までに中国を「社会主義現代化強国」にするとした演説のなかで、以下のように述べた。

　中国の特色ある社会主義が新時代に入ったことは、（中略）中国の特色ある社会主義の

図Ⅰ-14　三圏域とGDP（2015）

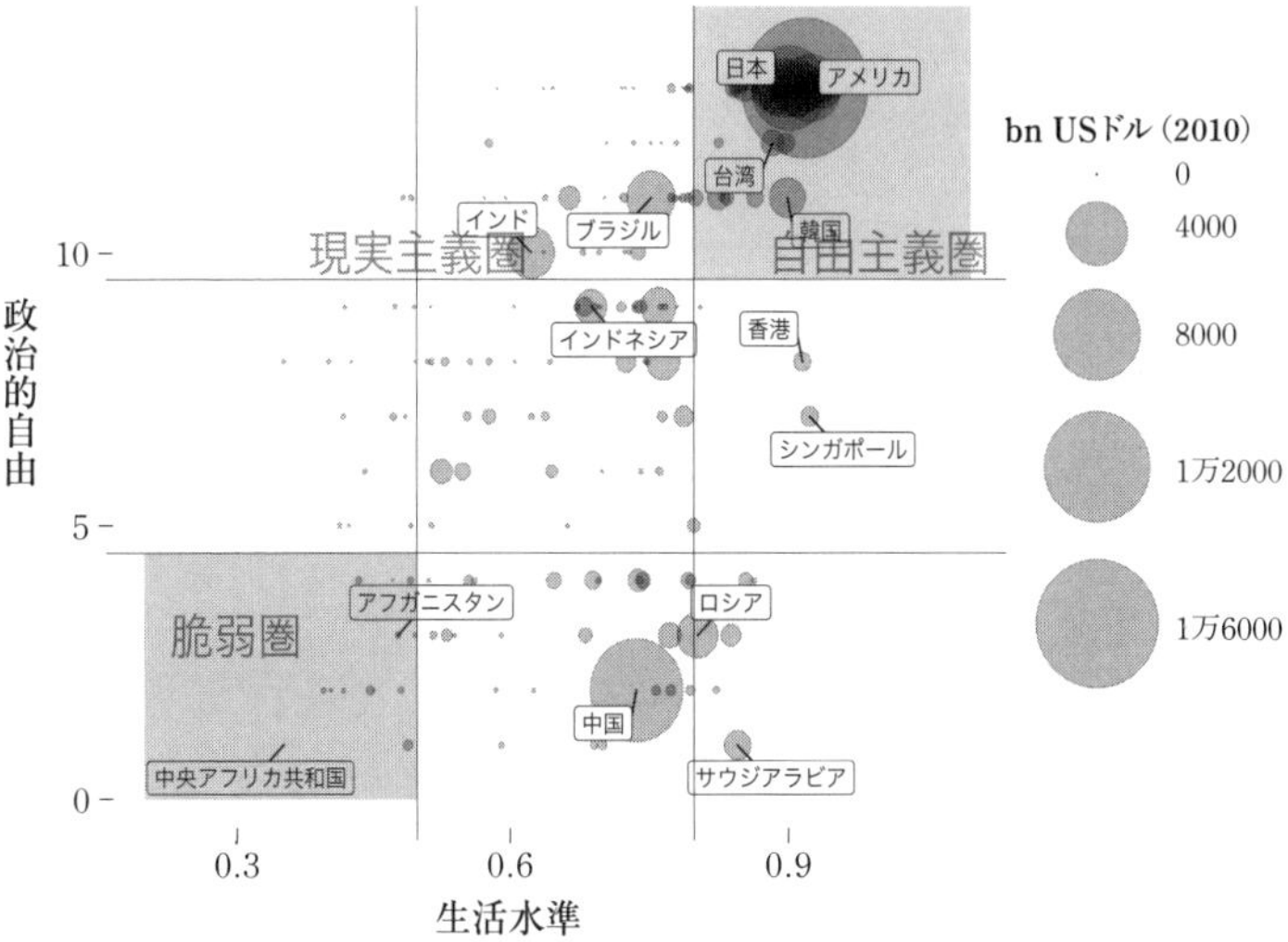

道・理論・制度・文化が絶えず発展を遂げ、発展途上国の現代化への道を切り開き、発展の加速だけでなく自らの独立性の維持も望む国々と民族に全く新しい選択肢を提供し、人類の問題の解決のために中国の知恵、中国の案を出していることを意味する。[24]

この部分で、習近平総書記は、世界には自由主義的な発展モデルだけではなく、中国型の発展モデルもあるのだと宣言しているようにみえる。二〇一八年の全国人民代表大会では、憲法改正をして国家主席の任期制を廃止してしまった。

おりからアメリカでは中国の産業競争力強化の政策に対して懸念が強まり、トランプ大統領の始めた対中貿易戦争は、単なる貿易赤字を減らすための取引ではない深刻な様相を示すようになった。もし、中国が自らの発展モデルに対する自信を強め、これを積極的に普及しようとするようなことがあれば、世界システムは、かつての「冷戦」にも似た特徴を示すようになるかもしれない。(25)

おわりに

平成に入ってからの三〇年間、冷戦後の世界システムは、企業やNGOさらにはテロ集団などというさまざまな非国家主体を巻き込みながら、驚異的な経済成長を達成してきた。安全保障面では、テロの脅威のほうが国家間戦争の危険よりも強調されることも多くなった。しかし、本稿で検討した図をもう一度振り返ってみると、いくつかの図で二〇一〇年代になってから、望ましくない傾向が徐々にみられるようになってきていることがわかる。戦死者やテロ活動の増加である。また、GDPに占める貿易の割合も、二〇一〇年代になって、これ以上上昇しそうもない傾向を示すようになってきた。図I－1を振り返ってみると、一人当たりの世界総生産の成長も頭打ちのようにも見える。コンドラチェフの第五波は下降局面に向かうのかもしれない。

また、最近のブランコ・ミラノヴィッチの研究によれば、一九八八年から二〇〇八年までの間に、先進国の中間層から下層の人びとの収入がほとんど成長しなかったことが指摘されている。(26)極度の貧困が縮小し、中国をはじめとする発展途上国で驚異的な成長が起こるなかで、先進国の中下層の人びとが相対的な不利益をこうむったとの感情をいだくようになった。このことだけが、トランプ大統領の当選を可能にしたわけではないにしても、先進国（自由主義圏諸国）で既成政党への批判が強まっていることの背景には、このような中下層の人びとの不満が存在する。仮に異なる発展モデル間の競争ということになれば、今後の世界は、これまでのように一本道でグローバリゼーションが進むというよりは、国家の役割が相対的に高まり、生産ネットワークなども再調整される方向に進むのではないか。テロの脅威や脆弱圏の内戦は継続しつつも、現実主義圏の国家と自由主義圏の国家との間の対立が深まる可能性も出てきている。冷戦後の世界システムは新たな局面に入りつつあるとみるべきなのかもしれない。

註

（1）Eric Hobsbawm, *The Age of Extremes: A History of the World, 1914-1991* (New York: Pantheon Books, 1994)

（2）Charles Krauthammer, "The Unipolar Moment," *Foreign Affairs*, Vol.70, No.1 (1990/91), pp.23-33.

（3）John Mearsheimer, "Back to the Future: Instability in Europe after the Cold War," *International Security*, vol 15, No.1 (Summer 1990), pp.5-56.

（4）Francis Fukuyama, *The End of History and the Last Man* (New York: The Free Press, 1992)

（5）Samuel P. Huntington, *The Clash of Civilizations and the Remaking of World Order* (New York: Simon and Schuster 1996).

（6）田中明彦『新しい「中世」――二一世紀の世界システム』（日本経済新聞社、一九九六年〔『新しい中世――相互依存の世界システム』講談社学術文庫、二〇一七年〕）

（7）マディソン・プロジェクトは、アンガス・マディソンが手がけた長期経済統計の推計を引き継ぐもので、現在までのところ二〇一六年までのデータが公開されている。Maddison Project Database, version 2018. Bolt, Jutta, Robert Inklaar, Herman de Jong and Jan Luiten van Zanden (2018), "Rebasing 'Maddison': new income comparisons and the shape of long-run economic development", Maddison Project Working paper 10 (https://www.rug.nl/ggdc/historicaldevelopment/maddison/releases/maddison-project-database-2018)

（8）傾向線は、局所回帰平滑法の一つである loess で行った。この図を含め、本稿に掲載するすべての図は、R (3.5.1) で作成した。ほとんどすべての作業は、ggplot2 など tidyverse パッケージ (1.2.1) に含まれるパッケージで行った。

（9）United Nations, The Sustainable Development Goals Report 2019（http://unstats.on.org/sdgs/report/2019/The-Sustainable-Development-Goals-Repor-2019.pdf）なお極度の貧困（extreme poverty）にある人びととは、購買力平価で計った二〇一一年時点のドル換算で、一日一・九〇ドル以下で生活している人のことである。

（10）The World Development Indicators の NE. TRD. GNFS. ZS の値。

（11）The World Development Indicators の BX. KLT. DINV. WD. GD. ZS の値。

（12）John Lewis Gaddis, *The Long Peace: Inquiries into the History of the Cold War* (New York: Oxford University Press, 1987).

（13）ソ連崩壊後公開された資料によると、朝鮮戦争にソ連は航空部隊を派遣していた。したがって、米ソが一切戦わなかったというわけではない。下斗米伸夫『アジア冷戦史』（中公新書、二〇〇四年）、八三頁。

（14）http://ucdp.uu.se

（15）Correlates of War Project のデータベースより。http://www.correlatesofwar.org　もっとも、第一次世界大戦や第二次世界大戦の犠牲者とくらべると、第二次世界大戦後の大戦争も規模ははるかに小さい。

(16) http://www.start.umd.edu/gtd/
(17) 旧著では、生活水準のことを「市場経済の成熟・安定」、政治的自由を「自由民主主義の成熟・安定」と呼んだが、今回は、以下で使用する指標にできるだけ近い用語にした。
(18) 政治的自由度が低くとも強固な権威主義体制が維持されている場合は、生活水準はそれほど低くならないと考えられる。また、生活水準が相当低くとも、政治的自由度が高いということは、社会が崩壊していないことを示唆する。したがって、生活水準と政治的自由度の両者がともに相当低いということは、社会秩序そのものがきわめて脆弱になっていると考えられる。
(19) 田中、前掲書、一九五頁。
(20) フリーダムハウスの自由度の得点は、政治的権利(political rights)と市民的自由(civil liberties)の二つの得点の和であり、それぞれ一点が最も自由度が高く、七点が自由度が低い。したがって、全体としては二点が最も自由度が高く、一四点が最も不自由となる。本稿の分析では、得点の高い方が自由度が高いとするため、フリーダムハウスの元々の得点を逆にして、一三点が最も自由度が高く、一点が最も不自由となるように変換した。データは以下のサイトから入手した。https://freedomhouse.org/content/freedom-world-data-and-resources　人間開発指数については、http://hdr.undp.org/en/indicators/137506#。なお台湾の人間開発指数は、http://eng.stat.gov.tw/public/data/dgbas03/bs2/gender/International%20Gender/ 人類發展指數.xls から入手した。一九九五年の台湾のＨＤＩは、旧基準の数値のため、一九九七年の順位が同資料では二三位としているので、一九九五年も二三位になる〇・八とした。
(21) 以下の分析で自由主義圏諸国とは、人間開発指数〇・八以上、フリーダムハウスの自由度一〇以上の国々。脆弱圏とは、人間開発指数〇・五未満、フリーダムハウスの自由度四以下の国々。現実主義圏の国々は、これら以外の国々であるとした。
(22) The World Development Indicators の NY. GDP. MKTP. KD. 二〇一〇年のＵＳ$ではかった実質ＧＤＰ。

(23) IMF, Direction of Trade Statistics, http://data.imf.org/build/img/EddButtonsPanel.png
(24) http://jp.xinhuanet.com/2017-10/28/c_136711568.htm
(25) 米中関係の現状分析と「新しい冷戦」の可能性を分析したものとしては、本書第Ⅲ部6「貿易戦争から「新しい冷戦」へ」を見よ。
(26) Branko Milanovic, *Global Inequality: A New Approach for the Age of Globalization* (Cambridge: The Belknap Press of Harvard University Press, 2016)

II

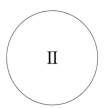

9・11後の国際政治

――そして世界は元に戻った

『外交』二〇一一年九月号

9・11事件が人びとの世代認識を画する事件であったことは間違いない。あの時あなたは何をしていましたか、との問いに、二〇〇一年九月段階で物心のついていた人びとの多くは、鮮明な記憶をもって答えうるのではないか。9・11事件に加えベルリンの壁崩壊も鮮明に覚えている人と、9・11事件のみを覚えている人の間では、ある種の世代間ギャップが生まれるといってもよいかもしれない。これらに加え、キューバ・ミサイル危機やケネディ大統領暗殺も覚えているという人びとは、さらに古い世代に属する。重大な事件によって、人びとは自らの世代アイデンティティの一部を形成しているのであろう。

しかし、これらの世代アイデンティティを形成する事件が、国際政治構造をも画するかどうか

9.11事件で炎上する世界貿易センタービル（AFP＝時事）

は、必ずしも自明ではない。人びとの記憶に残る事件であっても、国際政治構造を一変させるものもあれば、現存の国際政治構造の一面を鮮やかに照射するにとどまるものもある。仮にキューバ・ミサイル危機が、米ソ核戦争にエスカレートしたとすれば、それは、冷戦構造のみならず現存の人類の生存をも危機に陥れた事件となったかもしれない。しかし、現実に起こったキューバ・ミサイル危機は、幸いなことに、冷戦構造を変化させたというよりは、米ソの相互核抑止という構造的特徴を鮮やかに照射して終結した。果たして、9・11事件はいずれであろうか。

もちろん、国際政治構造という言葉で何を意味しているのかによって、この問いへの答えは異なってくる。以下本稿では、国際政治の構造を構成する要素として、有力な主体のタイプ、有力な主体間のパワー分布、システム内に流布するイデオロギー分布がどうなっていたかを検討する。次いで、9・11以後現在に至る一〇年の間に、国際政治のプロセスと構造の両面で、さらにいかなる変化が生じているかを考察する。そして、最後に、このような変化のなかでの日本外交の課題を議論してみたい。

構造変化は、冷戦終焉後から始まっていた

国際政治の構造は何によって決まるだろうか。第一は、有力な主体のタイプである。近代の国際政治における最も有力な主体は、近代主権国家であった。9・11は、非国家主体である「アルカイダ」が主権国家のなかでも最強の国家であるアメリカに大規模な軍事攻撃を加えた事件、つまり、テロリスト集団というタイプの主体が、国際政治において有力な存在であることを示した事件であった。

しかし、そのことは、テロリスト集団が9・11事件によって初めて有力な主体のタイプになったことを意味するわけではない。アルカイダは一九九〇年代から活動しており、すでに数多くの攻撃活動を行っていた。また、他のテロリスト集団もまた、国家への挑戦を開始してきていた。少なくとも九〇年代の国際分析のなかには、テロリズムの重要性を指摘している文献も多かった。さらにいえば、国家以外の非国家主体の影響力の増大、有力化の傾向は、経済面での多国籍企業、社会面でのNGOの活動など、強まっていた。9・11事件は、まさにこのようなすでに起こっていた新たな非国家主体の登場という変化を、誰の目にも明らかなように照射した事件であるとみるのが適当だと思う。

それでは、国際政治の構造の第二の要素である主体間のパワーの分布という面では9・11事件

は、国際政治に影響を与えたであろうか。主権国家間のパワー分布という観点からいえば、あまり影響を与えなかった。二〇〇一年当時、ソ連崩壊後、アメリカは軍事力では圧倒的な強さを誇り、経済力でも政治力でも他の追随を許さないパワーを保持していた。9・11の攻撃を受けたからといって、そのパワーの基盤が揺らいだわけではない。したがって、この面でも9・11事件は、構造的変化をもたらしたわけではない。

もちろん、国家であるアメリカと非国家主体であるアルカイダの間のパワー分布を考えてみることもできる。この次元についてみると、9・11事件を契機にアルカイダのパワーが増大したといえないこともない。世界中の反米テロリスト集団や反米の諸国家の間で、アルカイダへの支持が高まり、各地でテロリストの攻撃が継続されるということがあった。しかし、この点は、テロリスト集団という非国家主体の一類型が有力になっているという構造的特徴と同様に、9・11事件によって、アルカイダが突然、アメリカに対して強くなったというわけではないとみなすことができる。アルカイダは、9・11事件によって、その持てる力を発揮したのだとみるべきではないだろうか。

国際政治構造の要素の第三として、イデオロギーの分布を考えてみることができる。そして、この面でいうと、イスラム原理主義の勢力をある程度増大させたことは確かであろう。テロリストの活動の活発化にとどまらず、反米的な言説が広まっていったからである。ただし、このイスラム原理主義の台頭によって、自由民主主義という冷戦後に支配的となったイデオロギーのヘゲモニーが揺らいだようにはみえない。9・11事件のイデオロギーの分布の面での構造的影響は、存在するにしても限定的であった。

たしかに、9・11事件は、「二十一世紀国際政治」というオペラの第一幕の開始を告げる劇的な事件だったといってもよいかもしれない。しかし、第一幕が開く前に、オペラはかなり長い序曲とともに始まっていた。そして序曲のなかで、重要なテーマはすでに奏でられていたのであった。

二〇〇〇年代前半におけるアメリカの影響力低下

しかし、9・11事件は、国際政治をまったく変化させなかったわけではない。私は、9・11事件をきっかけに起こった国際政治のさまざまな変化は、国際政治のプロセスの変化であるとみるのがふさわしいと思う。つまり、一九九〇年代くらいには明らかになっていた国際政治構造の上で、9・11事件をきっかけに政治プロセスに大きな変化が現れたのだとみるのである。

言うまでもなく、政治プロセスにおける最大の変化は、アメリカの対外行動であった。9・11事件が起こるまでのブッシュ政権の対外政策は、選別的関与を基調とする現実主義的な対外政策だとみられていた。クリントン政権が行ったユーゴスラビアにおける介入のような行動には慎重に対処し、将来的な中国の台頭などに注意をはらう大国間外交が中心になるとみなされていた。

9・11事件は、このような外交行動の態様を一変させた。アメリカの圧倒的な軍事的優越を背景に、同盟国がついて来ようが来まいが、単独主義的と言われてでも、自らの政策目標のために突き進むことになった。アルカイダ討伐のみに焦点をあてるのではなく、「テロとの戦争」という言葉に代表される、普遍主義的レトリックが使われた。さらに、この際、中東全域を軍事力を使ってでも民主化し、一挙に全般的平和を達成しようとする見方も真面目に主張された。

その結果、同盟国との外交的調整は軽視され、二〇〇三年のイラク攻撃の直前には、アメリカを支持するか否かということで同盟国を二分する状態になった。アメリカと西欧の一部の国々との間の関係がこれほど分裂したのは、おそらく一九五六年のスエズ危機以来のことであった。

このようなプロセスが現出した理由としては、ブッシュ大統領の個性やネオコンの影響が指摘される。しかし、その背景には、国際政治の構造もまた大きな影響を与えていたとみるべきであろう。

アメリカは、国家間関係でいえば並ぶもののない強者であるが、9・11事件は、このアメリカがテロリスト集団に対してきわめて脆弱であることを示した。最強者が最も恐怖に震えるという事態が起きたのであった。単独主義と言われようが、自らの安全は、自らの最強の軍事力で守るという発想になっていったのである。しかも、これに加えて、もう一つの構造的要素としての自由民主主義のヘゲモニーが存在した。アメリカが主導し冷戦において勝利した自由民主主義のイデオロギーは、一九九〇年代において、民主主義国同士は戦わないという民主平和論と結びつき、ネオコンの対中東政策を指導することになった。民主化こそが根本解決だと思われた。

9・11事件の生み出した国際政治プロセスの変化の第二は、反米運動の活発化である。アルカイダの攻撃の成功は、世界各地の反米テロリストたちを勇気づけ、彼らの活動を活発化させた。また、イデオロギーとしてのイスラム原理主義のさらなる普及にも貢献することになった。もっとも、9・11事件の攻撃の衝撃性は、当初の反米感情をいささか弱めるという効果も持った。圧倒的多数の人びとは、当初、アメリカとアメリカ人に同情心を持ったからである。しかし、その後のアメリカの対応が単独主義的なものになるにつれて、反米運動はムスリム人口の多い地域を中心にさらに活発化していくことになった。

アメリカの単独主義という第一のプロセスと、テロ活動の活発化と反米運動の盛り上がりという第二のプロセスに、対イラク戦勝利後のアメリカのイラク統治の失敗が加わり、アメリカの影響力の低下という第三のプロセスが始まる。イラクには結局大量破壊兵器が存在せず、アメリカの諜報能力に関する威信は大きく傷ついた。イラク占領後の統治失敗もまた、アメリカの中東民主化に向けての準備の欠如を物語る事態であった。サダムを打倒することで、イラクの大量破壊兵器とアルカイダの結合を予防しようとした戦争の結果、イラクの秩序は崩壊し、かえって世界中のテロリストをイラクに集中させることになってしまった。

こうして、9・11事件は、冷戦後のアメリカを中心とする自由民主主義諸国が主導する国際秩序を、混沌とした政治プロセスに陥れる効果を持ったのであった。その意味でいえば、たとえば二〇〇五年の時点で見た場合、アルカイダが9・11事件で狙った目標は達成されつつあったといえるかもしれない。

二〇〇〇年代後半におけるアルカイダの退潮と国際協調の回復

イラク情勢の混迷とアメリカの全般的影響力の低下は、しかしながら、アルカイダの影響力増大に直結したわけではない。第一に、9・11事件直後のアフガニスタン攻撃によって、アルカイダに安全な根拠地を提供していたタリバーン政権が崩壊した。第二に、イラク戦争をめぐるアメリカと同盟諸国との間の深刻な亀裂にもかかわらず、テロリスト情報の収集と共有は進み、取り締まりも強化され、9・11事件以前にくらべるとテロリスト集団の行動には徐々に制約が加わるようになった。

第三に、アメリカのブッシュ政権が政策を転換する。二〇〇六年の中間選挙での共和党の敗北を受け、ブッシュ大統領はラムズフェルド国防長官を更迭しロバート・ゲイツ元CIA長官を新任の国防長官に任命し、ネオコン的発想の軍事政策を終結させた。米軍の一時的増強により、イラク国内をとにかく安定化させ、アフガニスタンとパキスタンでのアルカイダ掃討にエネルギーをシフトした。この傾向は、〇八年のオバマ政権の誕生でますます明白になる。オバマ大統領は、一一年までには、アフガニスタンにおいても民主化よりは安定化を目的とし、イラクでとったと同様の一時的な増強を背景にして、戦争の主力をアルカイダとの戦いに集中していった。一一年五月のウサマ・ビンラディン、八月のアティヤ・アブドゥルラフマンの殺害など、米軍の作戦によってアルカイダ最高指導部は壊滅的とも言いうる打撃を受けるまでになった。

一方、アルカイダは、アメリカの失敗に乗じてイラクでの勢力拡大をねらったが、シーア派勢力などとの激烈な武装闘争を繰り広げ、かえって支持基盤の拡大に失敗した。こうして、アルカイダに代表される暴力的なイスラム原理主義への支持は低下していった。二〇一一年初頭以来の「アラブの春」は、暴力的なイスラム原理主義の影響力低下をさらに指し示した。チュニジア、エジプト、そしてリビアで、権威主義政権を次から次へと打倒していった勢力は、暴力的イスラム原理主義者ではなく、イスラム原理主義を奉ずるにしても、議会を中心に新しい秩序を作っていこうとする勢力であった。この動きが自由主義的な民主制につながるかどうかはわからない。しかし、暴力的な原理主義が、その勢いを後退させていることは間違いない。

二〇〇八年、さらに国際政治プロセスに影響を与える事件が起こった。リーマン・ブラザーズの破産に端を発する世界金融危機であった。一九二九年の大恐慌以来ともいわれた金融危機を前に、世界主要国は結束せざるをえなかった。大統領選挙戦の間から、オバマ候補は多国間主義を主張し、国際協調をアメリカ外交の中心に据えると宣言していた。二〇〇九年以降、アメリカは経済政策を中心にG8さらにはG20という主要国の枠組みを多用するようになっていった。

つまり、二〇〇六年くらいから一一年くらいにかけての国際政治プロセスにおいては、アメリカ自身がイラク・アフガニスタンにおける目標を民主化というよりは「安定化」に切り替え、攻撃対象をアルカイダに絞り、その結果、アルカイダの活動は大きく制約を受けるようになった。

世界金融危機の影響もあり、主要国間の協調行動は、ようやくイラク戦争以前の状態に復帰するようになった。さらに、イラクやアフガニスタンにおけるアメリカの目標が「安定化」に向かうことがはっきりした時点で、中東では、民主化に向かう可能性も秘めた権威主義政権の転覆が続くという状態になった。やや皮肉といえば皮肉な展開である。

9・11のインパクトはひとまず収まった

9・11事件から一〇年の間に、国際政治のプロセスはかなり変化した。このプロセスの変化は、国際政治の構造にどれほど影響を与えたか。

総じて言えば、国際政治の構造は9・11事件発生時とそれほど大きくは変化していない。有力な主体のタイプという観点からいうと、この一〇年を通して、テロリストは継続的に有力な主体のタイプであった。ウサマ・ビンラディンを捕らえるために超大国アメリカが使った人的・物的資源の大きさは、彼が有力な国際政治の主体の指導者でなければありえなかったものである。非国家主体の重要性は今後も継続するであろう。

主体間のパワーの分布という観点でみると、この一〇年で最強の国家であるアメリカと最強のテロリスト集団であったアルカイダとの間のパワー分布は、最強の国家の側にシフトしたとみることができる。過去一〇年間、米本土での大規模攻撃は阻止され、アルカイダの最高指導者の多くが米軍によって捕らえられるか殺害されたという事実は、アメリカのパワーの強さを物語っている。頻繁に使用されている無人機の威力には、さまざまな評価がありうるが、過去一〇年間の無人機の発展には驚くべきものがある。超大国アメリカの軍事力は、抑止の効きにくいとされるテロリストに対しても、一定の抑止力あるいは少なくとも報復力を保持させつつある。しかし、この間アメリカが払ったコストは莫大なものであった。また、非対称性を特徴とするテロリストの攻撃力については、過小評価することはできない。二〇一一年七月のノルウェーのテロに見られるように、社会内部から発生するテロの危険は継続しており、国家がテロリストに対して相当な脆弱性を持ち続けるという特徴は継続するであろう。

国家間のパワー分布も現在の段階では、二〇〇一年の段階と質的に異なるわけではない。依然としてアメリカが軍事面で圧倒的に強力であることは、イラク戦争の失敗にもかかわらず変化はない。すでに触れた無人機などの精密誘導兵器の面では、他の追随を許さないものがある。また、経済的にいっても、世界金融危機にもかかわらず、アメリカは世界第一位の経済大国であることも変わらない。しかし、長期的にみて世界各地に巨大な経済の中心がいくつも誕生しつつあることは否定しがたい。

イデオロギーの分布はどうか。全体としてみると、自由主義的民主制のイデオロギーのヘゲモニーは継続している。9・11事件以後の反米運動の盛り上がりとイスラム原理主義の影響力増大は継続しなかった。かえって、「アラブの春」が指し示すように、中東地域においても、民主化へ向かう動きが顕著になっている。中東において「民主化」がどの程度定着するかはよくわからないし、反米感情はまだまだきわめて強い。しかし、世界全体におけるイデオロギー状況は、自由主義的民主化志向である。

つまり、9・11事件というあまりに衝撃的な事件によって起こされた、アメリカの単独主義的プロセスが国際秩序を混乱させ、その修正が徐々に進んできたのが今日の国際政治ということになる。その修正のプロセスの結果、国際的な構造は二〇〇一年時点のものから大幅に変化したものにはならなかった。9・11事件のインパクトの大波は、ひとまず収まりつつあるのであろう。

新興国台頭によるパワー分布の変化

それにもかかわらず、国際政治のプロセスは休みなく動き続ける。構造要因の何が、今後のプロセスに影響を与えていくのであろうか。仮にテロリスト集団に対する国家の制御力がそれなりに機能し、9・11事件と同規模ないしこれを超える攻撃が起きないとすれば、おそらく、国家間のパワー分布の漸進的変化が今後の国際政治プロセスにとって重要になるであろう。

イデオロギーの状況からすれば、自由民主主義のヘゲモニーは続くにしても、過去一〇年間の経験からして、極端な民主化推進論の力は弱まっている。軍事的にでも民主主義を輸出しようとする考えはほぼ否定された。その結果、権威主義体制の民主化が進むにしても、それは、アラブの春のような内生的なものにとどまるであろう。

これに対して、国家間のパワー分布における漸進的変化は、新たな国際政治プロセスを生み出す可能性を持っている。振り返ってみれば、この点は、二〇〇一年の段階でもそうであった。9・11事件の結果、この面での調整が先延ばしされてきたといってもよい。いまや、中国、インド、ブラジルなどの新興国を無視して世界的なガバナンスを語ることは困難になっている。しかし、新たな有力国家の登場は、政治プロセスを複雑なものにする。多国間調整に復帰した現在の国際関係ではあるが、いまやリーダーシップの欠如、そして何も決まらないという特徴を示し始めている。このような国際秩序の漂流ともいうべきプロセスが続く可能性もあり、他方、新興国の登場の結果、リーダーシップをめぐる政治対立が発生するという可能性も存在するのである。

地域秩序への積極的関与が求められる日本

このような国際政治の構造と、そのなかでのプロセスの変化は、日本外交にどのような影響を与えているであろうか。大きく言って二つのポイントがあると思う。

第一に考慮すべきは、現在の国際的構造のなかで、日本の位置がどのようになってきたかということである。国家間のパワー分布は、依然としてアメリカが優越している。しかし、世界金融危機以後の状況を考えると、中国の相対的位置が急上昇している。そのなかで、日本の経済規模は、ついに中国に抜かれた。しかも、少子化の影響は長期的に日本の経済規模に影響を与え続けているし、政府が手段として使える資源という意味でいうと、財政状況の制約は大きい。

第二に考慮すべきは、日本の国際政治プロセスへの関与のあり方はどうか、という問題である。

小泉政権は、9・11事件以後のアメリカの単独主義的行動に反発するのではなく支持するという形で対応した。その結果、日米関係はきわめて良好な状態で推移した。イラク戦争への関与にしても、また、アフガニスタンへの関与にしても、幸運にも、日本は犠牲者を多数出さずにすむことになった。このことに関する道義的判断はさまざまに行いうるが、少ない犠牲で最重要な同盟関係を維持できたことは確かであろう。他方、小泉首相の靖国神社参拝問題によって、近隣諸国との政治的関係は、摩擦・緊張の連続であった。その結果、東アジア地域における地域協力に関して日本が主導権をとることはできなかった。

小泉政権後は、短命政権が続き、継続的な国際政治のプロセスへの関与は限定的なものになった。近隣諸国との関係は、自民党の三政権の間にほぼ正常な状態に戻ったが、鳩山政権による普天間基地返還問題の処理は、日米関係をギクシャクさせた。また、地域協力や国際経済問題への対応についても、十分な国内調整ができず、積極的な対応ができなかった。それにもかかわらず、東日本大震災後の世界が日本に示してくれた同情と支援は、きわめて大きなものだった。戦後六〇年以上にわたって世界に対して行ってきた日本の行動の蓄積が、このような好意となって表れたのであろう。

つまり、二〇一一年の段階で、日本は世界から比較的好意を持ってみられているが、その国際構造上の地位は低下しているし、国際政治プロセスへの関与も消極的なものにとどまっている。

課題ははっきりしていると思う。第一に国際構造上の地位の一層の低下を防ぐために何をするかである。中国に世界第二の経済大国の地位を譲り渡したことは確かであるが、日本は依然として世界でも最大規模の経済の一つである。この活力をどのようにして維持していくかに全力をそそぐ必要がある。消費税増税による財政基盤の強化なくして、十分な国際的活動を行っていくことはできない。少子化に歯止めをかけるとともに、国内の人材強化さらには世界中の有能な人材獲得に努めなければならない。高付加価値の経済を維持するための科学技術力の強化も欠かせない。

第二に重要な課題は、国際政治プロセスへの積極的な関与である。日米同盟が基軸中の基軸であることは間違いないが、日米関係のみうまくやればよいというものでもない。国家のみならずさまざまな非国家主体の関与する世界的な課題をめぐり、どのような国際協調体制を築いていくか。大震災があったからといって、このような協議に、いつまでも休場しているわけにはいかない。積極的に参加していくことによって、今回、世界から差し出された好意に応えていく必要がある。

とくに重要なのは、東アジアを中心とするアジア太平洋にかけての地域秩序の構築に大きな役割を果たすことである。中国の台頭が、アメリカとの間でリーダーシップをめぐる対立を引き起こし、軍事的な対決に向かうことは、何としても阻止する必要がある。そのためには、中国を適切な地域秩序のなかに位置づけ、責任ある行動をとってもらうような仕組みを作っていくことが必要である。中国にとって受け入れられ、しかも地域の国々が中国を脅威として感じなくてよいような仕組みを作っていかなければならない。

実際のところ、ここで指摘した日本外交の課題は、9・11事件前後の課題ととくに大きく変わったわけではない。国際政治の構造が大枠でそれほど変化していないとすれば、当然である。しかし、国家間のパワー分布の変化は、質的変化はもたらしていないにしても、着実に進んでおり、日本にとっての切実性はますます大きくなっている。国内政治の混乱に終止符を打ち、本格的な日本外交の再建に取り組む時期である。

権力移行の理論と中国の台頭

『国際問題』二〇一一年九月号

力の有為転変は国際政治の習いである。「天下の大勢、分かれて久しくなれば必ず合一し、合一久しくなれば必ずまた分かれる」[1]とは『三国演義』冒頭の名文句である。現代風に言えば、単極システムが多極システムになり、多極システムが単極システムになるというわけだ。

新興国の力の台頭が国際政治を不安定化させるというテーマは、国際政治の歴史とともに古い。トゥーキュディデースがペロポネソス戦争の原因を「アテーナイ人の勢力の拡大」が「ラケダイモーン人に恐怖をあたえた」[2]ことに求めたことは、欧米の国際政治学の教科書に常にと言ってよいほど出てくるエピソードである。[3]第一次世界大戦の数年前の一九〇七年、イギリス外務省のエア・クローがドイツの拡張に警鐘を鳴らした覚書を書いたこともよく知られたエピソードである。[4]

二十一世紀に入り、中国の急速な台頭を前に、トゥーキュディデースの引用とともに、国際政治の不安定化の可能性が論じられている。以下、本稿では、まずパワー・トランジッション論についての検討を行い、そのうえで、二十一世紀の世界システムにパワー・トランジッションが与える影響、とりわけ中国の台頭が与える影響について考察してみたい。

1 パワー・トランジッション論および関連理論

現代国際政治学において、パワー・トランジッションに明確な理論的形態を与えたのは、オーガンスキーであった。[5] 彼は、一九五八年に出版した著書で、バランス・オブ・パワー論の意味を詳細に検討したうえで、「バランス・オブ・パワーは、論理的抽象でもなければ、実証的事実の正確な記述でもない」と批判し、パワー・トランジッションのほうが、少なくとも十九世紀以降の世界にはふさわしい理論であると論じた。[6]

オーガンスキーによれば、バランス・オブ・パワー論の欠陥は、その単位である国家それ自体の力は変化せず、国家の同盟関係がきわめて柔軟に変化しうると前提したところにあるという。産業化が始まって以来、この前提は維持しがたいとオーガンスキーは論じる。産業化以前の段階では、国家は、他国を征服する以外に自国の力を急速に成長させることは困難であった。それが、産業化によって、国家は他国を征服せずとも自らの力を急速に増大できるようになった。しかも、このような産業化による力の増大を他国は止めることができない。さらに産業化の度合いは、国によって異なる。その結果、ある時点をとってみると、最も急速に発達した規模の大きい国家、すなわち支配的大国（dominant power）を頂点に、それに続く国々である大国（great powers）、さらに中級国（middle powers）、小国（minor powers）という階層性が生まれる。しかし、産業化は、この階層性に常に変化をもたらす圧力をかけ続ける。

これに加え、オーガンスキーは、バランス・オブ・パワー論のもう一つの前提と言うべき同盟選択の柔軟性は、産業化の進む世界では非現実的であるとする。経済相互依存の進む世界で、国家は、そう簡単に同盟相手を変えられない。つまり、十九世紀以後の国際関係においては、経済関係を含む「秩序」が成立しており、そしてその秩序は、時の「支配的大国」の利益に最もかなうようなものになっている。大国や中級国のなかには、「現状維持派」とでも言いうる国々もあって、この秩序を支えている。これに対し、この「秩序」に不満をもつ国家も当然存在する。こうして、オーガンスキーは、力の階層性と「秩序」への満足・不満を基準として、国際システムの構造を図Ⅱ－1

図Ⅱ-1　国際システムの構造
——力と満足

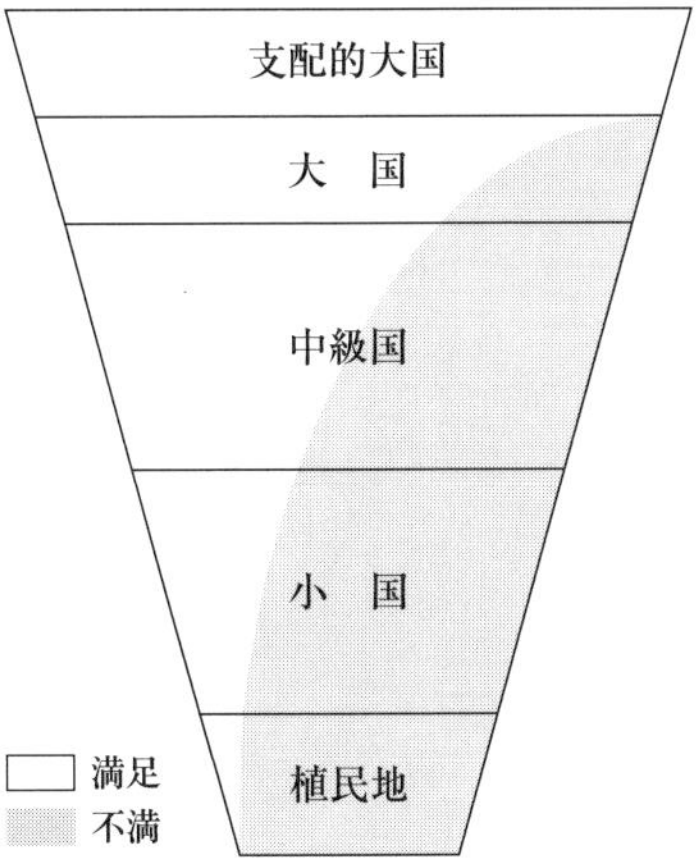

出所：A. F. K. Organski, *World Politics*, p.332 より作成。

のように表した。

そして、国際システムの平和は、支配的大国を含む現秩序に満足している国々（満足国）の力が現秩序に不満をもつ国々（不満国）の力を圧倒しているときに保たれるとした。しかしながら、産業化は不満国においても起こる。その結果、不満国のなかで急速に発展する国、とりわけ大国は、現秩序への挑戦国（challenger）となる。そのうえで、オーガンスキーは、戦争の発生確率について、以下のように理論的観測を述べる。

内的発展によって力を増大させている挑戦国が、賢明であれば、支配的大国とその同盟国の力に追いつくまでは、現存の国際秩序に脅威を与えることを慎むであろう。敵よりも弱いときに攻撃をするのは愚かだからである。もし、このような考えが正しいとすると、戦争の危険は、対立する陣営の力がほとんど均等になった時点であろう。そして、もしそれ以前に戦争が勃発するとすれば、それは、支配的大国が、競争者が現秩序を打ち倒す前に打ち倒してしまおうとする予防戦争という形をとるであろう。(7)

しかし十九世紀と二十世紀に実際に起こった戦争を観察してみると、不満国の勢力が満足国の勢力に到達する以前に、不満国からの開戦によって戦争が起こる場合が多かったとオーガンスキーは指摘する。第一次世界大戦のドイツも、第二次世界大戦のドイツも日本も、英米勢力の力に到達する以前に戦争を開始したからである（後段でみるように、オーガンスキーは、一九八〇年の著書で見解を変える）。

オーガンスキーは、ここでいくつかの要因を検討する。第一は、挑戦国のサイズ、第二は、挑戦国の成長の速度、第三は、支配的大国の柔軟性、そして第四が、支配的大国と挑戦国の間の友好度である。第一の挑戦国のサイズであるが、これは、成長の結果として到達可能な力の限界と言ってもよい。つまり、挑戦国の人口や面積があまりに小さければ、いくら成長しても、支配的大国を脅かすことはない。したがって、戦争の危険性は小さい。他方、挑戦国のサイズがあまりに巨大であれば、これもまた戦争の発生確率を下げる。すなわち、「挑戦国があまりに巨大であって、産業化が達成された暁にその支配的地位が事実上確定しているような場合は、紛争の確率は低下する。そのような国の場合、将来の支配的地位は、実際に達成されるずっと以前から明白で必然的であるとみえるはずであり、挑戦国も支配的大国も、徐々にそのような可能性を受け入れるようになるからである。挑戦国は、支配的大国を公然と攻撃する必要はなく、単に内的発展によって、支配的大国を追い抜いていくことができる。支配的大国にしても、戦おうが戦うまいが、負ける確率が高いとわかるので、戦争のコストを下げ、平和的調整を達成しようとする強い動機をもつ(8)」。

これに対して、最も危険なのは、絶頂期にその力がいまの支配的大国と同等となりそうなサイズの国だとオーガンスキーは言う。「そのような国家は、内的発展によって明白な優越を得る見込みがない。支配的地位を獲得する道は、現在の支配的大国が自発的にその地位を譲る場合か、戦いに勝利して獲得するかの二つしかない。そもそも自発的譲渡はありそうもないのだが、この場合は、ますますありそうもない。このような規模の挑戦国の台頭には必然性が認めがたいからである。（中略）こうして、平和的調整によって支配的地位を獲得することの希望を絶たれた挑戦国は、戦争に訴えるかもしれないのだ」[9]と言うのである。オーガンスキーは、第一次世界大戦時のドイツ、第二次世界大戦時の枢軸国が、自らの力が支配的大国に近づく以前に開戦したのは、この要因だと言い、冷戦において、ソ連[10]がそうなるかもしれないと論じたのである。

戦争の発生確率に影響を与える第二の要因は、成長の速度である。挑戦国の成長速度があまりに速いと、支配的大国や満足国の側で、この挑戦国をどのように扱ったらいいかについての調整が素早く行われない。そして、急激な成長速度は、挑戦国内部の社会状態を不安定化させ、対外的に冒険的な行動をとることへの圧力が増す。また、成長速度があまりに速いと、挑戦国の指導者に自らの力についての誤認を与え、支配的大国に勝てるのではないかとの幻想を与えるかもしれない。

戦争の確率に影響を与える第三の要因は、支配的大国の柔軟性である。支配的大国が、挑戦国に対して秩序を受け入れられるような調整をどれだけ行うかという点である。もし支配的大国が、挑戦国の不満を解消するような調整に柔軟に動けば、挑戦国が武力に訴える誘因は低下するから、戦争の確率は低下するであろう。

オーガンスキーが挙げる第四の要因は、支配的大国と挑戦国との間の友好度である。十九世紀のイギリスとアメリカとの関係を挙げ、オーガンスキーは、この両国がもともと保持していた友好関係が、アメリカの平和的な台頭を可能にしたのだと解説する。オーガンスキーの挙げる第三と第四の要因は、たしかにパワー・トランジッションが平和的に行われるうえで重要な要因ではあろう。しかし、この第三と第四の要因が確保されるとすれば、そもそも台頭する大国は、既存の秩序に不満をもつ存在ではないともみなしえよう。したがって、そもそも挑戦国というカテゴリーにあてはまらない状況と言ってもよいのかもしれない。

その後、オーガンスキーのパワー・トランジッション論は、各方面で実証分析に付された。とくに、戦争の発生確率の高い時期については、いくつもの研究が行われたが、なかなかコンセンサスが得られる状態には到達していない。すでに述べたように、一九五八年の著書で、オーガンスキーは、彼の予想に反して、戦争はトランジッションが起こる以前の段階で、挑戦国から開戦される傾向が大きいと語っていた。しかし、その後、彼がクグラーと一九八〇年に発表した共著では、トランジッション後に起こる確率が高いと自らの見方を訂正した。しかし、クグラーとレムケは、二〇〇〇年に発表したサーベイ論文で、いずれの時期の発生も起こりうるとの研究を紹介している。[11] どの国とどの国に関して、どのような基準でパワーを量るかに関しては、さまざまな議論がありうるわけで、戦争の発生確率をトランジッションの前か後かで評価することは困難な面があるのであろう。とはいえ、トランジッション前後の一定の期間が、戦争発生確率が高くなるということは、これまでに行われた研究の多くが指し示している。[12]

パワー・トランジッションに関連する議論としては、世界システムに関する、より長期の変動論が存在する。古くは、コンドラチェフの議論がこの変動論の先駆けであるが、コンドラチェフの影響を受け、トインビーが明示的に経済の長期サイクルと戦争の長期サイクルを結びつけ、さらに、一九七〇年代に至って、ウォーラーステインらの「世界システム論」、そして、モデルスキーの長期サイクル論が展開された。ウォーラーステインらの議論とモデルスキーらの議論には、それぞれの特徴があるが、大づかみに言えば、いずれも、コンドラチェフやトインビーの景気サイクルと戦争サイクルに、覇権国の存在を重ね合わせ、長期のダイナミクスを描き出そうとした試みである。[13] このような長期変動論もまた、さまざまな実証研究が行われているが、大まかな見取り図以上の実証的なコンセンサスは得られていない。仮に二十世紀までのサイクルやダイナミクスが存在するとしても、その二十一世紀の姿がどうなるかは、あくまでも推測の域を出ない。[14] そして、覇権戦争なり世界戦争が本当に起こるか否かは、パワー・トランジッションの理論でも展開される、さまざまな要因をどのように判断するかにかかってくるのである。

2　二十一世紀のパワー・トランジッション

パワー・トランジッションについての理論的・実証的研究は、その性格からして、過去の事例を参照しつつ行われざるをえない。しかし、二十一世紀に入り、パワー・トランジッションはますます現実の可能性として議論されるようになってきた。その一つの要因は、驚異的な中国の経済成長である。一九八九年の天安門事件後再び高度経済成長の道を歩み始めた中国をみて、早くも一九九二年頃には、いずれ中国が日本のみならずアメリカの経済を追い越すことになるとの観測が出るようになった。(15) 二十一世紀に入ると、米金融大手のゴールドマン・サックスなども、二十一世紀の前半には、中国の国内総生産（GDP）がアメリカのそれを凌駕するとの予測をした。これにともない、「中国脅威論」が各所で議論され、これに対応して、中国国内では、平和的台頭が可能であるか否かが議論されるようになった。

はたして、中国の台頭は、パワー・トランジッションの典型例として、世界システムを不安定化させ、ついには戦争をも引き起こすのであろうか。不安定化の可能性を指摘する議論は、いまや数限りなく存在する。(16) これに対し、中国の台頭は必ずしも世界システムの不安定化をもたらすわけではない、少なくとも戦争は防げるとの議論も数多い。(17) 筆者もまた、かつて行った分析で、中国の平和的台頭は可能であり、戦争を防ぐことはできると論じたことがある。ただし、平和的に台頭した中国がいかなる存在になるかについては、さまざまな可能性がありうると論じた。(18) 以下、パワー・トランジッションの理論との関連で、中国の台頭がもたらす論点について、簡単な整理を行いたい。

中国はアメリカに追いつくか？

第一の論点は、本当に中国のパワーがアメリカに追いつくか、という点である。為替レートで換算したGDPで、中国は日本を追い抜いて、世界第二位の経済大国になった。しかし、アメリカとの差は依然として相当ある。単純に現在の経済成長率を外挿すれば、いずれはアメリカのGDPを抜くことは、当然予想できる。しかし、これに対しては、二通りの観点からの留保が付けられるであろう。第一は、中国の経済成長がいまの速度でいつまで続くかわからないという点である。経済が成熟するにつれ成長率が低下するのは通常のことである。また、中国の人口学的要因からみて、中国にも少子化の影響が本格的に現れるかもしれないとの指摘もありうる。中国がアメリカに追いつくにしても、かなり先のことになるとみるべきかもしれない。[19] 第二に、パワー・トランジッションの研究では、GDPがパワーの指標として使われているが、戦争が起きるかどうかという点に着目するのであれば、軍事力のほうが適切であるとの見方はありうる。そして、軍事力に着目したとき、いつパワー・トランジッションが起こるのであろうか。現在、軍事面でのアメリカの優越は圧倒的なものがあり、中国がこれと「ほぼパリティ」を達成するのは、仮に起こるにしても、相当先になるのではないか。

中国の台頭は戦争を引き起こすか？

仮に中国のパワーがアメリカに追いつくとした場合、第二の論点として問題となりうるのは、このパワー・トランジッションは、戦争の危険性をもたらすのか。逆に言えば平和的移行の可能性がどの程度あるかということである。そして平和的移行の可能性については、さらに以下の五つの論点がありうる。

平和的移行の可能性に関する第一の論点は、現存の秩序に対する中国の不満度である。はたして中国は現行の秩序を覆すことに死活的利益を見出す挑戦国となるであろうか。もちろん、中国が現在の秩序に不満をもつ可能性は当然ありうる。しかし、現在の中国の経済成長は、まさに現在の国際経済体制を利用して実現している。外国からの直接投資と技術を大量に受け入れ、輸出志向の成長を遂げてきた中国は、現在の国際秩序の最大の受益者であるとみなすことは十分可能である。少なくとも、既存秩序を革命的に変化させることに中国が利益を感じるとは思いにくい[20]。産業化による国際経済関係の固定化つまり秩序の生成は、まさにオーガンスキーの重要な論点であった。いま、産業化に成功しつつある中国が、これを転覆させる戦争を起こすであろうか[21]。

平和的移行の可能性に関する第二の論点は、中国のサイズの問題である。すでに述べたように、オーガンスキーは、挑戦国となりうる国家の規模が著しく大きい場合は、早い時期からそのキャッチアップが予想でき、そして本当に追いついた場合に、現在の支配的大国よりもはるかに巨大な存在になる可能性が高く、戦争の確率は下がると指摘していた。挑戦国は、時は自らの側にあると思えるため、早まって戦争を起こす必要はないと考えるし、支配的大国にしても、早くから挑戦国の成長が予測できるため、秩序の調整を試みる誘因が働くというのがオーガンスキーの理由であった。そして、一九五八年の段階で、オーガンスキーは、中国が成長し始めれば、まさにこのケースにあたると指摘していたのであった。[22]

平和的移行の可能性に関する第三の論点は、支配的大国の柔軟性である。支配的大国が柔軟であれば、仮に中国の不満度が高いとしても、これを下げる効果をもつであろう。他方、支配的大国の柔軟性が低い場合は、中国が現存秩序にある程度利益をもっていたとしても、かえって不満を高める可能性もある。また、支配的大国の柔軟度が低い場合は、第二の論点である、パワー・トランジッションの必然性を受け入れることができず、予防戦争を行おうとする誘因に駆られる可能性もある。はたして、アメリカの柔軟性はどの程度あるとみなしうるであろうか。中国の急速な成長が明らかになってからのアメリカの各政権の対応をみると、アメリカの柔軟性は相当高いとみてよいように思う。中国の世界貿易機関（WTO）への加盟にも同意し、また、重要な国際組織の高官への中国人の登用についても拒否することはなかった。アメリカ国債の最大の保有国が中国であるという「現状」は、アメリカにとって維持しなければならない「現状」だとすれば、中国は、その秩序の決定的に重要な一部であり、柔軟になるのは当然だとも言えるだろう。[23]

平和的移行の可能性に関する第四の論点は、成長の速度とこれが挑戦国の国内社会にもたらす影響である。オーガンスキーも指摘しているように、経済成長の速度があまりに速いと、挑戦国の社会がこれに適応することに困難を呼び起こすことがありうる。さらにまた、成長速度が、挑戦国の人びとや指導者に自らに対する過大評価をもたらす可能性もある。平和的移行の第二の論点のように、中国の新支配大国化が、時間はかかるが確実であるとすれば、中国人はゆっくりこれを待っていればいいのであるが、その成長速度の速さが社会全体に幻覚的反応を呼び、たとえばナショナリズムと結びつくと、戦争の危険は高まるかもしれない(24)。

平和的移行の可能性に関する第五の論点は、戦争を引き起こす具体的問題が何かということである。トゥーキュディデースの言うように、パワー・トランジッションが戦争の真の原因であったとしても、実際の戦争が起きるためには、具体的なフラッシュポイントが必要である。米中間で戦争を引き起こす具体的争点は何か。考えうる争点は、台湾海峡、朝鮮半島、東シナ海における日中問題、南シナ海における領土問題などであろう。もちろん、どのケースも武力対立に至る可能性はゼロではない。しかし、このなかで最も危険性の高いのは台湾海峡であろうと思われる。したがって、戦争の可能性はこれらの具体的争点のマネージメントにかかっていることになる(25)。

以上、五つの論点を考えると、全体として、中国の台頭による戦争の危険はそれほど高くなく、平和的移行の可能性は大きいと判断できる。中国が長期的に世界最大の経済大国になることはおそらく確実であるが、これはそれほど早く来る事態ではない。その間に、中国も国際社会も、戦争を避けるための折り合いをつける努力をするであろう。しかも、長期にわたるトランジッションの過程で、アメリカの軍事的優越は、そう簡単には揺らがない。つまり、台湾海峡、朝鮮半島、東シナ海、南シナ海での具体的争点が武力対立になることを抑止するだけの軍事的優越は、アメリカとその同盟諸国のなかには存在するであろう。懸念すべき事項があるとすれば、それは、中国国内の自らのパワーに対する過大評価であり、支配的大国アメリカにおける硬直的対応ということになる。この懸念事項が抑えられるとすれば、中国の台頭による二十一世紀の長期にわたるパワー・トランジッションは、戦争を起こさずに経過できるのではないかと思われる。

平和的に台頭した中国と国際秩序

しかし、パワー・トランジッションの論点は、これで終わるわけではない。最後の論点としては、平和的に台頭する中国を受け入れる国際秩序がいかなるものになるか、という論点である。以上、検討したように、戦争を防ぐために支配的大国が柔軟性をもって中国の台頭に対応するとすれば、そこから生じる秩序は、中国にのみ有利でほかの国々にとってきわめて不利な秩序になるかもしれない。たとえば、オーガンスキーは、何度も言及した一九五八年の著書の結論で、ソ連との戦争の危険は高いとしていた。ソ連は成長したピークの時点でアメリカを圧倒するような力にはならないからというのがその理由だった。そして、彼は、世界戦争を防ごうとすれば、中国に共産圏の指導権をとってもらい、中国に成長してもらうしかないかもしれないと指摘していたのである。そしてこれは、希望でもなんでもなく「われわれの価値をおくすべてへの脅威」なのだと結論したのであった。(26)

現在の中国は、毛沢東の中国ではない。したがって、中国の平和的台頭はオーガンスキーが言うほど、中国以外の国々にとって脅威ではないかもしれない。しかし、二〇一〇年秋、日本の海上保安庁が中国の漁船の船長を逮捕した後の中国の過剰反応的対応を観察するとき、中国の受け入れられる秩序のため、国際社会が無原則に妥協していくことには危惧を覚えざるをえない。[27] 国際社会は、今後長期にわたって続くパワー・トランジッションの時期、中国に対して、現状維持勢力として責任ある行動をとることを求めるとともに、アメリカに対して、自らの抑止力を効果的に維持しつつ、原則ある柔軟性を維持することを求めていくしかないのであろう。

もちろん、二十一世紀の世界システムを動かすダイナミズムは、パワー・トランジッションのみが生み出すわけではない。筆者が「新しい中世」と呼んできた傾向、国家の相対的地位の低下、さまざまな主体間の関係の複雑化、さらにはそこで行使されるパワーの多様化などの傾向は、今後も進んでいく。[28] オーガンスキーも、パワー・トランジッションは、産業化段階の国際政治にあてはまる理論であるとしていた。「新しい中世」に向かう世界システムは、中国やインドを含めて産業化が地球上を覆う段階にある世界システムである。産業化最後の段階の世界システムと言ってもよい。すでにみたように、産業化最後の段階において、戦争の危険は二十世紀初頭よりは低いと思われる。今後の課題は、平和的移行を実現した世界システムが、より公正な秩序を作っていけるかということになるのであろう。

註

（1）小川環樹・金田純一郎訳『完訳三国志（一）』岩波書店、一九八八年、六頁。
（2）トゥーキュディデース（久保正彰訳）『戦史』上、岩波書店、一九六六年、七七頁。
（3）Joseph S. Nye, Jr. and David A. Welch, *Understanding Global Conflict and Cooperation: An Introduction to Theory and History*, Eighth Edition, Boston: Longman, 2011, p.16. 邦訳（田中明彦／村田晃嗣訳）『国際紛争——理論と歴史』〔原書第八版〕、有斐閣、二〇一一年、二二頁。John Baylis, Steve Smith & Patricia Owens, *The Globalizaton of World Politics: An Introduction to International Relations*, Fifth Edition, Oxford: Oxford University Press, 2011, p.90.
（4）たとえば、ヘンリー・A・キッシンジャー（岡崎久彦監訳）『外交』上、日本経済新聞社、一九九六年、二六五—二六六頁。覚書原文は、http://tmh.floonet.net/pdf/eyre_crowe memo.pdf にある。
（5）A.F.K. Organski, *World Politics*, New York: Alfred A. Knopf, 1958.
（6）国際システムの安定と平和に寄与するメカニズムとして、バランス・オブ・パワーが重視されてきたことは言うまでもない。しかし、オーガンスキーの著書も含めて、その多義性や曖昧さについては、数多くの指摘がなされてきた。田中明彦『世界システム』（東京大学出版会、一九八九年）では、筆者なりの整理をした。また、オーガンスキーと同種の圧倒的優越のほうが平和をもたらすという議論を行う論者もいなかったわけではない。岡崎久彦『戦略的思考とは何か』（中央公論社、一九八三年）も、「大国が圧倒的な力をもち、かつ、自制することを知っている——それならば安定した平和が維持されることは自明の理」（一五頁）だと述べたうえで、日本と清朝の間の軍事バランスを表すグラフを示し、両者の軍事力が「ほぼ均等」に達した段階で、日清戦争が戦われたと述べている（三五頁）。明治時代の日本の文献で言えば、古代ギリシャの国際政治を扱った矢野龍渓の痛快無比の歴史小説『経国美談』下（岩波書店、一九六九年、原著刊行一八八四年）には、「列國ノ大平和ヲ、得セシムベキノ勢ヒ、二ツアリ。其ノ一ハ、列國ノ勢力相ヒ平均シテ、毫モ盛衰強弱ノ差異ナキコト、（中略）又其ノ次ハ、列國中ニ於テ容易ニ、他邦ヲ壓倒スベキ、勢力、抜群ノ大國アラバ、又必ズ全土ニ永久ノ大平和ヲ、與ヘ得ベシ」（一八三―一八四頁）とあり、勢力均衡とならんで単極平和論が指摘されている。矢野独自の見方なのか、どこかに典拠があるのかは、筆者には確かめられなかった。

（7）Organski, *op. cit.*, p.333.
（8）*Ibid.*, p.372.
（9）*Ibid.*, pp.334-335.
（10）オーガンスキーは、前掲書において、一貫してソ連のことをロシアと言っている。
（11）A.F.K. Organski and Jacek Kugler, *The War Ledger*, Chicago:The University of Chicago Press, 1980; Jacek Kugler and Douglas Lemke (eds.), *Parity and War: Evaluations and Extensions of the War Ledger*, Ann Arbor: University of Michigan Press, 1996; Jacek Kugler and Douglas Lemke, "The Power Transition Research Program: Assessing Theoretical and Empirical Advances," in Manus I. Midlarsky, ed., *The Handbook of War Studies* II, Ann Arbor: University of Michigan Press, 2000, pp.129-163.
（12）Daniel S. Geller and J. David Singer, *Nations at War: A Scientific Study of International Conflict*, Cambridge: Cambridge University Press, 1998, pp.75-76.
（13）一九八〇年代くらいまでのこれらの理論動向については、田中明彦『世界システム』を参照。最近までの動向については、Jack S. Levy and William R. Thompson, *Causes of War* (Chichester, West Sussex: Wiley-Blackwell, 2010).
（14）たとえば、ウォーラーステインは、一九八六年に『国際問題』に掲載した論文で、「〔アメリカの覇権の継承者としては、〕日本と西ヨーロッパ二つを候補者として考えることができる。そこで、日本は海と空を基盤とした候補者であり、西ヨーロッパは陸を基盤とした候補者である。そのことからわれわれは、アメリカと日本の間に経済＝政治的な同盟が形成されることを予測することができ、アメリカは最初はシニア・パートナーとして、のちにジュニア・パートナーとしての役割を果たすことになる。（中略）世界の他の地域は当然このような政争に巻き込まれていくであろう。もし中国が日米の経済圏に完全に取り込まれていくとしたならば、西ヨーロッパはソ連および東欧と力を合わせざるをえないであろう。そして第三世界はこれら二つの大同盟の間の草刈り場となろう。（中略）そしてこのシナリオによれば、二〇五〇年あたりで世界戦争が引き起こされる可能性が高いのである。そしてその世界戦争は米ソ間ではなく、主として日本と西ヨーロッパの間で行われるものであり、過去とのアナロジーでいえば、勝者は日本でなくてはならない」と述べている。イマニュエル・ウォーラーステイン（山本吉宣訳）「資本主義世界経済の将来と日本」『国際問題』第三一五号（一九八六年六月）。

（15）*The Economist*, November 28, 1992, (survey) pp.3-6.

（16）最近の最も端的な例は、Jed Babbin and Edward Timperlake, *Showdown: Why China Wants War with the United States* (Washington, D.C.: Regnery, 2006) である。より理論的な面からの不安定化の危険性の指摘は、John J. Mearsheimer, *The Tragedy of Great Power Politics* (New York: W. W. Norton & Company, 2001); Martin Jacques, *When China Rules the World: The End of the Western World and the Birth of a New Global Order* (New York: The Penguin Press, 2009); Aaron L. Friedberg, *A Contest for Supremacy: China, America, and the Struggle for Mastery in Asia* (New York: W. W. Norton & Company, 2011).　もっとも、これらの論者すべてが、米中戦争の発生確率が高いと論じているわけではない。

（17）有力者の見解としては、Joseph S. Nye, Jr., *The Future of Power* (New York: Public Affairs, 2011); Henry Kissinger, *On China* (New York: The Penguin Press, 2011).

（18）Akihiko Tanaka, “Global and Regional Geo-strategic Implications of China’s Emergence,” *Asian Economic Policy Review*, Vol.1, Issue 1 (June 2006), pp.180-196.

（19） Nye, *op. cit.*, Ch.6 にこのような議論の典型がある。

（20） ブザンは、現状維持勢力、正統主義的修正主義勢力、改良主義的修正主義勢力、革命主義的修正主義勢力という区別を行ったうえで、現在の中国は、改良主義的修正主義勢力だと評価している。Barry Buzan, "China in International Society: Is 'Peaceful Rise' Possible?" *The Chinese Journal of International Politics*, Vol.3 (2010), pp.5-36.

（21） 既存秩序のもとで急成長を遂げる大国が、どうして秩序に不満を抱く挑戦国になるのかは、パワー・トランジッション論にとっての理論的難題であると言われることがある。この点については、Douglas Lemke, *Regions of War and Peace* (Cambridge: Cambridge University Press, 2002), Ch.2 に簡潔な議論がある。

（22） Organski, *op. cit.*, p.334.

（23） キッシンジャーは、第一次世界大戦前のクローの覚書を引用しつつ、二十一世紀において、歴史を繰り返させてはならないと論じ、米中対決を避けるため、「太平洋コミュニティー」の概念をもとに、米中協力体制を作るべきであると論じている。Kissinger, *op. cit.*

（24） 米中の海洋をめぐる競争は、安全保障というよりは、大陸国である中国のナショナリズムに動機づけられているとロスは論じている。Robert S. Ross, "China's Naval Nationalism: Sources, Prospects, and the U.S. Response," *International Security*, Vol.34, No.2 (Fall 2009), pp.46-81.

（25） グレーザーは、リアリストの視点からみても、現在の中国を取り囲む戦略的環境は、戦争をもたらす可能性は低いと論じている。中国を取り囲む「安全保障のジレンマ」は烈度の低い「良性」のもので、マネージすることは可能だと論じている。Charles Glaser, "Will China's Rise Lead to War?" *Foreign Affairs*, March 1, 2011.

（26） Organski, *op. cit.*, p.449. フリードバーグが恐れることも、まさにこの論点である。Friedberg, *op. cit.*

(27) 二〇一〇年前後の中国の「強硬な」国際行動は、オーガンスキーの言うような、急速な成長に国内勢力が過剰な自信をもったことの表れとみることもできる。これに対して、中国国内の良識派の勢力が強まるように働きかけるべきだという議論としては、Thomas J. Christensen, "The Advantages of an Assertive China: Responding to Beijing's Abrasive Diplomacy," *Foreign Affairs*, March 1, 2011 を参照。
(28) 田中明彦『新しい中世——相互依存の世界システム』講談社学術文庫、二〇一七年。

III

1 「インド太平洋」の時代

「欧米中心」時代の終焉

『日本経済新聞』二〇一一年一月六日

欧米中心の世界が終わり、真に世界大の世界が生まれつつある。G20（主要二〇ヵ国・地域）の枠組みが本格化したことに、この傾向が如実に示されている。十九世紀の帝国主義時代が、欧米中心の世界を作り上げ、二十世紀がその頂点だったとすれば、二十一世紀には、欧米もまた、世界のそれぞれの部分を代表する立場に戻る。中国、インド、ブラジルなどの台頭は目覚ましく、韓国、インドネシア、メキシコ、南アフリカなどそれぞれの地域を代表する国々もまた大きな役割を担うことになる（図Ⅲ－1）。

図Ⅲ-1　世界のGDPに占める各国・各地域のシェア：1820-2016

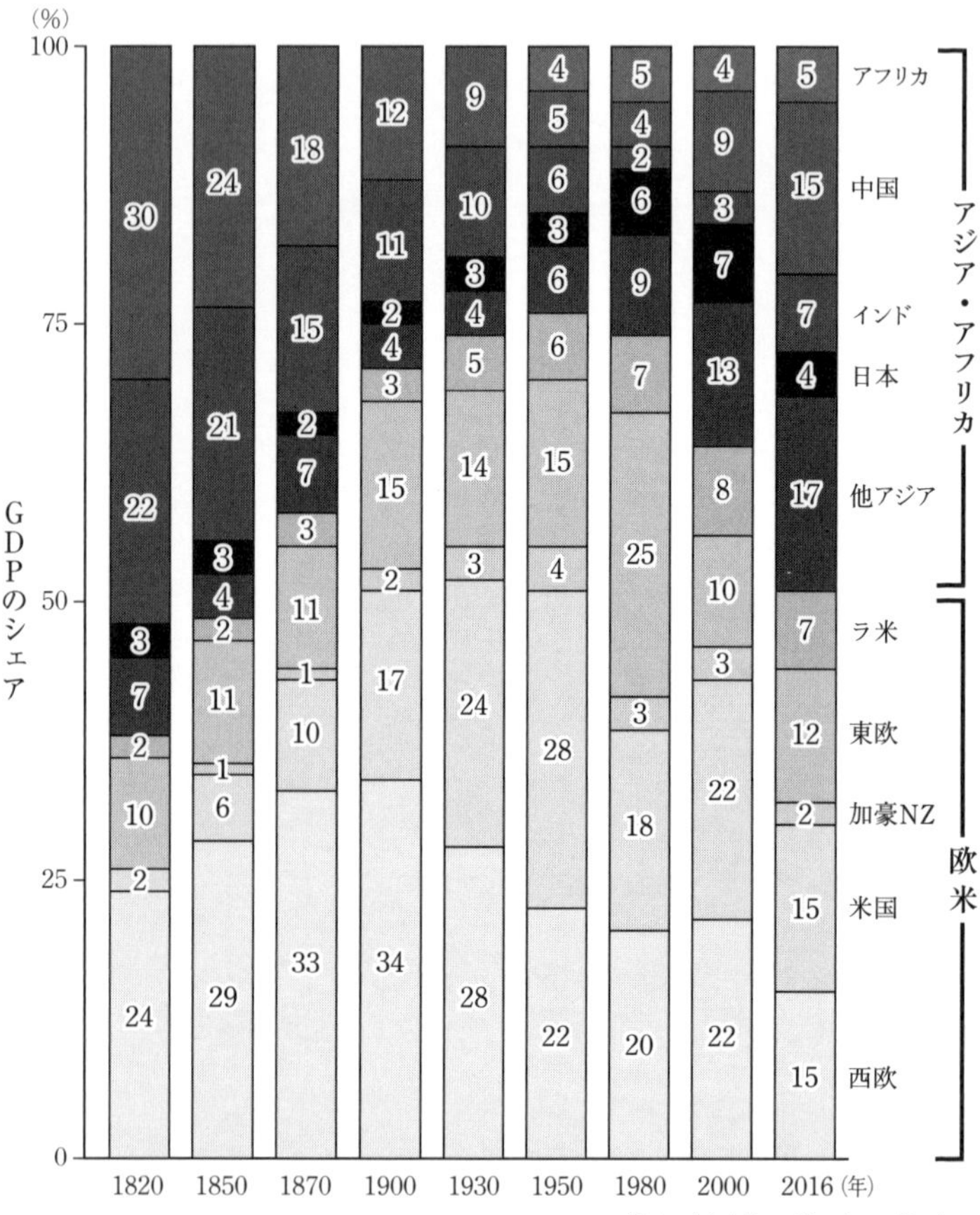

マディソン・プロジェクト（p.55の註7参照）による各国の1人当たりGDPと人口データから、筆者が集計・作成した世界全体に占める各国・各地域のGDPのシェアの変遷を示したグラフである。19世紀初頭から20世紀半ばまで、欧米のシェアが拡大を遂げ、中国やインドのシェアが縮小し、20世紀後半から21世紀にかけて、欧米のシェアが縮小し、アジア・アフリカのシェアが拡大していることがわかる。1930年以前のアフリカのデータがほとんど存在しないため、1930年以前の各国・各地域のシェアはアフリカを含まない世界のなかの比率を計算したものである。

このような欧米中心世界の終焉は、日本にも深刻な影響を与えつつある。なぜなら、欧米中心世界の終焉によって、二十世紀に確立した日本と日本人のアイデンティティにも変更が迫られるからである。二十世紀に確立した日本のアイデンティティとは何か。それは、「例外としての日本」というアイデンティティだったと思う。

二十世紀冒頭、明治の日本は欧米の一翼を担うロシアを破り、アジアで唯一「列強（グレートパワー）」に名を連ねた。明治から大正にかけて産業革命をなし遂げ、アジアで唯一の工業地域となり、第二次世界大戦後も、高度経済成長に成功する。アジアで唯一「南北問題」における北側に属した。政治面でも、欧米以外では数少ない安定した民主主義国となった。一九七〇年代中葉から続く主要国首脳会議に欧米以外で唯一の参加国となったことに、その「例外的地位」が表れている。二十世紀は、欧米中心の世界だったが、それはまた「例外としての日本」の時代でもあった。

十九世紀から二十世紀にかけて発展した社会科学や人文学もまた、欧米中心の世界という現実に拘束されてきた。なぜ、世界の一部の地域がこれほど他を圧するほどの力を持ったのか。マルクス主義も、マックス・ヴェーバーのプロテスタンティズムの議論も、戦後米国の近代化論もみな、このテーマをめぐる議論だった。それと同時に、日本における議論もまた「例外としての日本」の説明に追われてきたといってよい。なぜ日本のみが発展できたのか、という議論である。日本社会の伝統や文化、社会構造その他の「特殊性」が理由であるという議論になりがちであった。

二十一世紀の現実をみれば、これらの議論のすべては、大きな修正が迫られることになろう。問題は、その政治的な意味合いである。そもそも欧米中心の世界が終わるということは国際政治的にどういうことを意味するのであろうか。日本が例外でなくなるとはどういうことを意味するのであろうか。

まず認識すべきは、言うまでもなく、非欧米のセンターが世界に登場することである。中国、インド、ブラジルなどの経済力の向上にともない、これまでの国際関係のものの進め方に変更が迫られる可能性が高い。欧米中心世界のなかで不平等な境遇にあったとの認識の強い国々が、力をつけたときに何を要求するか、これが国際政治上の大きな課題である。とくに注目すべきは、中国の動向である。自らの「核心的利益」のためには武力行使もためらわないとの雰囲気を漂わせる中国をめぐってどのような国際政治が行われるか。これが大きな課題である。

欧米中心世界の終焉に関して留意すべき第二の点は、これが、世界政治からの欧米の退場を意味するわけではないということである。世界が欧米中心でなくなっても、欧州諸国の影響は残るし、とりわけアメリカ合衆国の影響が残ることには変わりはない。今後の国内総生産（GDP）で米国が世界一であることは、当面の間は変わらない。軍事面でいえば、米国の軍事力を凌駕する国は、当面現れない。欧米中心の世界が終焉しても、たとえば、中国中心の世界が誕生するわけではない。

第三に、欧米中心世界の終焉をもたらしたグローバル化の勢いは、今後も止まる気配はない。中国やインドやブラジルなどの新しいセンターが誕生したとしても、世界がブロックに分かれることはないし、経済ダイナミズムを主導する力が、活力ある世界企業であることにも変わりがない。金融面で世界はますます一体化するし、生産ネットワークは国家を超えて複雑に転変変化する。

第四に、しかしながら、グローバル化の勢いにもかかわらず、世界のなかに不安定な地域が残ること、さまざまな国家の内部の社会状況によっては、国際関係に大きな影響が生まれることも、変わらない。国家が破綻してしまった地域や、海賊が跳梁跋扈する海域なども存続する。テロのネットワークはこれらの脆弱な地域を利用する。また、経済発展を遂げる社会の内部矛盾が、国際関係に影響を与える傾向も無視できない。経済発展の矛盾が、人びとの関心を極端なナショナリズムに向かわせるかもしれない。

このようななかで、もはや「例外」ではなくなった日本は、どうすべきだろうか。第一に足元を固めるのは当然である。具体的にいえば、安全保障の基盤を固めることである。その意味で、二〇一〇年十二月に閣議決定された「防衛計画の大綱」が中国への懸念と関与を示しつつ、日米同盟を重視し、「動的防衛力」の構想をまとめたことは建設的一歩であった。また、本稿の主題ではないが、消費税増税を含め財政再建の道筋を開くことが、足元を固めるもう一つの焦点である。

しかし第二に、足元を固めるだけでは十分ではない。日本が、「例外」でない以上、当然のようにグローバルプレーヤーとみなされる時代は終わった。いまでも、欧米と他の発展途上地域（あるいはアジア）をつなぐ「懸け橋」というような見方がなされることもあるが、いまや、日本以外の「懸け橋」は数多く存在する。英語も大して話せない日本人に頼る必要はないということになる。グローバルな場面で自ら世界に貢献できるとの姿勢が示せなければ、無視されるだけである。

第三に、しかしながら、日本の国力は、まだまだ世界のなかでは、きわめて強いと認識すべきである。科学技術の水準は高いし、今後人類が直面する地球的課題への対処能力や経験も豊富である。「例外としての日本」というにとどまらない、日本文化への世界的な評価は高まりつつある。かつては、例外的に発展した日本の秘密をさぐるために日本文化を評価するという見方があったが、現在の日本文化への関心は、より普遍的かつ美的なセンスそのものを評価する方向に向かいつつある。

問題は、このような国力の基盤が、安倍晋三政権以来の短命政権の連続のなかで、日本の対外関係にほとんど反映されなくなっているということなのである。また、長期的にみて、世界に向かって個人として発信能力の高いグローバル人材が枯渇しつつあるのではないかとの懸念もある。

新年にあたって民主党政権に期待したいことは、大局的な世界戦略の構築である。鳩山由紀夫政権の失敗は、大局的な世界戦略を持つことなく、安全保障の根幹を揺るがしかねない沖縄基地問題を安易に取り上げ迷走したことであった。菅直人政権になってからも、いきなり尖閣諸島問題に揺さぶられ、外交の全体像を考えるいとまもなかったのかもしれない。しかし、前述の世界システムの現況を考えるとき、短期的な対応のみでは、日本はますます世界政治のなかで自らの存在感を低下させるのみである。

良い兆候がないわけではない。今回の「防衛計画の大綱」策定にあたっては、安全保障会議で実質審議が行われ、関係閣僚も積極的に関与したという。ようやく実現した「政治主導」の一つの例として評価できると思う。

いまこそ「政治主導」を発揮して、長期にわたる日本の世界戦略の策定にとりかかるべきであろう。

リーダーシップの欠如

『日本経済新聞』二〇一一年九月十三日

現在の世界政治最大の課題は、リーダーシップの欠如という問題である。もちろん、二〇〇三年のイラク戦争前後の米国対フランスやドイツなど一部同盟諸国の対立による国際秩序の混乱にくらべれば、現在の世界政治はそれほど悪くない。米国のオバマ政権は単独主義から決別し、多角的協調外交に舵を切った。西欧の反米感情も収まった。しかし、〇八年の世界金融危機以降、世界政治はその場しのぎの対応に終始している。

オバマ大統領の核兵器廃絶へのビジョンにみられるように、長期のビジョンが示されなかったわけではない。問題は、言葉を裏打ちする行動の欠如であった。いかなる世界政治の課題についても、一定の方向性にもとづく継続的な取り組みが十分なされたとは言いがたい。オバマ政権についていえば、対外面ではアフガニスタンからの撤退とアルカイダ対策に関連する政策で手いっぱいであり、経済面でも議会との調整に時間をとられて積極的な政策を打ち出せていない。多角的協調外交とは、リーダーシップをとらない外交の別名になりつつある。

欧州連合（EU）も世界金融危機後は、ギリシャやアイルランドの財政危機に関連する処理に追われて、他の世界的課題への取り組みを積極的に促進するリーダーシップをとれていない。中国、インド、ロシア、ブラジルなどの新興国は自らの連携を強めたり、以前より世界的問題への関与を強めたりしていることは確かだが、とりたてて積極的なイニシアチブをとっているわけではない。

世界的課題の解決のために二〇ヵ国・地域（G20）会合が定例化したことは進歩だが、現実のG20の首脳会議はトークショップ（おしゃべり会）の域を出ていない。

つまり、現在の国際秩序は漂流しかかっている。世界金融危機後、一九三〇年代の再来はなんとか防げたというのが、ここ二年ほどの結論だと思う。しかし、このまま世界的課題解決についての優先順位づけがなされなければ、もう一度三〇年代の再来という悪夢の可能性を真剣に考慮せざるをえなくなるかもしれない。米国経済が失速し、中国やインドなどの新興国の経済が減速していったとき、国際秩序を指導するリーダーシップは確立できるだろうか。

二〇一二年は世界的にみて選挙の年である。米大統領選挙に加えて、ロシア大統領選挙、フランス大統領選挙、さらにアジアでは台湾の総統選挙も韓国の大統領選挙もある。選挙ではないにしても、中国でも秋に第一八回共産党大会が開催されて、新しい党の総書記が確定する。

このように選挙が続く状況は、国際秩序を考えたとき、悲観的な観測を生む要因となり得る。選挙が終わるまでは、主要国で必要な政策変更や改革が実施されなくなる可能性があるからである。場合によっては、票目当ての短期的なポピュリスト的政策に終始するかもしれない。貿易自由化や経済連携よりも、保護主義が基調になってしまう危険もある。とくに米国の選挙運動の過程には目が離せない。

今秋から来年にかけて国際秩序の運営に関しては、米国の役割は形式的にも大きくなる。今秋のアジア太平洋経済協力会議（APEC）のホストは米国であり、さらに来年の主要国首脳会議（G8サミット）のホストも米国だ。大統領選と同時に、こうした米国の国際政治上の役割も続くわけで、とりわけオバマ政権の取り組みが期待される。

より長期的な国際秩序を想定するとき、中国の指導者交代も重要な意味を持つ。胡錦濤体制の一〇年間は、G7／G8諸国と原則的に友好関係を維持しつつ、発展途上国としての特権を生かし、既存の国際経済秩序を有効に利用してきた一〇年だった。フリーライド（ただ乗り）とまでは言わないにしても、かなりのチープライド（安乗り）であった。

いまや世界第二位の経済大国となった中国によるアフリカでの資源獲得のための援助政策や世界中で進める投資行動は、国際協調体制のもとに適切に位置づけられない限り、反発の連鎖を生みかねない。他方、中国国内では、これまで大国がとってきたのと同じような行動をとって何が悪いのか、との見方も出てきている。はたして、次期最高指導者に内定している習近平氏の体制では、国際協調的な路線に向かうのか、それとも大国主義的な路線に向かうのか。

このように漂流しつつある国際秩序において、日本の存在感はとりわけ薄い。ねじれ国会のなかで、安倍晋三、福田康夫、麻生太郎各首相の自民党政権は、自衛艦隊のインド洋派遣継続にほとんどのエネルギーを吸い取られ、世界的課題には継続的に取り組めなかった。政権交代を実現した民主党も、鳩山由紀夫政権が普天間基地移設問題で従来の日米合意を変更しようとしたことにより、日米関係の摩擦処理に終始した。菅直人政権もまた、参院選敗北後のねじれ状況で、対外問題に十分エネルギーを向けられなかった。

はたして、野田佳彦政権は国際社会のなかで存在感を増し、現在の国際秩序の漂流を食い止めることに貢献できるだろうか。困難ではあるが、以下の点に留意することにより、ある程度挽回のチャンスはあるのではないかと思う。

まず最低限必要なことは、国内政治の安定である。特例公債法が可決されているので、少なくとも公明党との協力体制を維持していければ、首相や政権中枢の関係者に、対外関係を立て直す戦略を作る時間的余裕が生まれるのではないか。関係閣僚が中心となり、野党とも協力しつつ、安全保障と経済の双方を包括するような対外戦略を作る努力をすべきである。

その際、国際社会に訴えかける世界的課題として、大震災の被害を受けた日本だからこそ提起できる問題を分析整理して提案できる態勢を作るべきである。大規模災害協力、エネルギー問題、原子力安全問題などは、日本が世界をリードできる分野ではないか。

第二に、消費税増税を視野に入れた財政健全化のための方向性が打ち出せれば、対外政策の面でもきわめて大きなプラスになる。国際秩序を指導していくには、自国の適切な経済運営ほど役に立つことはない。緊縮一本やりの財政状況では、国際的に必要な支援もできない。政府開発援助（ODA）削減の傾向をできるだけ早く反転させて、対外援助を再び日本外交の檜舞台に乗せなければならない。

第三に、首相をはじめ対外関係に関与する閣僚の外交デビューをうまく演出する必要がある。本来、対外関係をつかさどる重要閣僚は、国際的にも知名度の高い長年の経験を持つベテランが望ましい。しかし、現在の日本でそれを期待しても無駄であり、今回の陣容をどのように生かすかという発想でいくしかない。結局のところ、若さを生かすということであろう。

野田首相にしても玄葉光一郎外相、安住淳財務相にしても、国際的にはとくに若いわけではない。しかし、日本の対外関係を指導する政治家としては若いことは間違いない。十分な準備をしたうえで精力的に外国を訪問して、今度の日本の対外担当者は活力にあふれているという定評を得られるよう努力すべきである。野党も、国会の都合でこれらの閣僚の国際会議出席に制約をかけるべきではない。

第四に、野田首相は早急に日米首脳会談を開きオバマ大統領との信頼関係を確立したうえで、アジア各国の首脳との友好関係を作り上げなければならない。幸い、秋には国連総会以後、G20首脳会議、APEC首脳会議、東アジア首脳会議などが開催される。とりわけ中国と韓国については、首脳レベルの接触を密にする努力が必要である。

第五に、自由貿易に向かう姿勢を鮮明にすべきである。保護主義的な勢力の台頭を防ぐためにも、世界第三位の経済大国として日本の姿勢は重要である。環太平洋パートナーシップ協定（TPP）への参加表明は、早ければ早いほどよい。中国経済が世界経済のなかに適切に組み込まれることは、今後の国際秩序にとって決定的に重要である。日中韓での自由貿易を進める過程で、広い意味の経済連携の仕組みを中国との間でも確立する努力を開始すべきである。

『日本経済新聞』二〇一二年十一月十四日

四つの課題

オバマ米大統領の再選が決まった。閣僚級の人事に変更があることは想定されるとしても、対外政策の基調には大きな変化はないだろう。つまり単独主義的行動というよりは、多国間協調を重視した路線である。しかし、同時に実施された議会選挙の結果、上院は民主党が多数を制したものの下院は共和党が多数を占め、大統領にとって議会対策が大変であることに変化はない。したがって、対外政策が多国間協調的であるとしても、かなり消極的なものにとどまる可能性は否定できない。

一方、中国では、開催中の共産党大会で今後五年間の新しい指導体制が決まる見通しだ。共産党内部では激しい権力闘争が繰り広げられていると指摘されることが多いが、新しく登場する指導体制が、問題山積の内外情勢に対処しなければならないという点に変わりはない。経済成長がやや減速するなかで、国内の格差やその他の社会問題にどのように取り組んでいくのか。中国新指導部にとって国内対策こそが最優先課題であろう。

そう考えると、中国が世界の政治・経済の課題解決のために独自の積極策を提示することは予想しにくい。一方で、経済大国化にともなう国内のナショナリズムの声は大きく、中国の利害が関係する問題では、今後も強硬ともみえる対応を継続させるであろう。

言うまでもなく、世界経済のもう一つの中心である欧州は、自らの経済問題への対処で手いっぱいである。十月の国際通貨基金（ＩＭＦ）の世界経済見通しでも、ユーロ圏全体の成長率は二〇一二年がマイナス〇・四％、一三年も〇・二％と予想されている。これまでのところ急速な破綻をもたらすような危機は回避されているが、依然として脆弱性が残っている。

つまり現在の世界は、主要国間に深刻で明白な亀裂や矛盾が存在しないという意味で穏やかな側面を持つ一方で、主要国のいずれも積極的なリーダーシップをとりそうもないという意味では憂慮すべき側面がある。現在は、冷戦時代やイラク戦争開始直後よりは好ましい時代であろう。しかし今日の世界情勢は、指導力不在のままでより良い方向に向かっていくと楽観できるほど良好ではない。四つの問題に着目してみたい。

現下の国際政治にとっての第一の課題は、ユーロ圏危機深刻化への対応である。もちろん、基本的には経済問題でありユーロ圏諸国の対応の問題である。欧州諸国の間の調整により危機深刻化が回避されているうちは、二〇ヵ国・地域（G20）など通常の国際的枠組みで監視していく問題であろう。しかし、ユーロ圏諸国のみでは対処できないような深刻な危機が発生した場合、「最後の貸し手」問題が登場する。G20のような多数国間の枠組みではうまく対応できない可能性が高い。

結局のところ、世界最大の経済大国である米国、中国、そして日本の決断ということになるかもしれない。深刻な危機が来なければそうした決断は必要とならないが、この三国の内向き姿勢が恒常化し、相互のコミュニケーションが滞っていては、決定的な局面で危機対応が遅れてしまうかもしれない。

第二の課題は、米中関係である。第一の課題への対処という意味からも良好な米中関係は重要である。加えて、世界第一位と第二位の経済大国の関係の調整は、それ自体が重要な政治課題である。オバマ政権がアジア太平洋重視の姿勢を強めていることは、東アジア国際政治の健全化に大いに寄与するであろう。再選されたオバマ大統領が東南アジア諸国を訪問し、今月中旬に開催される東アジア首脳会議に参加することは積極的な意味がある。東アジアや東南アジアで相互抑制の仕組みが機能するために、米国が果たす役割は大きいからだ。

逆に、米中が敵対的な方向に向かうことは、好ましいことではない。今回の選挙キャンペーンでは中国批判が盛り上がったが、米中間の問題は経済問題として扱う賢明さが必要であろう。北朝鮮への対処のためにも米中関係は重要だ。中国の新指導体制としても、安定した国際環境が必要であり、米中関係を緊張させることは好ましいことではない。米中関係のマネジメントでもトップレベルの指導力が試されることになろう。

第三の課題は、新興国・途上国の発展戦略である。近年の新興国の発展が注目されるなかで忘れられがちだが、発展の可能性を秘めているのはいわゆる新興国だけではない。IMFの世界経済見通しでも、アジア途上国は全体で一二年に六・七%、一三年に七・二%の成長、そしてサハラ以南のアフリカ（サブサハラ）はそれぞれ五・〇%、五・七%の成長が見込まれている。

日本から南を見渡せば、太平洋に沿って中国から東南アジアにかけての成長地帯が広がり、さらにマラッカ海峡を越えてインド洋に向かえば、その先にインド、かなたにサブサハラという成長地帯が見通せる。中南米も、アジアやサブサハラほどではないものの、成長が見込まれている。

しかしながら、これらの成長の可能性を秘めた国々には、まだまだ多くの課題が存在する。民主化の動きが見え始めたミャンマーには援助や投資が向かうことが期待されているが、人材開発や基本インフラの整備がまずもって不可欠だ。メコン川流域全体を活性化させるようなインフラ整備も欠かせない。アジア太平洋に広がる自由貿易を浸透させていくことも必要であろう。

同様の問題は、インドを含む南アジアにもサブサハラにも指摘できる。現在の欧州危機を乗り越えて、世界全体の成長を実現するためにも、これらの新興・途上地域の成長を促進しなければならない。開発協力をどう進めるか、地域ごとの自由貿易協定をどう促進するか、停滞している多角的貿易交渉をどう進めるかなど課題は多い。

第四の課題は、不安定地域の安定化である。幸いなことに現在の世界は、かつてとくらべれば、紛争地域は限定されている。それにもかかわらず、シリアでは凄惨な内戦が続いている。アフガニスタンでは一四年の北大西洋条約機構（NATO）軍の撤退を前に、安定化の努力が続いているが、反政府勢力による攻撃が散発している。イランの核開発問題も継続している。

また、「アラブの春」により政治体制を変革した中東から北アフリカの国々は安定化に努めているが、困難は大きい。長く内戦が続いてきたソマリアは八月にようやく暫定憲法を採択し、九月に大統領選挙を実施したが、いまだに不安定な状態が続いている。ソマリア沖の海賊問題も継続している。西アフリカのマリでは、北部が反政府勢力により支配されイスラム過激派が勢いを増している。

このアフガニスタンからマリまで続く不安定な地域において、とくに懸念されるのはテロ組織を含むイスラム過激派の勢力の拡大である。とはいえ、こうした地域にも希望が見えないわけではない。かつてテロ攻撃が頻発していたイラクでは、とりわけ南部やクルド地域が安定化に向かいつつあり、一〇%を超える経済成長が期待されている。

以上検討した四つの課題は、放っておいて解決するものではない。積極的な多国間協調が必要だ。はたして再選を遂げたオバマ政権や新たにできる中国指導部は、これらの課題に指導力を発揮できるのだろうか。世界第一位と第二位の経済大国である米中両国の責任は大きい。もちろん、そのように考えれば、世界第三位の経済大国である日本にとっても人ごとではない。

アフリカ——日本外交にとっての課題

『外交』二〇一三年五月号

一九九三年十月、東京で開催された第一回アフリカ開発会議（TICADI）は、第二次世界大戦後の日本外交の地平をアフリカにまで広げた第一歩であった。

もちろん、それ以前にもアフリカとの外交がなかったわけではない。一九六〇年代には、外交関連の議論で、「アジア・アフリカ諸国」というような地理概念が言及されることが多かった。また、一九八〇年代には、アフリカにおける食糧危機が日本国民の関心を呼んだこともある。

しかし、日本が本格的にアフリカ諸国に働き掛け、アフリカ諸国の首脳を数多く日本に招待し、アフリカに対する政策を提示するようになったのは、一九九三年のTICADIが最初の試みであった。

　とはいえ、それ以後もアフリカが日本外交の中心的な地域になったわけではない。冷戦が終結し、ソ連からの脅威が消滅した後も、日米関係は日本外交の主軸であり、G8サミットを中心とする欧米との関係、そして日本にとっての近隣地域である東アジアないしアジア太平洋地域が日本外交にとっての最重要地域であった。アフリカは、どちらかといえば、国連外交を推進するうえでの「大票田」という側面が多かった。

　しかし、その後の二〇年、世界も変化し、アフリカも変化し、そして日本も変化した。いまや、日本外交の実質的舞台としてアフリカが見え始めている。この六月に横浜で開催されるTICADVは、まさにそのようなアフリカと日本が向き合う舞台である。

世界システムの変化

TICADIが開催された一九九三年頃、世界はちょうど冷戦終結の直後であり、軍事的には米国が圧倒的な優越を誇り、イデオロギー的には自由主義的民主制が勝利を収めたと見なされた時期にあった。アメリカの「単極のとき」（チャールズ・クラウサマー）とか、「歴史の終わり」（フランシス・フクヤマ）などという特徴付けがなされた。

　その後の二〇年、米国が依然として軍事的には最強の国家であることは間違いないし、また自由主義的民主制の考え方は、ますますその普遍性を強めている。しかし、そのような米国のパワーと自由主義的なイデオロギーに加えて、世界システムには何世紀に一度というような大きな変化が現れている。

第一は、アメリカのパワーを相対化するような大きな世界経済の動きである。中国が世界第二位の経済大国となるだけでなく、アジア各国の経済規模はますます巨大となり、二十一世紀中葉には、アジア全体の経済規模は、欧米を凌駕する見通しが語られる。この三月にBRICS首脳会議が南アフリカで開催されたが、いまや世界大の活動をする国家は、欧米諸国や日本に限られるわけではなくなった。世界システムは、これまでの権力分布が大きく変化する権力移行（パワー・トランジッション）の時期に入った。

第二は、国家のみがパワーを持つ時代が終わりつつあることである。徐々に非国家主体もまた大きなパワーを持つ時代になりつつある。世界経済の動向において企業の果たす役割はますます巨大なものになっている。NGOや国際組織が世界的な制度作りや枠組み作りをリードしている。そして、9・11事件が典型的に示したように、テロリスト集団という非国家主体は、国家をも脅かすような安全保障上の脅威ともなってきた。世界システムは、権力拡散（パワー・ディフュージョン）の時期に入ったと言ってもよい。

アフリカの変化

このような世界システムの変化は、アフリカにもまた大きな影響を与えてきた。冷戦終結という国際政治の構造変化は、アフリカに対しては、民主化を促進したという面もあったが、否定的な影響を呼び起こした面もある。冷戦が終結し、マルクス・レーニン主義の魅力が崩壊するとともに、マルクス・レーニン主義的政策をとっていた政権が倒れたり、大幅な政策変更や政治体制が不安定化する国が現れた。さらに冷戦に勝利した「西側」も援助疲れから援助量を低下させた。

その結果、数多くのアフリカ諸国で内戦や国内混乱が生じることになった。統治能力の欠如する国家に対して、さまざまなエスニック集団、テロリスト、犯罪集団その他の非国家主体が権力をめぐって戦った。パワー・ディフュージョンの負の側面が、アフリカにおいて強く現れたのである。

二十一世紀に入って、アフリカにとって追い風となる変化が現れた。政府開発援助(ODA)の世界では、二〇〇〇年に国際連合が合意したミレニアム宣言によって、二〇一五年までの開発目標が国際社会で共有されるようになった。また、二〇〇一年の9・11事件が端緒になり、アメリカがテロ対策の観点からも政府開発援助を増額するようになる。他の欧米諸国も援助額を上昇させるようになる。

援助よりもさらにアフリカにとって重要だったのは、経済全体の動きであった。二〇〇三年以降、サブサハラの国々では劇的な経済成長が起こるようになる。以後一〇年間のサブサハラ全体の経済成長率は平均で年率五%を上回ることになった。この一つの要因は、イラク戦争に起因する原油価格、さらに、引き続くその他資源価格の上昇であったが、その背景には、中国やそしてインドなどの新興経済の膨大な資源需要が存在した。そして、二〇〇五年には、アフリカへの直接投資額が援助額を初めて凌駕《りょうが》したのであった。IMFや世界銀行などの今後の予測でも、アフリカ経済の成長率は五％程度が見込まれている。

まさに、アフリカの経済成長もまた、世界システムのパワー・トランジッションの影響下にある。アジア太平洋の経済成長が南アジアやアフリカを牽引し、アフリカを含むインド洋沿岸地域の経済成長に大きな刺激を与えていると言ってよい。太平洋とインド洋という二つの大洋を取り囲む地域全体に経済成長が波及し始めたと言えるのであろう。

他方、世界システムの変化のもう一つの側面、パワー・ディフュージョン、とりわけその負の側面にも目を向けなくてはならない。アフリカにとって好ましい変化がないわけではない。一九九三年に国連と米国が介入に失敗して以降、無政府状態が続いていたソマリアに統治が回復しつつあることはその象徴である。しかし、今年一月のアルジェリアにおける天然ガスプラント襲撃事件はアフリカになお残る不安定性を指し示した。テロ組織ないし犯罪組織がサハラ砂漠地域の国家統治の行き届かない脆弱な地域にネットワークを広げていることがはっきりしてきた。

二〇一一年一月、チュニジアに始まった「アラブの春」は、民主化を求める動きとなって北アフリカ諸国から中東に広がったが、シリアのような内戦を引き起こすことにもなった。また、リビアのカダフィ政権の崩壊が、大量の武器をサハラ砂漠地域に拡散させることにつながった。アルジェリアの事件と密接に関連しているとみられる隣国マリの内戦の一つの原因は、この武器の拡散であった。

世界システム全体のなかで、内戦やテロ組織のあり方を俯瞰すると、アジアからアフリカにつながる乾燥地帯に、問題のある地域が散在していることがわかる。アフガニスタンとその周辺地域、イラクとシリア、そしてサハラ砂漠を経てマリに至る地域である。ソマリアや南北スーダンなどで秩序が回復しつつあることは好ましい変化であるが、まだまだ不安定である。これらの諸国で活動していたテロ組織や犯罪組織は、この広大で国家の統治の行き届かない乾燥地帯のなかにネットワークを築きつつあるように見える。

つまり、世界システム全体でいうと、パワー・トランジッションの大きな舞台である太平洋からインド洋に向かう成長地帯の北西側に、これと並行するような形で、パワー・ディフュージョンの負の側面を示す不安定な乾燥地帯が続いているのである。現在のアフリカは、まさにこの世界システムにおける成長の帯と不安定の帯の南側の部分に当たる。

日本のアフリカ外交

このような世界システムの変化と、そのなかでのアフリカの位置付けを見たとき、日本外交のなかでのアフリカの存在がより大きくなるのは当然であろう。世界の成長と不安定の双方の側面で、アフリカの重要性は増している。単に国際組織における「票」にとどまらず、アフリカ諸国の成長は、日本自身の成長にも結び付いているし、アフリカ諸国の不安定性を低下させることは、日本と日本人自身の安全保障にもつながっている。

その意味で、一九九三年からＴＩＣＡＤを進めてきた日本外交の先見性は高く評価されるべきであろう。全体として日本のＯＤＡが縮小する傾向のなかで、二〇〇八年のＴＩＣＡＤⅣで、当時の福田康夫総理は、日本の対アフリカＯＤＡを倍増させると約束し、日本は、これを着実に実施してきた。他方、第一次安倍政権以後、日本では短命政権が続いたこともあり、この時期、アフリカ訪問を行った総理大臣はいない。今回のＴＩＣＡＤⅤを契機に首脳レベルの外交も活性化させなければならない。

具体的に、日本は何をなすべきであろうか。まず、これまで行ってきた国際協力のうち、有効なものをさらに促進することである。筆者は、二〇一二年四月にＪＩＣＡ（独立行政法人国際協力機構）の理事長になって以来、一一のアフリカ諸国を訪問してきたが、どこでも、日本の行ってきた国際協力については高い評価があることを実感した。日本は、それぞれの国の実情にあった援助を、受け入れ国の人びとと密接に相談しながら着実に行ってくれるという声が多い。自らの利益を前面に出さず相手国の利益を真剣に考える日本の国際協力の姿勢は、長期的に日本への信頼と評価につながっている。この点を変える必要はない。

それでは、アフリカのニーズにあった国際協力とは何か。

アフリカの成長をより持続可能なものにしていくことであり、アフリカの不安定性を低下させることである。アフリカの成長をより持続可能なものにするのに何が必要か。いくつかポイントがある。

第一は、保有する資源を有効に活用しつつ、成長の果実を社会全体に均霑《きんてん》していくことである。東アジアでは、経済成長によって絶対貧困層が減少した。同じことをアフリカでも起こす必要がある。依然として高い乳幼児死亡率や妊産婦死亡率を低下させなければならない。

第二に、基本的なインフラの整備がまだまだ必要である。内陸国の多いアフリカの発展のためには、経済回廊の整備が重要となる。

第三に、今後見込まれる若年層の増大にみあう雇用を創出する必要がある。そのためには、製造業やサービス産業を発展させ雇用機会を増大させなければならないし、そのような産業に従事できるだけの教育をしっかり行う必要がある。

そして第四に、農業生産性の向上が必要である。アフリカ経済に占める農業の割合はきわめて高く、可耕地が多いにもかかわらず、生産性の低さのため、アフリカ全体として農産物は輸入超過になっているからである。

アフリカの不安定性を低下させるために何をすべきか。

第一は、内戦を終結させるための国際社会の努力に協力し、内戦が終結した国に対しては、紛争後の安定化のために協力をすることである。日本として内戦終結のために軍事力を行使することは、現行法の下ではできないが、内戦が終結した後については、平和維持活動に参加することはできるし、もちろん資金協力はできる。また、紛争後の安定化のための国際協力は、これまでも平和構築支援として行ってきているが、今後もより有効に行っていくべきである。

第二に、アフリカにおける不安定性を低下させるための努力として、不安定地域の周辺国への支援を強化するということがある。周辺国を強靭にし、さらに安定化させることによって、紛争要因を封じ込めていくことが重要だと思う。

実際のところ、ここで列挙したような活動は、TICADを通して、日本がこれまでにも行ってきていることである。しかし、このような国際協力を進めるに当たって、さらに留意しなければならない点がある。

第一は、日本の民間のアフリカ関与をこれまで以上に拡大するよう働き掛けることである。近年、アフリカに進出する日本の民間企業は増えてはいるが、まだまだ拡大する余地がある。中小企業を含めて日本企業がアフリカに進出するための環境整備を進めていかなければならない。企業に加えて、地方自治体、NGO、大学などがアフリカとの関係を深めることも重要である。青年海外協力隊などJICAボランティアの活動は、アフリカ諸国で高く評価されているが、さらに多くの日本人がじかにアフリカに関わることが必要だと思う。

第二に、アフリカに関与してきた欧米諸国に加えて、いまアフリカに進出しているその他の国々との連携を深める必要がある。アフリカの持続的な成長のため、アジアの経験や中南米の経験は有用であり、アジア諸国や中南米諸国の関与は望ましいし、現に多くの国が関与するようになっている。日本がアジアや中南米で行ってきた国際協力のなかには、アフリカで活用できる参考事例が多い。ＪＩＣＡでも現にモザンビークではブラジルと協力して農業開発のプロジェクトを進めている。今後も積極的にこれらの事業を進めていくべきであろう。いまやアフリカで圧倒的な存在感を誇る中国とも、可能な協力形態がないかどうか検討していくべきであろう。

＊

世界は変化し、アフリカも変化している。太平洋が「成長の海」であると言われたのは二十世紀最後の四半世紀であった。二十一世紀最初の四半世紀のいま、インド洋もまた「成長の海」に加わってきている。二〇〇七年九月にインドを訪れた安倍晋三総理は、インド国会での演説で、「二つの海の交わり」という表現で、二つの大洋の重要性を説いた。今年一月、アルジェリア事件により急遽帰国せざるをえなかったために「幻の演説」になってしまったが、インドネシアで行うことになっていた安倍演説のテキストにも、「二つの海が交わるところ」という表現がある。日本外交の視界に、インド洋が大きく映ってきた証拠である。インド洋が視界に入れば、その対岸はアフリカである。アフリカ外交を本格化させる時期である。

本稿は、筆者の個人的見解であって、ＪＩＣＡの見解を代表するものではない。

インド・パシフィック

『読売新聞』二〇一四年九月八日

先にインドのモディ首相が来日し、この週末は安倍首相がバングラデシュとスリランカを訪問している。安倍首相は七月末にラテンアメリカ五ヵ国を歴訪したし、一月にはアフリカも訪問した。このような安倍首相の「地球儀俯瞰外交」について、メディアでは、中国の世界各地での影響力拡大をにらんでの対応であると解説されることが多い。

しかし、そのような見解は、短期的かつ戦術的側面を重視しすぎており、より長期的かつ戦略的な側面を軽視している。なぜなら、日本が南アジア、そしてアフリカやラテンアメリカを重視するのは、二十一世紀中葉にかけての世界システムの趨勢から導きだされる日本の長期的国益を反映しているのであって、日中関係の短期的動向とは関係ないからである。

二十一世紀中葉における世界システムの趨勢とは何か。それは、太平洋沿岸地域に加え、インド洋沿岸地域が経済的に勃興していることであり、「インド・パシフィックの時代」（インド洋・太平洋地域の時代）ともいうべき時代が到来していることである。

長期的に振り返ってみれば、十九世紀から二十世紀の第3四半世紀までの時代は、西欧と北米に経済の中心が存在した「大西洋の時代」であった。二十世紀最後の四半世紀、環太平洋地域の経済が勃興し、「太平洋の時代」とか「アジア太平洋の時代」といわれた。二十一世紀に入り、環太平洋の地域に加え、環インド洋地域の経済が勃興しつつある。

たとえば、国際通貨基金（IMF）などの世界経済見通しを俯瞰してみてほしい。今後数年間、経済成長率が五％以上続くと予想される国の多くが、中国から東南アジア、インドを含む南アジア、そして東部から南部に至るアフリカ、そして太平洋沿岸のラテンアメリカにある。安倍首相の訪問する発展途上国は、まさにこのインド・パシフィックの国々が多いのである。

旅客数で上位三〇位の世界の空港は、この二〇年くらいで大きく変化している。二〇〇〇年、インド洋地域に接点をもつ空港で三〇位以内に入ったのは、香港、バンコク、シンガポールの三つだけだった。それが一四年一～四月には、〇七年からランク入りしたアラブ首長国連邦のドバイが第三位に成長し、香港、バンコク、シンガポールに加え、ジャカルタやクアラルンプールも三〇位以内に登場した。

この成長地域と連結性を高め、そこでビジネスを成功させることこそ、日本自身の繁栄につながる王道である。この地域への安倍首相の訪問に、数多くの日本企業のトップが同行するのもそうした認識があるからに他ならない。

つまり、今後ますます成長する可能性の高い、インド・パシフィック地域の繁栄と平和を確保することが、日本の長期的国益の大きな柱の一つなのである。

この大きな目標のために鍵となるのは、民間の活力であり、日本におけるイノベーションであろう。この二つなくして、世界の成長地域で競争に勝ち抜くことは困難である。しかし、このような民間の努力に加えて、国としての国際戦略が必要である。

まず、首相の首脳外交をはじめとする外交活動全般の活性化である。小泉首相退陣後、毎年のように首相が代わり、発展途上国、とりわけインド・パシフィック地域への首脳の訪問がほとんど行われなかった。これでは、この枢要な地域での日本のプレゼンスは低下するばかりであって、初めから日本はゲームを放棄しているとしか思われない。安倍首相の「地球儀俯瞰外交」は、まさにこの側面を劇的に転換させた。安倍首相は、訪米時に「日本は帰ってきた（ジャパン・イズ・バック）」と語ったが、世界の他の地域に対しても日本は「帰ってきた」のである。

次に、貿易・投資を自由化させる経済連携の仕組み作りが重要である。質の高い貿易自由化の仕組みを、環太平洋パートナーシップ協定（TPP）で作り、これを起爆剤に、東アジア地域の包括的経済連携（RCEP〈アールセップ〉）などの枠組みを利用し、より広い地域に経済連携の波を広げていく。

そして、しばしば「日本外交最大の武器」といわれる政府開発援助（ODA）の活用である。しかし、どのようにODAを活用することが、このインド・パシフィックの時代に最大の効果を上げるであろうか。三点あると思う。

第一は、成長を促進するODAである。インド・パシフィックで成長を遂げ中所得国になった国々に、先進国への道を前進してもらう基盤整備に力を貸す。いつまでも中所得国のままでそこから抜け出せない「中所得国の罠」を乗り越えるための科学技術協力・高度人材育成、さらには制度改革などに協力する。また、低所得国も含め、地域全体が広域的に発展するためのインフラ整備に力を入れる。東南アジアから南アジア、そしてアフリカに至る広域的なインフラ整備のビジョンを日本は提示しつつ、個別のプロジェクトを進めていくべきであろう。

第二は、「人間の安全保障」のためのODAである。成長はたしかに貧困削減の最有力手段だが、「人間の安全保障」を確保する仕組みのない成長は、格差を広げ、災害に弱く、弱者が苦しむ社会を作りかねない。インド・パシフィックの時代はまだ始まったばかりである。防災や保健衛生を確保し、女性や身体障害者を含むすべての社会構成員が、不安なく活躍できる仕組みを作ることに協力していかなければならない。

第三に、平和に貢献するODAである。現代世界システムの特徴の一つとして「インド・パシフィックの勃興」を指摘した。しかしこれとならんで現在の世界システムの特徴として、国際政治の不安定化と脆弱地域の残存という問題を指摘せざるをえない。ウクライナ問題に加え、シリア、イラク、リビアの内戦、アフガニスタン、ソマリア、南スーダン、マリなどの内戦後も続く混乱と不安定、中央アフリカ共和国やコンゴ民主共和国などで継続する国内混乱、エボラ出血熱を短期で制御できない西アフリカ諸国の脆弱な国内制度などの難問が存在する。

このような不安定地域を地図上で見ると、インド・パシフィックの北側で重複するか、隣接していることがわかる。この不安定地域の混乱や不安定が、インド・パシフィックにまで拡大すれば、インド・パシフィックの将来には暗い影がささざるをえない。不安定がインド・パシフィックに拡大するのを阻止し、不安定地域を縮小させていかなければならないのである。

そのための手段には、軍事的なものもありうるが、ODAという非軍事的手段の果たす役割がきわめて大きい。このような地域に対する日本のODAによる貢献は、人類共同体としての義務であると同時に、日本の国益にも資するのである。

『毎日新聞』二〇一七年八月八日

「福田ドクトリン」四〇周年

いまから四〇年前、一九七七年の八月七日、福田赳夫首相はクアラルンプールで当時創立一〇周年を迎えていた東南アジア諸国連合（ASEAN）の首脳たちと、日本として初めての首脳会談に臨んだ。このマレーシア訪問を皮切りに、福田首相は、ビルマ（現ミャンマー）、インドネシア、シンガポール、タイと東南アジア諸国を歴訪し、八月十八日、最後の訪問地であるフィリピンの首都マニラで、日本の東南アジア政策についての演説を行い、三つの原則を明らかにした。

その三つとは、①日本は平和に徹して軍事大国にならない、②東南アジアとの間に真の友人として「心と心のふれあう相互信頼関係」を築く、③「対等な協力者」としてASEAN諸国と協力し、インドシナとの関係を強化する、というものであった。日本と東南アジアとの関係を語るとき、必ず言及されることになる「福田ドクトリン」である。

いまから振り返ってみて、福田ドクトリンの三つの原則は、いわば当たり前のことを言っていたようにも見える。しかし、七〇年代の日本と東南アジアの関係を振り返るとき、それぞれには、それなりの背景があった。まず何よりも、日本は東南アジアで大歓迎される存在ではなかったことを思い出さなければならない。七四年一月、田中角栄首相が東南アジア諸国を訪問したとき、バンコクでもジャカルタでも首相訪問に合わせて大規模な反日暴動が発生した。「経済侵略反対」が大きなメッセージであった。

戦後、軍事路線とは決別し平和に徹してきたと信じる日本人にとって、これは大変なショックであった。しかし、七四年といえば、第二次世界大戦が終わってまだ三〇年経っていない時期であった。その三〇年ほどの間に、日本は灰燼から立ち上がって自由世界ではアメリカにつぐ経済大国になっていた。一方、東南アジア諸国のほとんどは、戦後独立を獲得したとはいえ、依然として低開発に苦しむ発展途上国だった。かつて軍事大国として東南アジアを侵略した日本が、今度は経済大国になって、経済的に侵略している。いつまた軍事大国に転化するのではないか。こういうイメージが反日の学生たちを動かしていたのである。福田ドクトリンの三つの原則は、これらのイメージを打ち消すために作られたのだといってもよいであろう。

それから四〇年、東南アジアで反日の声はほとんど聞かれない。各種の世論調査をみても、東南アジア諸国では、日本はおおむね「良い影響」を持つ国だとみられるようになった。東南アジア諸国から日本への観光客も急増している。一人当たりの国内総生産でいえば、シンガポールは日本よりはるかに高い。日本企業の海外生産拠点も、その多くは東南アジアに立地している。

つまり、福田ドクトリンを基礎とした日本の東南アジア外交は成功だったといってよい。八〇年代から九〇年代にかけて日本の政府開発援助（ODA）のかなりの部分は東南アジアにむけられた。八五年のプラザ合意後、日本の民間資金の多くもまた直接投資の形で東南アジアに供給された。人と人の交流の面でも、東南アジアからの留学生を数多く受け入れてきた。

この成功物語は継続するだろうか。四〇年前、東南アジアにおける日本の経済的影響力は圧倒的だった。だからこそ「経済侵略」が恐れられたのであった。いまや中国の東南アジアにおける経済的プレゼンスは日々増大している。東南アジアからも相当数の留学生が中国に渡って学んでいる。他方、中国の経済発展や軍事力強化にともない国際関係もまた大きく変化してきている。南シナ海をめぐる対立は、この地域の将来に不確実性をもたらしている。

東南アジア諸国にとっては、いまや日本というオプションに加え、中国という有力なオプションが誕生し、日々魅力的になっている。しかし、この中国というオプションは、安全保障や外交を考えるとき、手放しで歓迎できるものでもない。東南アジア諸国は、日本と中国という二つのオプションを操作して自らにとって最適な選択をしようとしている。

日本にとっては厳しい局面が続くとみるべきであろう。福田ドクトリン以後四〇年の友好関係は日本にとっての資産であることは間違いない。しかし、いまや、ほとんど自動的に日本が選択される時代は終わった。これまで以上の努力が求められる。とはいえ、東南アジアにおける日本と中国の関係がゼロサムであると考えることは間違っている。東南アジアの今後の平和と発展にとって、日本も中国も、双方の東南アジアとの関係強化が、他方にとってもメリットになる状況を作っていく必要がある。

その意味でいえば、日本の東南アジア政策は東南アジアにとどまらない。日中関係もまた日本の東南アジア政策の重要な一部であると考えるべきであろう。経済的にいえば、東南アジアはいまやインド洋と太平洋の結節点としてインド・パシフィックの中心とも言いうる地域になった。日本の東南アジア政策もまた、このような広域的な視点から再設定されていく必要があろう。

「自由で開かれたインド太平洋戦略」の射程

『外交』二〇一八年一・二月号

二〇一八年の日本外交は、喫緊の課題としての北朝鮮問題と、長期的・システム的な課題としての自由主義的な世界秩序の維持という大きな課題に直面している。北東アジアの平和を維持しつつ、どのようにして北朝鮮の核兵器・ミサイル開発を押しとどめ、非核化の方向に向かわせるか。この大変な難問こそ、日本外交が片時も忘れてはならない、目の前にある課題である。他方、トランプ政権のアメリカが、安全保障面を除いて、自由主義的な世界秩序の諸課題に関心を持っていないように見えるなか、日本外交は、将来の世界秩序をより健全な方向に導くための努力をしなければならない。自由主義的な世界秩序が、理念として日本人の価値観に合致しているということのみならず、このような世界秩序の維持・促進こそが、日本国民全体の今後の長期的利益に不可欠だからである。

インド太平洋という地域概念

メディアでの解説では、しばしば「自由で開かれたインド太平洋戦略」は、中国の「一帯一路」構想に対抗する対中牽制外交だと指摘されている。たしかに、二〇一二年以降の日中政治関係が極度に悪かった時期には、中国側も世界中で対日批判を繰り広げたから、在外の大使館は、これへの対応に大わらわになったことがある。貿易大国としての中国のプレゼンスは、世界各地で驚異的に高まってきており、日本が何もしないと、巨大な中国の姿の前に日本が霞んでしまうという懸念は存在する。しかし私見では、「自由で開かれたインド太平洋戦略」を、短期的かつ反応的な対中対応策として形成していくのは、自由主義的な世界秩序を維持していくための日本の外交戦略としては、矮小かつ近視眼的だと思う。

なぜなら、インド洋と太平洋とを結合させた地域概念である「インド太平洋」(Indo-Pacific) という概念は、世界経済の超長期の展開のなかで生み出されてきた概念だからである。産業革命以来の世界経済の重心は、二十世紀後半になるまで、大西洋地域であった。これが二十世紀の最後の四半期には、太平洋に移動してきたといわれた。大平正芳首相が「環太平洋連帯構想」を提唱し、宮澤喜一首相が「21世紀のアジア・太平洋と日本を考える懇談会」を作ったのも、環太平洋ないしアジア太平洋が世界の成長センターとなるとの認識からであった。つまり日本外交は、常に世界の成長センターに視線をそそいできた。その成長センターと日本の関係を緊密にすることによって、自らの繁栄を維持するということが日本外交のテーマだったのである。

二十一世紀になり新たな展開が生じてきた。長年内向きとみられてきたインドが、本格的に自由化を進め世界経済に参入し、高成長を遂げるようになってきた。ついで、二十世紀後半まで停滞してきたサブサハラ・アフリカの成長が顕在化してきた。インドやサブサハラ・アフリカの今後の人口増を考えると、世界経済の重心は、太平洋というよりは、太平洋とインド洋を合体させた巨大な大洋のどこかに移動していくとみるべきなのであろう。インド洋周辺地域と太平洋周辺地域こそが、世界の成長センターとなってきたのである。こうして、二十一世紀に入ってから、とりわけ二〇一〇年以降、世界的にも「インド太平洋」という地域概念が登場することになったのである。

＊「インド太平洋」をめぐる分析ならびに日本外交への提言としては、日本国際問題研究所『インド太平洋時代の日本外交』が最も包括的である。

その意味で日本がいま「インド太平洋」を重視するのは、単にどこかの国の動向に短期的に反応することよりも、より根源的な国益観にもとづいているのである。だからこそ、安倍首相は、二〇一六年八月、この「戦略」を第六回アフリカ開発会議（TICADⅥ）で初めて発表したとき、「アジアの海とインド洋を越え、ナイロビに来ると、アジアとアフリカをつなぐのは、海の道だとよくわかります。世界に安定、繁栄を与えるのは、自由で開かれた二つの大洋、二つの大陸の結合が生む、偉大な躍動にほかなりません」と語ったのだし、「アジアからアフリカに及ぶ一帯を、成長と繁栄の大動脈にしようではありませんか」と呼びかけたのであろう。

「インド太平洋戦略」の戦略性

とはいえ、「自由で開かれたインド太平洋戦略」は、いかなる意味で「戦略」なのか。要人の発言や公開されている外務省文書などから判断すると、目標ははっきりしている。この「戦略」を公式に打ち出した前述のTICADⅥでの安倍演説によれば、「日本は、太平洋とインド洋、アジアとアフリカの交わりを、力や威圧と無縁で、自由と、法の支配、市場経済を重んじる場として育て、豊かにする責任を担って」いる。すなわちインド太平洋地域を、力や威圧のない地域、自由な地域、法の支配する地域、市場経済を重んじる地域、そして豊かな地域に変えていくというのが、この戦略の目標である。これらの目標に向かって広大なインド太平洋地域が進んでいくことができれば、それだけで世界秩序を良い方向に向かわせることができる。

しかし、「自由で開かれたインド太平洋戦略」が「戦略」であろうとすれば、いかなる政策手段で、目標を実現しようとしているかが明らかでなければならない。残念ながら、外務省がこれまでに公表している文書や大臣演説などからは、その全貌は明らかでない。そこで、公表された文書や演説などで強調されている政策を参考にしつつ、筆者なりに重要だと思う施策を提示してみたい。

①広域連結性推進政策

広大なインド太平洋地域の社会や経済の発展にとって、何といっても必要なハードウェアは、国と国とを結びつけていく広域インフラである。海洋で国と国を結びつけるためには港湾施設が拡充されなければならないし、また、海から内陸に向けてつながる回廊（道路や鉄道）が整備されなければならない。東南アジアでは、東西方向の交通路の整備に日本は長年尽力してきた。これをさらに南アジア方面に結びつける必要がある。また、アフリカでは、とりわけ内陸国と海洋をつなぐ回廊インフラが重要になる。インフラ整備については、しばしば中国の「一帯一路」構想との競合が議論されることがあるが、この地域のインフラ需要は莫大であって、補完的だと考えるべきである。インド太平洋周辺諸国の経済発展や社会開発の実情からすれば、日本企業にそれほど競争力のない分野であっても、大変重要なインフラは数限りなく存在する。今後は中国との協調的関係の構築をめざすべきである。

②人材養成

日本の国際協力の柱の一つは、常に人材養成であった。とくに日本における長期研修による開発途上国の人材育成は、東南アジアや中国などの経済発展に貢献してきた。今後も継続的にインド太平洋の国々から優秀な人材を日本に招き、各国の将来のリーダーとして成長してもらう必要がある。成長する途上国が「中所得国の罠」に陥らず、持続可能な成長を継続するためにも政府・民間部門における高度人材が必要であり、その面での日本の貢献は必ずや評価されるであろう。他方、インド太平洋地域で活躍できる日本人人材を養成することも重要である。大学・大学院教育におけるグローバル化が指摘されて久しいが、官民のリカレント教育という面でも、インド太平洋地域に関する教育を充実させる必要があろう。高い評価を受けてきている国際協力機構（JICA）ボランティア事業はさらに発展させなければならない。

③「人間の安全保障」と脆弱国支援

成長の可能性の高いインド太平洋地域であるが、この地域内部あるいはこの地域に近接する地域は、著しく脆弱な社会を抱えた世界の紛争地帯である。ミャンマーのラカイン州はじめ国境地帯、インド東部諸州、インド・パキスタン国境、アフガニスタン、イラク、シリア、イエメン、ソマリア、南スーダンなどでは、内戦の継続やテロの頻発、大量の難民などにより、人びとの「人間の安全保障」は日々脅かされる状態が続いている。

インド太平洋が安定的に繁栄軌道に乗っていくためには、これらの脆弱な周辺国や周辺地帯に平和をもたらし、「人間の安全保障」を改善していかなければならない。国連平和維持活動（PKO）への協力やODAによる平和構築支援を継続しなければならない。とくに難民キャンプなどへの人道支援とともに難民流入に悩む紛争周辺国に対する支援を続けるべきである。また、日本における難民申請手続きを適正なものとすると同時に、難民にとって日本が受け入れ先として魅力ある国となるような体制を整える必要がある。

④パワー・ポリティクスの管理

「自由で開かれたインド太平洋戦略」がうまく進んでいくためには、この地域の「大国」間関係をうまく管理していく必要がある。これを対中対抗戦略と見るのは矮小化であるが、軍事紛争の発生確率を下げるために必要な政策は、それが中国対応とみられるとしても、実施していかなければならない。地域の各国が適度の防衛力や海上保安能力を整備することは必要であり、日本が支援できる部分は支援すべきである。アメリカ、オーストラリア、インドとの安全保障協力を継続発展させるとともに、パワー・ポリティクスの管理のため、中国との密接な対話を今後さらに重視していく必要がある。

⑤広域多角的外交の模索

インド太平洋地域には、関係国すべてを包括するような国際的枠組みは存在しない。現在、ただちに巨大な国際会議や制度を作るのは、それほど建設的でない。日本外交の現在の優先順位からいえば、アメリカ抜きの環太平洋パートナーシップ協定＝TPP11を早期に発足させ、さらに東アジア地域包括的経済連携（RCEP）の合意を作って、インド太平洋の太平洋側から自由貿易の体制を強化していくということであろう。いずれにしても、インド太平洋の地理的中心に位置するASEAN諸国との関係はきわめて重要である。また、日本としてTICADや太平洋・島サミットなど関係諸国との首脳レベルの外交枠組みの活用をさらに図っていかなければならない。

⑥統合的政策形成と着実な実施体制

「自由で開かれたインド太平洋戦略」を進めていくためには、外務省だけをみても、アジア大洋州局のみならず、中東アフリカ局、北米局、中南米局も含み、ほぼすべての機能局の仕事に関連する。外務省以外でも、財務省、防衛省、経産省、国交省をはじめほぼすべての省庁にも関係するし、JICA、国際協力銀行などの実施機関、さらには、民間企業やNGOとの連携も欠かせない。これらの多様なステークホルダー間の連携を図り、日本としての政策を実現するための仕組みが必要である。

現在、官邸に「経協インフラ戦略会議」があり、インド太平洋地域のインフラ輸出に関する議論は、ここで行われているようである。しかし、本来の意味での「自由で開かれたインド太平洋戦略」を策定して推進する場としては、現状の「経協インフラ戦略会議」はふさわしくない。日本企業受注のためのジャパン・ファーストの色彩が強すぎるからである。世界秩序を指導する「戦略」は、国家安全保障会議で議論するのが筋であろう。その場合は、国家安全保障局と外務省の国際協力局がより密接に連携しうる仕組みをつくっていく必要がある。

これだけ広大な地域を相手にした外交には、強靭な足腰が必要である。大使館の人員をさらに拡充するとともに、最近、河野太郎外務大臣が提起しているような外相専用機が必要である。柔軟なチャーター機の運用でもよいので、外相や他の閣僚やＪＩＣＡ理事長などが頻繁に各国を訪問できる仕組みを整えるべきである。インド太平洋の一部である太平洋島嶼国などは、いまだに日本の外務大臣は一回も訪問したことがない。商用機のみで各国を回るのは大変時間がかかるからである。

以上、本稿では、安倍首相が提唱した「自由で開かれたインド太平洋戦略」を日本外交が自由主義的世界秩序を維持発展させていくための戦略と見なし、その望ましいあり方について私見を述べてきた。日本政府としての体系的な「自由で開かれたインド太平洋戦略」の全体像を示した戦略文書を早期に公表することが望ましい。

TICAD7

『読売新聞』二〇一九年八月四日

日本とアフリカ諸国の首脳らが、アフリカの社会基盤整備などを議論する「第七回アフリカ開発会議」が、今月二十八～三十日に、横浜で開催される。

一九九三年に第一回の会合が東京で開かれた時の英文名称「Tokyo International Conference onAfricanDevelopment」を踏襲して、TICADの略称で知られてきた会議である。日本政府がイニシアチブを取って発足させ、継続的に実施してきたものだが、現在は、国連、国連開発計画（UNDP）、世界銀行、アフリカ連合委員会（AUC）と日本政府が共催団体となっている。

六月に日本が議長国として大阪で開催した主要二〇ヵ国・地域（G20）サミットに続き、日本にとって今年最大の外交イベントである。アフリカ五四ヵ国の首脳並びに関係国際機関の幹部が参加するとともに、企業やNGOなど関連団体による数多くの関連イベントが、すでに日本各地で開かれている。

多くの日本人には、いまもアフリカは、心理的に世界で最も遠い大陸かもしれない。しかし、二十一世紀の日本にとって、アフリカとの関係はますます重要になってきている。

日本から世界地図をみれば、アフリカは遠いが、日本とアフリカの間に存在する太平洋とインド洋という二つの大洋こそ、二十一世紀の世界経済の大動脈である。アジアとアフリカとの結びつきこそが、今後の世界の動向を左右していくことは間違いあるまい。

だからこそ、二〇一六年に前回のアフリカ開発会議（TICAD6）が、ケニアのナイロビで開催された時、安倍首相は「自由で開かれたインド太平洋」構想と後に呼ばれるビジョンを打ち上げたのであった。一七年には、米国の首脳も積極的に「インド太平洋」という地域概念に言及するようになり、一九年六月には「インド太平洋戦略報告書」を米国防総省が発表するまでになった。もはや、太平洋とインド洋という二つの大洋を包摂する巨大な「インド太平洋」という地域概念も、それほど違和感を持たれることはなくなってきたのではないか。

いまでは、アフリカが世界経済のなかでの高成長地域であることも、よく知られるようになってきた。

たとえば、国際通貨基金（IMF）の世界経済見通しのデータによれば、二〇一八年に年率六％以上の国内総生産（GDP）成長を達成した世界二七ヵ国のうち一一ヵ国がアフリカ諸国であった。また、同見通しの予測によると、二三年における六％以上の成長国は、世界全体で二五ヵ国であり、そのうち一四ヵ国がアフリカ諸国になると見られている。経済成長の一つの要因は、人口増加の趨勢である。産業化の進展とともに人口増加ペースが低下する現象は世界中で見られるが、そのなかでアフリカの人口増加については、いまだ低下の兆しが見えない。

六月に発表された国連の世界人口予測のデータによると、現在のサブサハラ・アフリカの人口は、一〇億人程度だが、推計では、二〇三二年に中国を抜き、さらに三五年にはインドを抜いて一五億七〇〇〇万人程度に増加すると予測されている。

こうした背景から、アフリカ諸国で構成する国際機関アフリカ連合は二〇一五年、前身機関であるアフリカ統一機構（OAU）の発足から一〇〇周年に当たる二〇六三年をターゲットにしたビジョン「アジェンダ二〇六三」を打ち上げている。その実現のための重要プロジェクトの一つが、アフリカ大陸自由貿易協定である。一八年三月に調印され、一九年四月、二二ヵ国が批准して五月末に発効した。

躍進するアフリカに世界が注目するのは、当然であろう。なかでも中国のアフリカ関与の度合いには目を見張るものがある。一八年の貿易統計では、アフリカ二〇ヵ国において中国が最大の貿易相手国となっている。債務持続性の問題があるものも含めて、多くの融資を行っている。

中国が融資するプロジェクトには、中国人の労働者が直接関与することも多く、貿易関係者も含めて、アフリカ全体では既に一〇〇万人を超える中国人が居住しているともいわれる。中国もアフリカ諸国の首脳を集めて〇〇年から、三年に一回「中国・アフリカ協力フォーラム」（FOCAC）を開催しており、その七回目の会合が、一八年九月に北京であった。

しかしながら、アフリカが現在の好調を維持し、アフリカの諸国民がいだくビジョンを実現するには、さまざまな難問を克服していかなければならない。

とりわけ、極度の貧困や飢餓、感染症、幼児死亡率や妊産婦死亡率の高さにみられる保健衛生の課題、安全な水の欠如や電化率の低さなど、基本的な開発問題への解決の道筋が、依然として立っていない国々が多いことを忘れるわけにはいかない。また内戦や国内不安定が続く国も多く、難民や国内避難民もまた増加を続けている。

日本でも、国連で採択された「持続可能な開発目標」（ＳＤＧｓ）についての理解は広まってきたが、これらの目標が世界的にはとてつもない難題であるとの認識がどれほどあるか、やや心もとない。

たとえば、三〇年までに極度の貧困を撲滅しようという第一の目標ＳＤＧ１である。一日一・九〇ドル未満の生活費で暮らす人として定義される「極度の貧困」層は、一五年に世界人口の約一〇％である七億三六〇〇万人程度に減少した。

問題は、この極度の貧困層に占めるサブサハラ・アフリカの比率が高まっていることだ。一五年のデータでは、極度の貧困層は四億一三〇〇万人がサブサハラにおり、三〇年になっても、サブサハラ人口に占める比率で一〇％以上のままではないかといわれている。

ＴＩＣＡＤ７のテーマは「アフリカに躍進を！ ひと、技術、イノベーションで。」とすることに決まった。アフリカから発展の原動力を生み出していきたいと考えるアフリカの人びとの希望を前面に打ち出した良いテーマだと思う。

日本は、これまでもアフリカ各地で、職業訓練センターの設立に尽力し、自然科学や工学分野の大学への支援を行ってきた。アフリカの研究者と連携した各種研究も促進してきた。ＴＩＣＡ

D7を契機に、さらに科学技術やイノベーション面での協力を推進すべきであろう。

これに加えて、SDGsを推進し「人間の安全保障」を重視する日本は、極度の貧困削減につながるようなさまざまな社会経済基盤の整備もまた重視していくべきである。そうであってこそ、日本ならではのアフリカ支援に違いない。

2　非軍事のパワー

開発協力が生み出す国力と国益

『外交』二〇一五年五月号

戦後七〇年ということで、安倍総理の諮問に応えるべく「20世紀を振り返り21世紀の世界秩序と日本の役割を構想するための有識者懇談会」（21世紀構想懇談会）の議論が進んでいる。総理の談話の参考にするという意味で重要な懇談会であるが、それに加えて、世界のなかの今後の日本の役割を構想するという意味で日本国民全体に対しても重大な任務を持つ懇談会だと思う。戦前・戦後の歴史をともに振り返り、しかも現代世界の現状を反映し、今後の数十年を展望する議論を期待したい。

その際、開発協力も重要な政策の柱の一つとなるであろう。本稿では、戦後の日本の対外政策と国際貢献にとって重要な役割を果たしてきた政府開発援助（ＯＤＡ）の歴史を振り返り、今後の世界における開発協力を取り囲むさまざまな要因を分析し、日本の取り組むべき開発協力の課題やあり方について私見を展開したい。21世紀構想懇談会を含む幅広い議論の参考になれば幸いである。

近代日本の経験を生かしたＯＤＡ

戦後日本の七〇年を振り返って、いかなる点が日本の政府開発援助の特色であったのか。いくつかの特徴が挙げられると思う。

第一は、明治以来の日本の近代化の経験を反映し、経済発展におけるインフラの重要性を重視した協力事業が多かったことである。その後のＯＤＡにつながる賠償第一号が、ビルマ（当時）のバルーチャン第二水力発電所であったことは、早くもその特徴を表していた。この発電所は、現在でもミャンマーのきわめて重要な電力源である。賠償から始まってその後何十年にもわたって継続してきたインドネシアのブランタス河流域開発も、大規模なインフラ事業であった。一九八〇年代にタイで行った東部臨海開発事業は、港湾・道路・発電などを含む包括的な工業団地形成事業であって、タイが世界的なサプライ・チェーンのハブになることに貢献した。地域を分断する河川に数多くの橋梁を建設し、各地の港湾や空港建設も行ってきた。

第二は、受入国政府を中心とした協力事業であったことである。受入国政府の「自助努力」を支援するという考え方は、相手国の要請にもとづくため事業がやりやすくなるという面もあったが、明治以来の日本人の近代化への考え方を反映したものでもあった。受入国政府がやる気にならない事業は将来的に役に立たないし、持続可能性もない。もちろん「要請主義」には批判もあったし、先方政府が権威主義政権である場合、政権の維持に役立っても人びとの役には立っていないのではないか、などという批判もあった。

しかし、戦後七〇年を振り返ってみると、やはり、相手国政府を重視するというやり方にはメリットがあったと言うべきだ。とくに人材育成という面でいえば、政府の行政官や関係機関の能力向上支援を行ったことは、当該国の開発に役立ったし、権威主義体制からの民主化への移行がなされた場合も、新しい民主主義政権の人材基盤を作ることになった。ブラジルにおいて大豆生産を革命的に向上させたセラード開発は、ブラジルにおける権威主義政権時代に始まったものであったが、民主化後もブラジルでは高く評価されている。プロジェクト開始時に貧弱な設備と研究体制しかなかったブラジル農牧研究公社（EMBRAPA）は、いまや世界的な農業研究機関に成長した。

第三に、人と人との交流を通した人材育成であったことである。現在、国際協力機構（ＪＩＣＡ）は世界各地で、約六〇〇の技術協力プロジェクトを行っているが、それぞれ日本人専門家が派遣され、現地の担当者や人びとと膝をつきあわせて事業を進めている。人材育成のために日本各地で、日本の経験や知見をベースにした研修事業も行ってきた。一九五四年に開始して以来、研修事業には約三二万人が参加し、参加者のなかからは開発途上国の首脳や大臣級の人材が輩出している。さらに、六五年に開始した青年海外協力隊は、九〇年に開始したシニアボランティアとともに、草の根レベルでの人と人の交流につながっている。

都市問題や公害にも対応する援助

日本のODAの第四の特徴は、時代環境に合わせて柔軟に適応成長してきたという点である。第一の特徴のインフラ重視という点からすると、日本の国際協力は、なんでもかんでもハードのインフラだけ作っているという印象を持たれるかもしれない。実際には、インフラといっても日本の成功・失敗の両方の経験から、時代と受入国の状況に適合させるような工夫がされてきている。高度成長期の日本の経験のなかで深刻に反省しなければならなかったのは、都市問題や公害であった。日本は、一九八〇年代から中国や韓国で、都市問題への対処として地下鉄建設の事業に円借款を提供し、また、九〇年代後半からは、インドで地下鉄ネットワーク建設を展開している。この成果の一つは、首都デリーの「デリー・メトロ」である。現在、開通している総延長は三四三キロ、一日当たりの利用者四七〇万人。しかも、女性専用車の導入や、バリアフリー化、緊急通報システムの導入など、現在のインド社会の実情に適応したシステムにしている。さらにまた、インフラ建設によって、環境破壊や人権侵害が起きないような細心の注意を払うようになってきている。

日本人にとって防災は人ごとではない。日本での経験を生かして、世界各地で防災のための協力も行ってきた。バングラデシュでは、小中学校がサイクロンシェルターとしても機能するような高床式の校舎建設を支援してきた。また、災害支援というと、災害発生直後には多数の人道支援が各国から集中するのに対して、その時期が過ぎると復旧・復興支援がとたんに低下するという傾向がある。これに対処するため、JICAでは、「継ぎ目のない支援」ということで、緊急援助隊の支援から、専門家による「よりよい復興」(Build Back Better)のための支援、それを支える無償・有償の資金協力を行うよう努めてきた。二〇一三年のフィリピンを襲った台風ハイエンの災害復興支援で、この方式を展開した。今回のネパールの大地震被害への対応でも同様の「継ぎ目のない支援」を試みている。

現段階でみて、東アジア(東南アジアを含む)の経済成長が画期的であったことは否定できない事実である。その原動力は、言うまでもなく東アジア諸国の人びとの努力であるが、それに加えて、日本が東アジアで行ってきたODAを中心とした国際協力も重要な貢献をしたと思う。国連が二〇〇〇年に決めたミレニアム開発目標(MDGs)の達成度は、おおむね東アジア地域は他の地域にくらべて高く、その面でも日本の貢献は大きかったといえる。

そして、この東アジアにおける日本の国際協力の成功は、日本にとっても良い結果をもたらした。何よりも、東アジアの経済成長によって、日本は近隣に巨大な市場と生産基地を持つことになった。この経済相互依存のネットワークは、この地域の平和を確保するためにも重要な役割を果たしている。つまり、日本の安全保障にも貢献したことになる。戦後日本の国際協力は、日本の国益にも貢献してきたのである。

援助国も被援助国も多様化した世界

それでは、このような特徴を持つ日本のODAはいかなる世界に直面しているのであろうか。少なくとも以下の点が指摘できると思う。

第一は、開発途上国のなかからダイナミックに成長を遂げる国々が登場する一方、内戦や国内不安定などのさまざまな要因からきわめて脆弱な状態にとどまる国々が存在してきていることである。いまや開発途上国すべてを一括して開発問題を語ることはできない。それぞれの国々の置かれた状況に適合した政策が必要になってきている。

第二に、開発問題に貢献しうる主体もまた多様化している。従来、経済協力開発機構(OECD)加盟国がもっぱら開発援助を行う主体であった。いまや新興国を中心にさまざまな国々が他の国々の開発に協力するようになってきており、いわゆる南南協力も増えている。さらに開発に関与するNGOもまたそれぞれ独自の手法で有益な貢献を行っている。都市や地方自治体、大学や研究機関もまた重要な主体である。そして言うまでもなく、民間企業や金融機関の果たす役割はきわめて大きい。したがって、ODAが重要であることは間違いないにしても、ODAのみが日本の開発協力というわけではなくなってきた。

第三に、開発を含む地球的課題に関する世界的な意識の高まりがある。二〇〇〇年にMDGsが設定されたとき、世界的にいえばやや悲観的な見通しもあった。もちろん世界的にみればMDGsの未達成な部分はまだまだ多い。しかし、見事にMDGsのかなりを達成した国も出てきた。そのような成功事例を背景に、今年、国際社会はより普遍的で野心的な目標としての「持続可能な開発目標」(SDGs)の策定と気候変動に関する目標への合意を目指している。現実に合意される目標については、さまざまな批判もありえよう。しかし、世界全体に共通する目標について共通の土俵で議論が戦わされていることは重要である。

世界のなかの日本を再認識

このような世界情勢のなかで日本はどういう位置にあるのか。いくつかのポイントがある。

第一に、日本は中国に抜かれたとはいえ世界第三の経済大国であり、科学技術における先進国であり、日本社会にはイノベーションを生み出す内的な力がまだまだ存在する。また、現代文化を含む日本への評価は世界的にもきわめて高いし、日本がこれまで行ってきた国際協力への評価もきわめて高い。

第二に、世界との結びつきなしに日本の繁栄はありえない。日本が世界各地の資源供給地域へのアクセスに依存していることは過去と変わりはない。また、昨今の経常収支の動向が指し示すように、日本はいまや貿易大国であるというよりも、世界中で経済活動（多国籍生産）を行っている投資大国である。つまり日本は、世界の経済成長地域や資源供給地域とのつながりがその繁栄にとって決定的な国家なのである。

第三に、東アジアの平和が日本の安全保障にとって決定的である。その意味で東アジアの平和の基盤を支える日米同盟の重要性は今後も変わりはない。しかし、これに加えて、日本人の活動は世界的であり、日本の繁栄が世界の成長地域や資源供給地域との結びつきに依存している以上、これらの成長地域や資源供給地域の平和や安全保障もまた、日本にとって重要である。

第四に、政治的にいうと、他の国連常任理事国などとは異なり、日本は国際社会における特権的地位をほとんど持たない。日本は、常に数多くの国の支持を頼まなければ、国際政治的な意思を実現することが困難な国である。

地域の安定と発展が日本の安定と発展に直結

上述の世界情勢と世界のなかでの日本の特徴を考慮したとき、開発協力において日本はいかなる方針をとるべきであろうか。

第一に、着目すべきは世界経済の成長地域であろう。成長可能性の高い地域の低所得国を中所得国に、そして中所得国を高所得国に成長させていくことが日本の繁栄につながる。しかし、ただやみくもに成長を求めればよいというものではないのは、日本自身の経験からしても明らかである。成長が生み出しかねない負の側面は避けなければならない。

「中所得国の罠」という言葉がある。投資の量的拡大で成長を実現した国が、持続的な成長軌道に乗りきれずに停滞してしまう現象である。世界における絶対貧困層のかなりは、中所得国の国民であって、この貧困層を減らさなければ持続的成長は実現しない。青年層の失業は、社会不安につながるおそれもある。成長が環境破壊や公害を起こせば人びとの生活の質はかえって悪化する。防災の努力なしの成長は、大災害に対してきわめて脆弱である。その意味で、二〇一五年二月に閣議決定された開発協力大綱が「質の高い成長」とそれを通じた貧困撲滅という観点を打ち出したことは、きわめて重要である。「質の高い成長」によって、成長地域の平和と安全保障の基礎が作り出されるであろう。そして、それは日本の平和と安全保障にもつながっていく。

第二に、内戦や国内不安定などさまざまな要因により平和構築にも経済発展にも困難を抱える脆弱地域への支援を進めなければならない。これは、人類共同体としての当然の義務であるが、日本の国益という観点からいっても重要な政策課題である。

地理的にみて、世界で最も脆弱な国々は、日本にとってきわめて重要な成長地域や資源供給地域と重なっているか、あるいは隣接している。アフガニスタン、パキスタン、イエメン、シリア、リビア、ソマリア、南スーダン、中央アフリカ共和国などの脆弱性・不安定性が改善しなければ、南アジア、中東、アフリカの成長地域にきわめて大きい影響を与える。また、一国内でいっても、成長可能性の高いミャンマーは、少数民族との融和、地方部の貧困克服や脆弱性の減少という課題を抱えている。これらの脆弱な地域を放置すれば、テロリスト集団が成長地域の平和と繁栄をおびやかし、日本人自身への脅威にもなりうることは、最近のいくつかの事例で明らかであろう。

援助する側が選ばれる時代

第三に、開発協力に対する新興国を含む多様な主体の出現は、日本の開発協力もまた競争力を強化しなければならないことを物語っている。これまでの日本の実績に対する世界各国の評価は高いし、すでに述べたような日本型援助の成功事例は継続的に進める必要がある。しかし、それに安住しているわけにはいかない。とくに成長可能性の高い被援助国にとってみると、援助国や援助機関の増加は、相手を選べる環境が出てきていることを意味する。援助国は、選ばれる側に回るという状況になっている。質が高く（コストを含めて）競争力のある事業を生み出していかなければならない。ＪＩＣＡが有償資金協力、無償資金協力、技術協力のすべてを行う世界の援助機関のなかでも数少ない総合的援助機関であることをさらに活かしていく必要がある。さらに企業との連携の可能性も強化していく。これに加えて、他の援助国、国際機関、ＮＧＯなどとの連携も必須である。

第四に、世界的な開発目標や気候変動への対応が議論されるなか、日本の開発目標には、より普遍的・一般的な概念化・理論化が求められている。日本のやり方が良いのだと主張するにしても、なぜ日本の言うようにするのが望ましいのかをより普遍的・一般的な言葉で語ることができなければならない。その意味で、開発協力大綱が「人間の安全保障」を指導理念としてはっきり明示したことは重要である。なぜなら「人間の安全保障」は、脆弱国支援にとってまさに鍵となる概念であるとともに、成長地域の「質の高い成長」を実現するうえでも重要な視点を提供しているからである。大災害、感染症、内戦などさまざまな脅威に対して、個々の人びとの生命・生活・尊厳を守っていかなければならないという「人間の安全保障」を日本は重視しているのだということが、これまでの援助の実績への評価に加えて、日本の打ち出す政策提言に力を与えるであろう。

最後に、政治的特権を持たないグローバルパワーとしての日本という観点からいえば、できるだけ数多くの国々に対して日本は開発のパートナーであるという姿勢を示していかなければならない。「選択と集中」といって相手国をしぼるという姿勢は、世界のなかの日本という観点からして合理的でない。また、相手国が一人当たり国内所得でみて途上国から「卒業」したとしても、ただちにこれまでの協力関係を断ち切るのも合理的でない。もちろん、開発協力に割ける資源に限界がある以上、量的に多くの事業をすべての国で行うわけにはいかない。費用があまりかからず効果的な事業、さらには日本ブランドといってもよいような特色ある活動を続けていくことによって日本との友好関係の維持に努めるべきであろう。

長期的・環境的に「国益」を捉える

開発協力大綱が閣議決定されたとき、開発協力の目的の部分に「国益」という言葉が入ったことが注目された。前二回のODA大綱（一九九二年、二〇〇三年）では使われていない言葉であったため、どういうことかと思われたのかもしれない。開発途上国のために行う事業に自らの利益を直結させるのは問題だという指摘もあった。たしかに開発協力なのであるから、開発途上国の開発に役立たなければ意味がない。しかし、ODAは日本国民の税金を使って日本として行う事業なのであり、日本国民にも実施してよかったと思えるものでなければならないのは、これまた当然であろう。

重要なのは、日本国民にも良いと思えるものとは何かを具体的に考えていくことである。抽象的に世界の開発目標と日本の国益のなかに相容れないものがあることを論理的に考えて、だから「国益」という言葉を使うのはよろしくないというのは、非生産的議論である。世界情勢のなかで何をすることが、世界の開発に役立ち、しかも日本人からみても「良かった」と思えるのかを具体的に考えていけば、かなり多くの分野でそのような取り組みを見出すことができる。

実際に開発協力大綱の述べていることは、近視眼的な短期的利益追求ではない。我が国は「国際社会の平和と安定及び繁栄の確保により一層積極的に貢献することを目的として開発協力を推進する」。そして、こうした協力をすることによって、「我が国の平和と安全の維持、更なる繁栄の実現、安定性及び透明性が高く見通しがつきやすい国際環境の実現、普遍的価値に基づく国際秩序の維持・擁護といった国益」が増進されるといっているのである。

つまり大綱が述べている「国益」は、短期的・直接的なものというより、長期的・環境的なものである。これは、「情けは人のためならず」ということわざや「恩おくり」という言葉に表されるような普遍的な人間関係の常識を反映している。誰かの役に立つことを行えば、いずれめぐりめぐって自分の身にも良いことがくる、というわけである。先に分析したように、戦後七〇年の日本の国際協力は、東アジア地域の繁栄と平和に貢献したことによって、長期的・環境的な国益を日本にもたらした。また、東日本大震災のときに世界中から支援を受けたということも「情けは人のためならず」を理解させてくれたと思う。

しかし、このような人間社会であれば当然かつ普遍的な命題に加えて、二十一世紀日本の長期的・環境的利益のために、とりわけ開発協力が重要であることを、本稿では分析の中心においた。戦後七〇年、現実に日本の開発協力は、東アジアを中心として世界の開発課題の解決に貢献するとともに日本の国益にもつながってきた。また、現下の世界情勢やそのなかでの日本の状況に着目すれば、「人間の安全保障」を指導理念として「質の高い成長」を促進し、貧困削減やさまざまな開発課題の解決に、日本の知識・経験を活かした手法で貢献していくことが世界に役立つことである。そして、その努力が日本の「国益」にもつながっていくのである。

日本の平和貢献

『読売新聞』二〇一五年六月二十八日

非軍事協力で内戦防ぐ

非軍事分野で世界の平和に貢献したい。この考えに共感する日本人は多いと思う。もちろん、軍事力が平和に役立たないわけではない。軍事力による抑止は平和の一つの基礎である。自衛隊が行っているような平和維持活動も世界平和のための重要な貢献である。

しかし、軍事力の役割を肯定する人も、現在の日本が世界の平和に貢献しようとすれば、非軍事分野での努力が最も重要と考えるのではないだろうか。今年二月に閣議決定された「開発協力大綱」も、基本方針の第一番に「非軍事的協力による平和と繁栄への貢献」を挙げている。

非軍事分野での世界平和への貢献とは、具体的には何をすることであろうか。積極的平和主義を唱える現在の日本にとって、この問いは決定的な意味を持っている。平和を促進したいという善意を持つことは必要なことだが、善意のみでは非軍事分野における平和に向けての方法論は生まれない。どのような外交努力をすることが世界平和に役立つか。どのような政府開発援助が内戦や暴力を減らすか。どのようなNGO活動や企業活動を、どのような条件下で行うのが平和に資するか。日本なりの非軍事的平和構築の方法論が求められている。

幸いなことに二十一世紀に入り、古典的な国家間戦争はほとんど発生しなくなった。内戦も二十一世紀に入って以来、数的には減少しているといわれる。しかし、シリア内戦は多数の犠牲者と難民を生んでいる。イスラム過激派組織「イスラム国」の勢力は、イラク、さらにはリビア、イエメンに拡大し、一部はアフガニスタンにも及んでいるといわれる。ソマリアの「アル・シャバーブ」やナイジェリアの「ボコ・ハラム」などの過激派組織は、隣接国を含めて多くの犠牲者を出している。内戦から停戦合意に到達できた国々も、依然として不安定な状態が続いている。マリや南スーダンがそうだが、ミャンマーでも多くの少数民族との間の停戦合意を、どう安定した方向に向かわせるかが課題となっている。

平和を達成するには、まず戦闘行為を終わらせなければならない。冷戦終結以来、国連を中心に戦闘行為を終わらせるための方法論が頻繁に議論されてきた。中立的な平和維持活動に加え、強制力をともなう「平和執行」といった強力な権限を持つ活動が必要とも指摘された。虐殺行為などが行われている場合は、軍事的手段による介入が必要との議論もあった。これらの議論については、効果や実行可能性についてさまざまな議論があり、さらに理論的・実証的な検討が必要である。

しかし、これらの議論はおおむね「軍事的手段」を平和のためにどのように使うかという方法論に関するもので、国会で議論されている安全保障法制が実現したとしても、日本が参加しうるようなものではない。

日本にとって可能であり、しかも平和に関する世界的議論に、より貢献しうるテーマは、戦闘行為が当面終結した後、どのような非軍事的協力が平和に役立つかということである。

しばしば指摘されるように、最も内戦が起こりやすい国とは、内戦が終結したての国である。停戦合意で戦闘行為が終結しても、平和が定着せず内戦に逆戻りしてしまう場合が多い。いま、日本のような国が世界平和に最も貢献できるとすれば、内戦を終結させた国が再び内戦に逆戻りしないように協力することである。

それにはどうすればいいだろうか。国際政治学などの紛争研究の成果とＪＩＣＡが世界各地で行ってきた平和構築事業の教訓を勘案し、筆者なりの作業仮説的な方法論を示してみたい。

第一は、平和が持続するという予想（期待）を強化する事業を行うことである。停戦合意が成立した直後の状態は、それが続くかどうか不確実性に満ち満ちた世界である。当事者の間ではいつ相手が裏切るか疑心暗鬼が存在している。だが、この不確実性を低減させなければ、トマス・ホッブズが『リヴァイアサン』で指摘したような「戦争状態」が生まれてしまう。国際政治学の用語でいえば「安全保障のジレンマ」が生まれる。もし、すべての当事者が相手の先制攻撃を恐れて戦闘準備態勢に入れば、予測した行動に行きついてしまう「自己成就的予言」の作用で、内戦に逆戻りしてしまう可能性が高い。

非軍事的な国際協力で大切なことは、それを防ぐことである。つまり、停戦直後の限られた時間のなかで、関係者や人びとの期待を、疑心暗鬼から平和の可能性へと向かわせるような事業を実施するのである。

具体的には、社会を機能させるために必要であって、しかも事態が平和に向かっていることを示す事業でなければならない。一つのタイプは、基礎的でしかも目に見えるインフラである。戦闘で破壊された橋を建て直すこと、給水施設を修理して人びとに水が行きわたるようにすること、学校の校舎や村の役場が再建されることなど、人びとに平和を実感させる事業である。

しかも、このような事業は早く行う必要がある。内戦直後の状態で、多くの人びとは遠い将来を展望することがきわめて困難になっている。三年後に立派なインフラができますと約束されても、信用できないかもしれない。小規模であっても目に見えるインフラが早くできることが重要になる。

第二に、そのように行う事業は、可能な限り多くの関係者に有益な「包摂的」なものでなければならない。対立する集団間にあって、平和は敵対勢力のみを利する状態にすぎないとの考えが強くなれば、平和は長続きしない。クイック・インパクト（即効性）を狙うインフラ事業は、さまざまな集団間のバランスを考えて実施しなければならない。

第三に、ハードなインフラに加えて、人材育成と制度構築が大事になる。内戦終結後の政府機能は著しく低下している。行政や民主的政治を担える人材を作っていかなければならない。基礎的な法律が制定されていない国では、法制度支援が必要になる。また、政府機能の復活に加えて、経済が回るような人材育成も大事だ。女性を含めた職業訓練も必要になる。

第四に、長期的なコミットメントである。「平和への努力が続く限り我々はあなた方に寄り添って必要な事業をしていきます」との姿勢を示すことが重要だ。事態がより平和になれば、もっと積極的に協力できるとの姿勢も大事といえる。人びとの未来志向に益すような長期的コミットが、紛争への逆戻りを防ぐのである。

ここに掲げた四つのポイントを重視しても常に成功するわけではない。実際に内戦に逆戻りする事例は数多くある。そうなってしまえば、ＪＩＣＡも職員を退避させ、事業を縮小させざるをえない。しかし、退避させる場合でも戦闘が停止されれば必ず我々も戻ってくるというメッセージは絶やしてはならないと思う。

『読売新聞』二〇一八年九月二十四日

ミンダナオ和平

フィリピンで七月末、画期的な法律が成立した。「バンサモロ組織法」である。同国南部ミンダナオ島のイスラム教徒が多数住む地域に、高度な自治権を持つ地方政府を設立することが柱だ。画期的なのは、この法律によって、五〇年近く武力紛争に悩んできた「バンサモロ（モロの人びと・土地）」に、ようやく永続的な平和をもたらす礎を作り出すことができるかもしれないからである。

言うまでもなく日本の安全保障にとって喫緊の課題は、眼前の問題としては北朝鮮の核兵器・ミサイル開発であり、長期的には中国の軍備増強である。しかし、東アジアから東南アジア、さらにはインド洋からアフリカにかけての「インド太平洋地域」でテロリストの根拠地を減らし、不安定性を除去することも、重要な課題である。

その意味でミンダナオにおける武力紛争が終息し、平和が訪れることはきわめて大きな試金石となる。一九九〇年代にカンボジア内戦が終結して以来、東南アジアに残る数少ない紛争地の一つがミンダナオだったからである。九〇年代以降、東南アジアから東アジアにかけて武力紛争の犠牲者はきわめて少なくなった。アフガニスタンから中東、さらにはサハラ砂漠以南のアフリカへ至る地帯における犠牲とは比較にならない。

そのなかでミンダナオは例外的に多くの犠牲者を出してきた。最近も昨年五月以降、ミンダナオ島マラウイでイスラム過激派組織「イスラム国」につながる組織が武装攻撃を行い、ドゥテルテ大統領が戒厳令を宣言して鎮圧にあたった。

ミンダナオ島には十四世紀頃からイスラム教が普及し、イスラム教徒が増えた。そこへスペインと米国による植民地化でキリスト教徒が入植した。数々の紛争が起きたが、フィリピン独立時にその一部となった。独立後も対立は解消せず、一九六九年に武装組織「モロ民族解放戦線（MNLF）」が武力闘争を開始、これを制圧しようとするフィリピン政府との間で本格的な武力紛争が始まった。

以後、和平への試みは何度も繰り返されたが、武装勢力間の衝突やフィリピン政府の方針転換もあり、平和はなかなか定着しなかった。二〇一四年になってようやく武装勢力の中心的組織となった「モロ・イスラム解放戦線（MILF）」とフィリピン政府との間で「バンサモロ包括和平合意」が締結され、平和への希望が見えてきた。

しかし、和平合意を基にして高度な自治権を持つ地方政府を成立させるための法律（当時「バンサモロ基本法」と呼ばれた）のフィリピン国会での審議がなかなか進まなかった。その過程で、イスラム勢力には過激派に同調する青年が増え、昨年のマラウイでの武力衝突の一因になったともみられる。「バンサモロ組織法」という基本法の成立は、将来への希望をつなぐ成果なのである。

この紛争に関して国際社会が無関心だったわけではない。困難なミンダナオ和平がここまで進むには国際社会の関与もまた重要であったし、あまり知られていないが、実は日本も大きな役割を果たしてきた。

国際社会の関与は、二〇〇一年にフィリピン政府とMILFの間で「トリポリ協定」が結ばれて本格化した。翌年、小泉首相はフィリピンを訪れ、和平プロセスへの日本の支援を表明した。〇四年には、マレーシアなど各国の軍人が参加するミンダナオ国際監視団（IMT）が設立された。

〇六年にフィリピンを訪れた麻生外相は、さらなる支援パッケージと、IMTに文民を派遣する方針を表明した。以後、ＩＭＴに国際協力機構（ＪＩＣＡ）の職員が継続的に派遣され、ＭＩＬＦ指導部との間で信頼関係を築いてきた。同年に安倍首相がフィリピン訪問時に、支援策「日本バンサモロ復興開発イニシアティブ（Ｊ－ＢＩＲＤ）」を発表し、以後、この事業をＪＩＣＡが実施してきた。

だが、〇九年に再び対立が激化した。収拾のために「国際コンタクト・グループ」が設立され、フィリピン政府とＭＩＬＦの交渉にオブザーバーとして参加することになった。日本はこれにも加わった。

一〇年夏、大統領に就任したベニグノ・アキノ氏は、和平プロセス促進に意欲をみせ、トップ会談による和平実現を図った。一一年夏、フィリピン政府とＭＩＬＦ双方から日本政府に要請があり、成田空港付近のホテルでアキノ氏とムラドＭＩＬＦ議長の秘密会談が実現した。後にアキノ氏は、この会談をきっかけに和平プロセスが進み始めたと評価した。

両当事者が秘密会談の場所の斡旋をあえて日本政府に依頼したのは、日本の支援を両者が高く評価していたからだろう。ＪＩＣＡ職員や日本の外交官が真剣な現地活動を通じて、フィリピン側の信頼を得た成果である。途上国の平和と安定の成否は、関係国の経済支援と密接に関連する。

一二年四月にＪＩＣＡ理事長に就任した私は、和平プロセスの促進に本気で取り組む意志を伝えようと考えた。最初の外国訪問先にフィリピンを選び、ミンダナオのＭＩＬＦ根拠地「キャンプ・ダラパナン」を訪れた。そこで、Ｊ－ＢＩＲＤプロジェクトの着実な実施を申し出るとともに、和平が達成されればさらなる支援も可能だと語った。このとき、アキノ氏へのＭＩＬＦ幹部の期待がきわめて高いことがわかり、マニラに戻って大統領に先方の期待が大きいことを伝え、和平への尽力をお願いした。

こうした経緯もあり、一四年春にようやく包括和平合意が締結されたときは、個人的にも大変うれしかった。だが、その後バンサモロ基本法の審議は停滞し、一五年一月にはママサパノで武力衝突が起き、失望した。同年秋のＪＩＣＡ退任時に最も気がかりだった事業の一つが、ミンダナオの和平プロセスであった。

今回のバンサモロ組織法の成立によって、自治政府設立への動きがいよいよ本格化する。来年一月二十一日にバンサモロ自治区の範囲を決める住民投票が行われ、引き続き「移行政府」が設置される見通しだ。そして二二年の総選挙実施を経て本格的な地方政府が設立される予定である。移行政府がどれだけうまく地域を統治するかが今後の平和にとって決定的に重要になる。

再び戦争が起きるかもしれないという懸念が生まれるようなら、過激派の勢力がまたしても増大してしまう可能性もある。

紛争地帯だったミンダナオはフィリピンのなかでもとくに開発の遅れた地域だ。日本政府とＪＩＣＡは、フィリピン政府と緊密に調整しつつ、日本の持ち味である現地ニーズに合致した、きめ細かな支援を全力で継続してほしいものである。

ソフトパワーと芸術

『NACT Review』no.5、二〇一八年十二月十四日

いまから二〇年近く前に『ワード・ポリティクス――グローバリゼーションの中の日本外交』(筑摩書房)という本を書いた。そこでは、軍事力によるパワー・ポリティクスや経済力によるマネー・ポリティクスとならんで、外交において言葉によるワード・ポリティクス(言力政治)が重要になっていると主張した。

当時、すでにハーバード大学のジョセフ・ナイ教授が提唱していたソフトパワーという概念も有名であって、私の言うワード・ポリティクスもソフトパワーが重要な役割を果たす国際政治なのであるとその本でも指摘した。しかし、あらためて考えてみると、ワード・ポリティクスで私が「言力」といったものと、ソフトパワーは同じかという疑問を持つようになった。

私が「言力」と言ったときのパワーは、かつてE・H・カーが「意見を支配する力」といった概念とほぼ同じで、日本語で通常「説得力」というものである。それに対してナイは、相手を「魅了する」力も大事であるといっている。

私は、この「魅了する」力をどのように権力論に入れることができるのか、なかなかわからなかった。もちろん「魅了する」力が存在することは当然だと思っていたのであるが、どのように

分析的に概念化できるのかわからなかった。その意味でいえば、ナイ自身の解説についても、事例が列挙されているだけで、十分分析的でないように思えた。

その後、ジョン・サールの言語行為論や社会構築論を読んでみて、彼の言語行為論を権力論と結びつけられるのではないかと思うようになった。つまり彼は、言語行為は①陳述、②要求、③約束、④表出、⑤宣言の五種類に分けられると言っている。陳述は、現実に合致するような言葉を使う行為（「地球は丸い」）。要求は、相手に現実を変えさせる行為（「核兵器を廃絶せよ」）。約束は、自分の将来の行為をあらかじめ言明する行為（「攻撃するぞ」）。表出は、自分の内面の状態を相手に伝える行為（「反省しています」）。宣言は、社会的現実を生成・変更する行為（「外務大臣に任命します」）である。

サールは、これらの行為を「言語行為」と言っているが、私は、これらはすべて「シンボル行為」というかたちで一般化できるのではないかと考えた。物理法則にのっとって行われる物理行為と対比される意味でのシンボル行為一般の分類としても使えると思ったのである。

このように考えると、ハードパワーの行使とは、物理行為そのもの（軍事力の行使やモノの生産や移転）であるか、物理行為の約束と組み合わせた「要求」ということで整理できる。「核兵器を廃絶せよ。しなければ、経済制裁をするぞ」というのは、「核兵器を廃絶せよ」という要求に「経済制裁をするぞ」という約束を組み合わせた言語行為ということになる。

とするとソフトパワーはどうなるか。第一のソフトパワーは「宣言」である。「宣言」は、その行為を行うだけで社会的現実を生成したり消滅させたりすることができる言語行為である。社長は、物理行為に頼ることなく社員を昇進させたり解雇したりすることができる。ただし、「宣言」が行われうるためには、「権限」の体系という制度が成立している必要がある。つまり社長という役割を担っている人が「君はクビだ」というから、社員は解雇されるわけであって、通りすがりの人が「君はクビだ」といっても、何の意味もない。

第二のソフトパワーは、やはり権限をともなう「要求」である。司令官が「撃て」というようなケースである。これも宣言と同様に、ちゃんとした権限がないと効果は生じない。

第三のソフトパワーは、「説得」であって、これは要求に陳述を組み合わせることで効果を生むパワーである。「あぶないですから席を立たないでください」というような言明である。この行為が効果をもつためには、陳述が正しいと認識されなければならない。

第四のソフトパワーは、「共感」であって、要求に表出を組み合わせて効果を生むパワーである。「そんなことをしたら悲しいから、しないでください」というような言明である。この行為が効果を持つためには、自分の表出に対して相手が共感していることが前提となる。赤の他人が突然「悲しい」と言っても、共感は得られない場合が多いであろう。

このようなシンボル行為の分類にもとづくパワーの分類は、二〇〇九年に刊行した『ポスト・クライシスの世界』（日本経済新聞出版社）で行ったものである。しかし、この分類だとナイが言う「魅了する」力がどうもうまく位置づけられないと思うようになった。表出に対する共感で、ある程度表せるかとも思ったが、人びとを魅了する音楽家や画家は、必ずしも自らの内面を表出しているだけではないのではないか。

このように考えて見たとき、サールが言語行為には五つの種類しかないといったその断定が不十分なのではないかと思えてきた。とくに言語行為としてとらえるのでなくシンボル行為として分類しなおすとすれば、第六の分類として「芸術」という行為を考えるべきだと思い立った。表出が自分の内面を直接に表す行為だとすれば、芸術は、他者の内面に直接インパクトを与えるシンボル行為であると言えるのではないかと思うようになった。

芸術は、現実を正確に記述する陳述でもなく、他者への要求でもなく、他者への約束でも、宣言でもない。そして、単なる表出でもないシンボル行為である。要求と芸術を組み合わせるなどというのは野暮の極みであると言われるかもしれないが、「歌を歌ってあげるから言うことを聞きなさい」という親から子供への言葉は、芸術が持つパワーのプロトタイプである。

この芸術というシンボル行為をうまく行える存在、芸術を体現するシンボル構築物が数多く存在する場所、ここに「魅了する」力が存在する。すばらしい美術館が数多く存在する国、感動するコンサートが頻繁に行われる国、こういう国はソフトパワーが存在するのである。今頃になって、芸術も大事な行為であるということに気がつくとはなんと間抜けな権力論なのであったのだろう。

3 サミット外交

アジア外交の季節

『読売新聞』二〇一五年十月二十五日

例年、晩秋はアジア外交の季節である。十一月一日に予定されている日中韓首脳会談を手始めに、アジア太平洋経済協力会議（APEC）首脳会議、東南アジア諸国連合と日中韓三ヵ国（ASEANプラス3）首脳会議、東アジア首脳会議などと、重要な多国間会議が相次いで開かれる。

安倍政権は、戦後七〇年談話で歴史認識問題を沈静化させ、安全保障関連法の成立で安全保障の基盤を固め、環太平洋パートナーシップ協定（TPP）大筋合意も実現した。安倍首相は、日本のアジア外交を大きく前進させる条件を整えたのである。

振り返れば、過去一五年ほどの間、日本外交は三つの大きな課題をどう同時に達成するかという難問をめぐり、ストップ・アンド・ゴーを繰り返してきた。三つとは、日米関係をいかに安定・強化させるか、歴史認識問題を含む中国・韓国との関係をどのように安定させるか、そして、日本経済にとって決定的に重要なアジアの地域協力をいかに進めるかという課題である。

かつて小泉政権は、日米関係を強化することに成功し、ASEANと日本とで「共に歩み共に進むコミュニティー」を作ろうと提唱した。しかし、小泉首相の度重なる靖国参拝とこれに対する中国の反発の結果、日中関係は悪化し、また日朝交渉の行き詰まりもあり、自らの「東アジア共同体」構想を肉付けすることはできなかった。

第一次安倍政権から、福田、麻生と続く自民党の短期政権の時代は、外交面でいえば、この三つの課題をそれなりに処理して、積極的な方向性が見え始めた時期であった。

しかし、この三つの政権は、いずれも国会のねじれ現象に苦しみ、長期的な外交を進める以前に退陣せざるをえなかった。

政権交代で登場した鳩山首相は、アジアの地域協力を進めるためと称して「東アジア共同体」を唱えた。しかし、アジアの地域協力と日米関係を対立するものであるかのように扱い、また沖縄問題の処理を誤り、アジアにおける地域協力の推進についてすらリーダーシップをとれなかった。

東日本大震災の対応に追われた菅政権を継いだ野田政権は、日米関係を重視する姿勢を示した。

しかし、「尖閣国有化」に端を発する日中関係の悪化に加えて、慰安婦問題への再度の対処を求めて竹島問題でも強硬姿勢をとる韓国との関係も悪化し、より広範なアジア政策を展開するまでに至らなかった。

二〇一二年末に発足した第二次安倍政権は、当初から日米関係の強化とアジアの地域協力を重視する姿勢を示した。首相自ら東南アジア諸国を歴訪し、TPPへの参加も決め、日米双方による抑止力強化のために集団的自衛権の行使が可能になる憲法解釈を示した閣議決定を行った。

しかし、中国、韓国との関係は、尖閣や歴史認識に関する問題から、なかなか改善しなかった。一三年に安倍首相が靖国神社に参拝すると、中韓両国はさらに反発を強め、首脳会談に応じさえしなくなった。

靖国参拝以後の安倍政権の中韓への対応は、おおむね冷静で適切なものであったと思う。領土が関係する問題で安易な妥協をすべきではないし、慰安婦問題についても法的になしうる範囲での道を模索するしかない。歴史認識に関して、中国や韓国の国民の多くに納得してもらえる道を探るにしても、日本国民のなかに大きな亀裂を生むことは避けなければならない。

対話の道は常にオープンだと言いつつ、両国における関係改善の必要性の認識が高まるのを待つという方向性は正しかった。戦後七〇年の談話は、誰をも満足させないものであったと言われたが、それは当然のことだ。不満は残るものの誰にも大不満が残らないことが大事なのであった。

結果として、一二年以来開催されていなかった日中韓サミットが十一月に韓国で開かれ、これと同時に日韓首脳会談も日中首脳会談も実現する見通しだ。ようやくいま、日本のアジア外交を積極的に促進できる三条件が整いつつあることを歓迎したい。言うまでもなく、日中、日韓の二国間の問題を適切に処理していくことは重要だ。しかし、より重視すべきは日中韓サミット本体だと思う。

そもそも日中韓の首脳が会合するようになったのは、一九九九年のASEANプラス3サミットに際して、小渕首相が金大中・韓国大統領と朱鎔基・中国首相に呼びかけて非公式の朝食会を持ったのが始まりであった。

その後、二〇〇三年には「日中韓三国間協力の促進に関する共同宣言」に合意し、〇八年には、ASEANプラス3の首脳会議とは独立した日中韓サミットになり、一一年には、日中韓協力事務局が設立された。ところが、その後の日中・日韓関係の悪化にともない、日中韓協力の報道も少なくなり、また実際に協力事業も停滞した。

とはいえ、日中韓協力の意義は、いささかも小さくなっていない。第一に、地理的に近接する三国間には、二国間関係を超える共通の課題が数多く存在する。微小粒子状物質（PM2・5）が代表的で、環境問題は、三国にとって人ごとではない。安全保障面でも、日中韓関係を促進することは、北朝鮮問題への対処で有利な条件となるであろう。

第二に、日中韓が世界経済やアジア経済に与える意味である。三ヵ国の国内総生産（GDP）合計は、世界全体の約二割を占め、アメリカをわずかに下回るだけであり、ASEAN一〇ヵ国合計の六倍を超える規模である。中韓がいずれTPPに加盟すれば、世界経済の自由化にさらに弾みがつく。交渉が続いている日中韓自由貿易協定（FTA）の合意に向けた努力を加速するべきだ。

第三に、日中韓協力の政治的効用である。日中韓の間には、当然のことながら、異なる利益や見解が存在する。したがって、国際社会のなかで対立が生じてきたことは事実である。しかし、三ヵ国の利害が常に対立しているわけではない。

それにもかかわらず、近年の政治対立の結果、国によっては日本と中国、あるいは日本と韓国を競わせることによって自らの利益をあげようとする誘因が生じている。日中韓の利益が一致するような協力事業も積極的に行いたくないという傾向が、各国の内部に発生していることも懸念材料といえる。

安倍首相は、日中、日韓の二国間関係の改善を図るとともに、日中韓の枠組みを最大限に活かし、APECサミット、ASEANプラス3サミット、東アジアサミットに向け日本のリーダーシップを発揮してもらいたい。

『日本経済新聞』二〇一六年一月六日

三つの不安定要因

二〇一六年の世界を国際政治の観点からみると、第一にロシアや中国など地政学的軍事行動をとる可能性のある国々の問題、第二に過激派組織「イスラム国」(IS)など過激思想による超域的テロの問題、そして第三にISなどのテロ組織を現に呼び込み、あるいは呼び込みかねない脆弱地域の問題、という三つが大きな不安定要因である。

地政学的軍事行動は十九世紀から二十世紀にかけては、国際政治における通常の行動であり、国境紛争や自民族保護、その他権益確保のために各国は軍事行動をとった。だが二十世紀後半から二十一世紀にかけて民主主義国家間ではほぼなくなり、冷戦終結後はイラクのクウェート侵攻以後、他の国々も行わなくなった。

しかし〇八年、ロシアはジョージア(グルジア)政府軍が南オセチアに先制攻撃したのを機に、ジョージアを攻撃、以後南オセチアとアブハジアを国家承認し自らの勢力下に置いた。さらに一四年春、軍事的圧力をかけつつクリミアをロシアに編入した。ウクライナ東部でのロシア系住民の保護のためと称して現在も事実上の軍事介入を続けている。

一五年十一月のトルコによるロシア軍機撃墜以後、両国は地政学的なにらみ合いを続けている。ロシアほど露骨ではないにしても、中国の東シナ海や最近の南シナ海における行動は、軍事行動の準備的な地政学的行動と言ってよい。

一五年十月以降起きたロシア民間機の墜落、パリの同時テロ、米カリフォルニアでの銃撃事件は、ISに関連するテロが直接・間接の指揮系統のもとで、あるいは同調者による自発的攻撃により展開されることを示した。インターネットをはじめ情報のグローバル化により、イスラム原理主義の教義の宣伝流布が驚くべきほどの速度と効果をもって超域的に拡散している。今後新たな過激思想による運動やさまざまな過激グループの競争によるテロ競争もありうる。

こうしたネットワーク型のテロ活動を展開するうえでISが、国際テロ組織アルカイダなどよりも効果的に同調者を拡大してきた要因としては領土を持ったことがある。領土を持つことは敵対者に目標を明示することであり不利な面もあるが、同調者を増やし、実行犯を訓練し、その存在を印象づけるには効果的だ。ネット上だけでない現実の「聖地」の存在は、別々に行動する世界中の同調者に一体感を生み出し、イデオロギー運動によりどころを与える。

そして現在の世界にとって第三の問題点は、ISのような組織に乗っ取られかねない地域が世界に数多く存在していることだ。現在ISが支配している地域は、シリア内戦、そしてイラクにおける統治能力欠如により作り出された、パワーの真空地帯である。図Ⅲ－2で示したように、国家機能が著しく低い「脆弱国」は、中央アジアから中東を経て、サブサハラ地域に数多く存在する。

アフガニスタン、イエメン、リビアなどの国々の一部にはすでにISが展開している。そうでない国々も、政権の正統性を高め統治能力を向上させなければ、ISやその他のテロネットワークの根拠地となりかねない。これら脆弱国は内戦直後であったり、著しい貧困に悩む国であったりする。したがって、これらの国々への支援は人道的にも必要なことだが、世界の他地域の安全保障にも直結していることを認識する必要がある。

地政学的軍事行動、超域的テロ、そして脆弱地域という三つの問題は、もちろん最近突然生じた問題ではない。しかし、一六年を迎えるにあたり、いよいよその深刻性を増してきたといってよい。一体どうしたらよいのであろうか。いずれもなかなか単純化できる事象ではないが、一つのアプローチは、これらの問題の背後にある権力・パワーのあり方に着目することである。

地政学的軍事行動の背景には、大国のパワーの変化、とりわけ上昇がある。あまり注目されていないが、ロシアの実質国内総生産（GDP）は、一九八九年から低下を続け、九八年には八九年の半分程度になったが、その後反転し〇七年には八九年の水準を回復した。ロシアがジョージアを攻めた二〇〇八年は、近年かつてないパワーの増大をロシア人が実感していた年なのである。

中国の経済成長が著しいことは誰でも知っており、とりわけ中国人はそうである。もち

図Ⅲ-2　中東・アフリカに広がる脆弱国

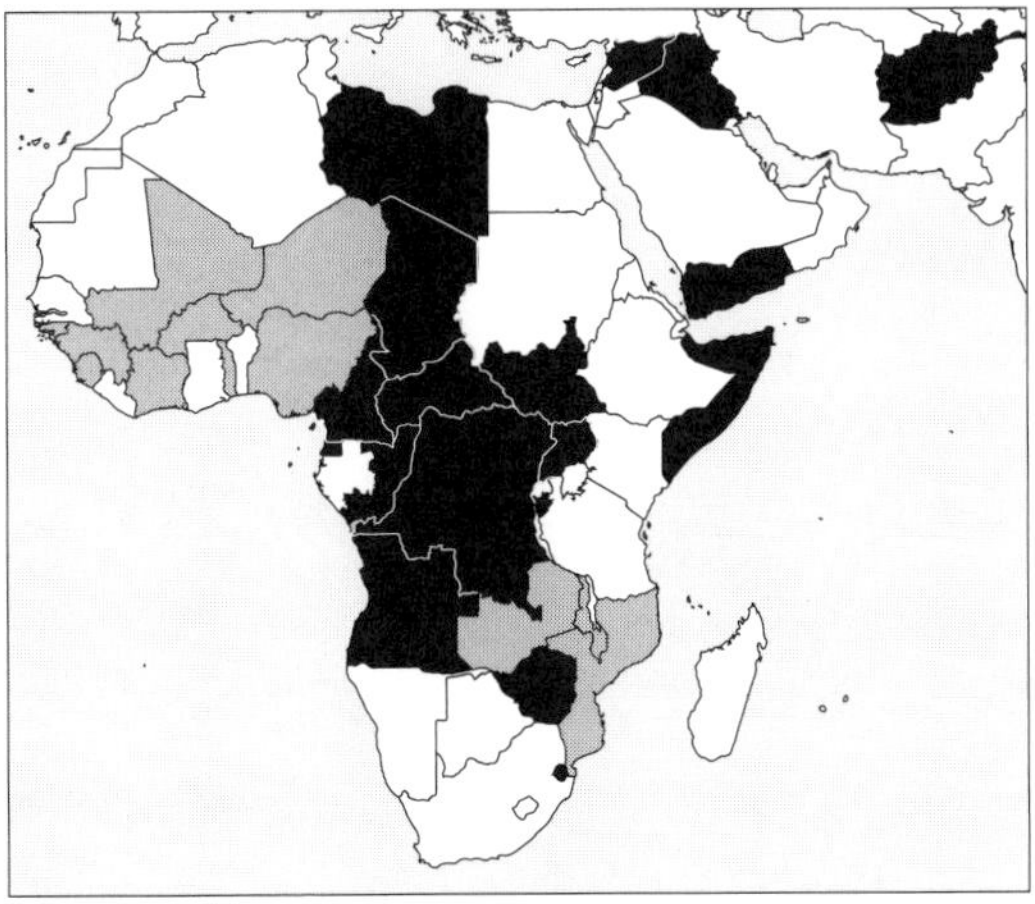

■ 平均余命60歳未満で政治体制の自由がない国と内戦状態の国
■ 平均余命60歳未満で政治体制の自由が一部制限されている国

ろんパワーの増大が必然的に軍事行動に結びつくわけではない。多くの民主主義国では、経済成長があったからといって軍事行動をとるわけではない。しかし、権威主義的な体制のもとでナショナリスティックな世論の存在する国では、適切な抑止により行動が制約されない限り、軍事行動やその他の実力行動に出る可能性が存在するのである。

〇八年のジョージアも一四年のウクライナも、欧米諸国には軍事的にこれらを守る意図も能力もなかった。そのなかで、ジョージアやウクライナは、欧米が支援してくれるかもしれないとの幻想を抱いてロシアを挑発した。これをロシアは軍事力で打倒した。国際法的にロシアの行為は正当化できないが、ジョージアやウクライナの挑発を許した欧米の側にもパワーに関するリアリズムの欠如があった。

超域的なテロ活動の存在は現代世界におけるパワーが国家以外の主体に拡散していることを示している。情報の流通が容易になった現代のネット社会におけるこの種のパワーに対して、少なくとも二通りの対策が必要である。第一は、テロネットワークのコミュニケーションの監視であり、これによるテロの実行を阻止することである。第二は、テロネットワークの宣伝活動への対抗措置である。

いずれも大変困難な課題だが、各国語で展開されるコミュニケーションを監視するだけでなく、各国語で展開されている宣伝を把握し、適切な対抗措置をとらねばならない。現在国際的に進められているテロ対策を格段に強化する国際協力が必要であろう。

前述したように、ISが領域を保持していることは、ISの同調者確保に有利に働いている。したがって、ISをシリア・イラクから駆逐することはきわめて重要だ。しかし、ネットワーク型のパワーの拡散という観点からすれば、それは出発点にすぎない。

パワーの観点からすれば、脆弱地域とは統治能力というパワーが存在しない地域のことである。ここでは何としても機能する国家を作っていかねばならない。「言うは易く行うは難い」難題である。しかし脆弱地域を縮小することなしには、ますますISは勢力を広める。仮にISをシリア・イラクから駆逐しても、またどこかに根拠地ができてしまう。この点でも国際協力が必要である。

第二、第三の問題を処理するためには、地政学的軍事行動をとるかもしれない国々とも連携する必要がある。有力国間の協力なしにパワーの拡散とパワーの真空には対処できないからだ。日本は一六年、主要七ヵ国（G７）議長国であり、国連安全保障理事会の非常任理事国である。地政学的軍事行動を抑止しつつ、テロや脆弱国対策のための国際協力に向けて知恵を出していく役回りが期待されている。

G7サミット

『国際問題』二〇一六年五月号

日本がG7サミット（主要七ヵ国首脳会議）のホストを務める二〇一六年の世界には、いったいどのような特徴があるだろうか。

経済面で言えば、不確定性の高まりがその一つの特徴であろう。中国経済の減速が明らかになり、その影響を受けて、石油をはじめとする資源価格が下落し、これが資源輸出に依存している国々の低成長につながっている。また、中国への貿易依存が大きい国々もまた、影響を受けざるをえない。ヨーロッパ経済も、ギリシャの危機をなんとか乗り越えたものの、継続的に低成長である。IMF（国際通貨基金）は、二〇一五年四月には、二〇一六年の世界全体の経済成長率を三・八％と予測していたが、同年十月には三・六％、二〇一六年一月には三・四％、そして四月には三・二％に引き下げた。アメリカ経済自体は好調といってよいが、連邦準備理事会は利上げを継続的に行うことにはなかなか慎重にならざるをえないようである。新興国経済への負の影響が懸念されるからである。日本もアベノミクスの開始以来、経済は上向いてきているが、力強い成長路線に乗っているわけではない。日銀によるマイナス金利の導入も目立った効果を上げているようにはみえない。

安全保障面に目を転じると、二つの大きな課題が明らかになりつつある。一つは、シリア内戦と「イスラム国」（ＩＳ）の登場に典型的に示されるような、テロと難民と内戦という非国家・脱国家的な安全保障問題の巨大化である。二〇一〇年くらいまでは、内戦やテロによる犠牲者は低下傾向にあったが、シリア内戦の激化にともない犠牲者数は増加の勢いを増している。また国内避難民を含む難民もかつてないほどの数に上っている。イラク内では、ＩＳの支配地域は減少しているものの、リビアなどの他の地域への影響が出ている。さらに他の過激主義の勢力（アル・シャバーブ、ボコ・ハラムなど）も各地で活動している。短期の対策に加えて、このような勢力に活動拠点を与える「脆弱国」をどのようにして減少させていくかは、長期的にはきわめて重要な課題である。

安全保障に関係する第二の課題は、北朝鮮、ロシア、中国などにみられる軍事・準軍事的行動である。北朝鮮の核兵器・ミサイル開発、ロシアのクリミア併合・ウクライナへの軍事的圧迫、中国の南シナ海での軍事的意味合いの強い単独行動は、それぞれの背景は異なるものの、国際法秩序を脅かし国家間軍事対立を生み出しかねない危険性をもっている。

つまり、経済・安全保障両面からみて、二〇一六年は、並々ならない課題を抱えた年だと言えそうである。もっとも、国際社会として積極的な展開が生まれていないわけではない。とりわけ重要な展開は、二〇一五年九月に国際連合で今後二〇三〇年にかけての「持続可能な開発のための２０３０アジェンダ」が全会一致で承認され、一七の「持続可能な開発目標」（ＳＤＧｓ）とそのための一六九のターゲットが決まったことであり、同年十二月には、国連気候変動枠組み条約のCOP21（第二一回締約国会議）で「パリ協定」が合意されたことである。開発と環境という困難な課題に対して、国際社会として合意が成立した意味は大きい。

＊

このような世界情勢のなかで、伊勢志摩サミットが開催されるわけだが、ホストとしての日本は何を重視すべきであろうか。この点を考えるために、まず現在の世界における日本の立ち位置を確認しておくことが必要であろう。

第一に、日本外交の基盤がこれまでにないほど強化されていることが指摘できる。日本がG7／G8サミットのホストを務めたのは、一九七九年、一九八六年、一九九三年、二〇〇〇年、二〇〇八年と過去に五回あるが、このなかで、一九八六年の中曽根康弘内閣時の東京サミットを除くと、他のサミットは、すべていつ内閣が崩壊してもおかしくないような内政状況で開催されたサミットだった。これにくらべると、現在の安倍晋三政権は、発足以来四年目に入り、その政権基盤は格段に強い。また、これまでの日本の首相の多くが、サミット参加初経験であったのにくらべ、安倍総理は今回で五回目になる。外相サミットに参加する岸田文雄外務大臣にしても、他のサミット参加国の外相とくらべても最長の在任期間を誇っている。安倍総理の世界各国首脳との会談数は、空前の回数に上っており、サミット参加の他の首脳とくらべても、世界情勢を個人的体験をもとに縦横に語る準備ができていると思う。

第二に、日本自身が抱える外交的弱点がほとんどないということも特徴的である。この点については、中国と韓国との政治的対立を安倍政権がおおむね解消させたことが大きい。中国との間で、二〇一四年後半に尖閣をめぐる問題に政治的合意を実現し、そして何よりも昨年末、韓国との間で慰安婦問題に関する合意を実現したことが大きい。日本自身が二国間外交問題でトラブルを抱えていないということは、サミットやその他の多国間外交で力を振るいやすくなる条件である。

第三に、日本はこれまでもG7／G8サミットで、国際社会全体に役立つような提案をしばしば行ってきたという実績がある。二〇〇〇年の九州・沖縄サミットで、日本は途上国の感染症対策に追加的資金が必要であることを主張し、これを契機に二〇〇二年にHIV／エイズ、結核、マラリアの流行制圧を目指すグローバルファンド（世界エイズ・結核・マラリア対策基金）が設立された。このファンドのおかげで、一七〇〇万人もの命が救われたという。日本がG7／G8サミットに、アジアの声を反映させるよう努めてきたことはよく知られているが、それに加えて、二〇〇〇年の九州・沖縄サミットでは、アフリカの首脳を東京に呼び、さらに二〇〇八年のサミットでは、直前に行われた第四回アフリカ開発会議（TICADⅣ）を受けて、アフリカの開発へ世界の関心を向けることに努めた。

もちろん、日本が直接的な軍事行動がとれないことは、シリア内戦やIS対策についてみたとき制約と言えないこともない。しかし、暫定的とはいえ、シリアでの停戦が継続していけば、人道支援や開発協力の面では、これまでも日本の実績は大きい。国連難民高等弁務官事務所（UNHCR）への拠出は、予算制約の厳しくなった現在でも世界第四位である。また、ヨルダン、イラク、トルコ、レバノンなどの紛争周辺国へのJICA（国際協力機構）による開発協力も、それぞれの国の内政安定化、難民ホストコミュニティー支援など相当規模に上っている。

＊

つまり、G7サミットのホストとして、日本はきわめて積極的な役割を果たしうる位置に立っている。かつて日本の指導者にとってG7サミットは、オリンピックと同じように「参加することに意義がある」などと戯画的に言われることもあったが、伊勢志摩サミットは、世界的課題に対して日本がいかに指導力を発揮できるかが問われるサミットとなったのだと言えよう。具体的には、どうすべきか。

第一に、世界的課題の整理である。言うまでもなく、サミットは、首脳同士の忌憚ない会話を通じて、世界的課題の解決策を率直に語り合う場である。その観点からすれば嘆かわしいと言われることもあるが、近年のG7サミットは、同時に行われる各種の大臣会合での成果文書にも表れているように、世界的課題に関するアジェンダセッティングの場でもある。ホストに求められる一つの重要な機能は、この巨大なアジェンダセッティングの事務局を効果的に務めることである。とくに今年は、G7サミットの直前にイスタンブールで世界人道サミットが開催されるわけで、これとの関連づけも重要な任務である。SDGsが合意されたことは国際社会として画期的な成果であるが、その効果的な実行には課題が多い。目標が一七、ターゲットが一六九もあり、お世辞にも十分な構造化がなされているとは言えない。実施プロセスを進めるにあたっての問題の提起もしていかなければならない。

第二に、このようにしてでき上がるであろう膨大なアジェンダのなかから、首脳レベルがとくに取り上げるべき課題について、ホストとしての安倍総理が何を強調すべきかを準備しておかなければならない。シリア内戦やIS、テロ、難民問題については、短期の対策に加えて、構造的解決策の提示をしていかなければならない。ややもすれば人道支援のみに傾きがちな議論を、人道支援と開発協力をうまく組み合わせるという方向に議論を導く必要がある。また、ロシアや中国、さらには北朝鮮の軍事的・準軍事的行動のはらむ問題点について、とりわけヨーロッパの首脳に十分な関心をもたせる必要がある。とくに、ヨーロッパがアジアの問題を経済の視点のみから考えるという傾向を是正させなければならない。

第三に、日本として今回のサミットにおける目玉とも言うべき提案をどうするかである。今回は、八月末に、ケニアでTICADⅥが開催される予定であり、アフリカ支援は、二〇〇八年とならんで日本提案として重要であろう。資源価格低下という状況下で、いかにアフリカの成長を持続させるか。インフラや農業、教育とならんで、科学技術の推進も重要な提案になろう。保健は、G7サミットにおいては、日本のお家芸とも言うべき分野になってきている。感染症に加えて、より構造的な保健衛生システムの構築に日本から知恵と経験を提供し、国際的な資金の動員に向けた提案を行っていけるのではないか。安倍総理が、国連の場でとりわけ強調してきたのが女性の活躍である。日本自身にも突きつけられた課題として、サミットを利用して、日本国内へのメッセージとしても強調すべきであろう。

世界的な課題は、ますます困難の度合いを強めている。そのなかで、日本外交の基盤はかつてないほど強い。是非、国際社会の方向性を明確に打ち出すためリーダーシップを振るうべきであろう。

サミット外交と三圏域

『外交』二〇一六年七月号

国際社会の難題が多いなか、日本外交の基盤はかつてないほど強い。これが、G7サミット、そして参議院選挙を受けての現状である。イギリスでEU離脱を求める国民投票が行われ、これまで続いてきたヨーロッパ統合の将来に強い不確定性が生まれている。また、バングラデシュでは、日本人七人を含む多数の人びとがテロの犠牲になった。さらに七月十二日には、国連海洋法条約にもとづく仲裁裁判所が、南シナ海における中国の領有権主張の根拠となる考え方を全面的に退ける判決をくだした。中国は、この判決を無効と主張し、かえって実効支配を強めるための動きを見せている。アメリカ大統領選挙では、共和党候補のトランプ氏の言動が、今後のアメリカの世界政策への不安感を強めさせている。先進民主主義国の動揺、ロシアや中国などの地政学的パワー・ポリティクスの台頭、そしてテロの頻発に見られる国際秩序への挑戦など、世界はこれまでにない難題を抱えている。

一方で、日本には、近年稀にみる安定政権が誕生した。参議院議員選挙の結果、安倍政権は、衆議院での三分の二以上の過半数に加え参議院でも安定過半数を確保した。第二次安倍政権誕生前の六年間、毎年首相が交代せざるをえなかった時期とはまったく様変わりとなった。また、安定した内政に加え、安倍政権がこれまでに外交面での弱みとなるような問題を着実に解決してきたことも注目すべきである。一時ギクシャクした日米関係は、G7サミット直後のオバマ大統領の広島訪問に示されるようにきわめて安定している。韓国とも慰安婦問題で合意を成立させ、穏当な戦後七〇年談話を出すことで「歴史問題」にも落ち着きをもたらした。後で述べるように中国との関係は日本外交にとっての最大の問題ではあり続けるが、それにしても、尖閣諸島の問題についても、二〇一四年には一定の合意をとりつけた。

安倍外交は大きく進展した

さらに外交を進めるための制度整備も進んだ。安全保障関連法制の整備によって、集団的自衛権の限定的行使が認められたことも重要だが、それ以外にもさまざまな法的な隙間が埋められたことが注目されるべきである。国家安全保障会議が設置され、国家安全保障局のサポートのもとで実質的な政策決定が官邸中心に行われるようになったことも画期的である。

このように近隣との外交的課題を片づけ、実効的な政策決定のための制度整備が進むなか、より積極的な外交も実現しつつある。安倍首相ほど世界中を飛び回り各国首脳との関係構築に努めてきた首相はこれまでにいない。G7伊勢志摩サミットも、少なくとも二つの点で、大きな成功であった。第一は、日本が重視する外交課題について、他のサミット参加国首脳から理解が得られたことである。ややもすれば経済的観点のみからアジアの問題を見る傾向のあるヨーロッパの首脳に、南シナ海の問題が重要であることを認識させたことは、外交的な成果であった。また、日露関係については、領土問題という日本独自の問題があり、したがって日本がロシアとも最高レベルで接触を続ける必要のあることに対して理解を得たことも大きい。

第二に、メディアではあまり大きく取り上げられていないが、国際社会に対して、日本が重要だと考える問題提起をしていったことも長期的な外交成果である。かつて九州・沖縄サミット(二〇〇〇年)で、日本は感染症対策を初めてサミットの主要議題として提示し、「世界エイズ・結核・マラリア対策基金」の設立につながった。この基金の活動の結果、一七〇〇万人の感染症患者の命が救われたといわれる。今回も、日本は保健分野で積極的な提案を行い、G7サミットの議題として初めて、国民健康保険の制度を充実させるなどのユニバーサル・ヘルス・カバレッジの重要性を指摘した。感染症対策に加え、基礎的な保健システムや制度を充実させることが「人間の安全保障」の観点からも重要であるとの日本年来の主張を続けたことは、地道な話であるが、これもサミット外交の成果である。

EU離脱、南シナ海……分裂する国際政治の圏域

それにもかかわらず、現在、世界が直面している問題は簡単ではない。今後の日本外交はいかなる進路をとるべきだろうか。まず、世界の抱える問題をおおまかにでも整理しなければならない。

筆者は二〇年前に書いた本(『新しい中世』)で、先進民主主義国からなる国々の間での国際政治(新中世圏)、近代化途上の国々の国際政治(近代圏)、そして近代国家が形成できない脆弱な地域の政治(混沌圏)の三つを区別して考える必要性のあることを論じた。現在のBREXIT(英国のEU離脱)、南シナ海問題、テロの頻発という三つの現象は、まさにこの三つのタイプの政治の典型ではないかと思う。一つ一つ考えてみたい。

先進民主主義諸国では、国家間戦争がほとんど考えられなくなるなか、旧来の国家の枠組みが相対化され、国境を越える市場統合が進み、EUに典型的に見られるようにかつて主権に属するといわれた事項を地域組織に移譲させる動きが起こる一方、国家の内部で、地方独自の分権的動きや民間団体に国家機能をゆだねる動きが起こっている。近代国家は、上にも下にも引き裂かれ

かねない状況になっている。このなかで、主権者としての人びとは、一体、どこに自らの主権領域があるのか戸惑うのは当然であろう。スコットランド独立とEU離脱について英国民が意思表示を迫られたのは、まさにこのような政治の典型である。

しかしEU離脱の投票の結果、先進民主主義諸国内部の国際政治が極端な方向に動くと想定する必要はない。ヨーロッパが、これで第二次世界大戦以前のような主権国家併存の近代的な体制に戻るわけではないし、国家間戦争の可能性が再び生まれるわけでもない。本当にイギリスがEUから離脱するのかどうかはまだわからないが、いずれにしても確かなことは、今後長期にわたって政治・経済・社会のさまざまな仕組みについての複雑な交渉が展開されることである。ヨーロッパ、連合王国、スコットランドやイングランドという三層の帰属領域にとどまらない複雑な取引を、連合王国に住む人びとは、ヨーロッパの他地域の人びととの間で繰り広げるのであろう。これは、二十一世紀の先進民主主義諸国の政治の「常態」と考えるべきである。

日本外交は「三つの圏域」にどう働きかけるか

このEU離脱とくらべれば、南シナ海問題は、処理の仕方を間違えれば国家間戦争を生み出しかねない問題である。中国は、近代主権国家としての自らを確立することが最優先課題の国家である。「核心的利益」について国家が拘束されることはありえない、そして「核心的利益」のためであれば、軍事力を含む実力でこれを確保する。このような姿勢を持っているようである。しかし、このような古典的国際政治の論理は、ほとんど必然的に古典的国際政治の反応を引き起こさざるをえない。バランス・オブ・パワーである。いまや、南シナ海をめぐって、中国に対抗する勢力が形成されつつある。単にピボットとかリバランシングというアメリカの戦略の話ではない。中国の行動によって、フィリピンもベトナムもアメリカとの関係を強化せざるをえない。ASEAN諸国の一部は、中立的な態度をとるにしても、ますます中国対抗路線は強まっていく。このバランス・オブ・パワーをどう管理していくか、これが、現在の東アジア国際政治の最大の難関である。

テロの頻発は、9・11テロ以来の「テロとの戦い」の新しい局面であろう。幸いなことに、9・11テロのような規模の大規模テロは発生していないが、二〇一二年以降、世界的なテロの頻度は格段に上昇している。グローバル・テロリズム・データベースのデータによれば、テロ事件による死者数も二〇一二年、約一万五〇〇〇人、一三年、約二万二〇〇〇人、一四年、約四万四〇〇〇人、一五年、約三万八〇〇〇人と、劇的に上昇している。シリア内戦と「イスラム国」(IS)の台頭とならんで、中央アジアから中東そしてサブサハラ北部に到る地域での不安定化、さらに先進民主主義諸国内部へのテロ思想の浸透がこの背景にある。

つまり、最近の世界情勢を揺るがした三つの現象は、世界システムの三つの圏域のそれぞれの問題を象徴しているものとみてよい。日本外交は、これらにどのように対応していくべきであろうか。まず、BREXITのような問題は、今後も継続的に発生するが、それほど大騒ぎすることとではないと思う。民主的手続きによって政治・経済・社会の枠組みについて複雑な再調整をしていくということである。このような主権領域に関することについても、民主的手続きで議論が進むということが、先進民主主義国の特徴なのであって、正常なことである。

他方、南シナ海問題に象徴される中国との外交は、日本外交にとっての最優先課題である。望ましいのは、ある程度中国のメンツが立つような形で、中国に方針転換をさせることである。もちろん、中国自身が「方針転換をした」などと言うはずはないので、実質的に方針転換をさせることである。具体的にいえば、暫時、南シナ海における新たな埋め立てとか武器配備の動きを停止させることである。九月にはG20のホストを中国が務め、この直後にASEAN関連の首脳会議が続く。中国にしても、習近平がホストを務めるG20が険悪な雰囲気になるのは避けたいだろうし、その後の東アジア首脳会議で孤立するのも望ましくないであろう。

とすれば、静かな形で中国に対応を変えさせるために外交努力をすべきである。もちろんそのような対応を中国はとらないかもしれない。その場合、日本はアメリカや東南アジア諸国との協力をさらに強め、東シナ海も含めた海洋秩序の維持のための警戒態勢をより強化させるしかないであろう。

世界的なテロに対する万全な決め手はない。国際的な情報共有、入国管理システムや警察能力はより強化していかなければならない。これまでも行っているが、途上国に対するこれらの分野のODAなどは継続・強化すべきであろう。また、「イスラム国」への直接的な軍事作戦で日本のなしうることはない。しかし、イラクをはじめシリア周辺国への支援は、これまでと同様に継続していく必要がある。

より長期的には、日本外交として本格的に「積極的平和主義」を実施していく必要がある。アメリカが大統領選挙、ヨーロッパがイギリスのEU離脱などで、やや内向きになっている現在、先進民主主義国のなかでは、日本は数少ない政権基盤の安定した国である。世界の脆弱地域に対する平和構築のため何をなしうるのか真剣に考えていくべきである。

八月末には、アフリカ開発会議（TICADⅥ）がアフリカのナイロビで開催される。アフリカこそは、成長の可能性と、テロや内戦など脆弱性の交錯する世界政治のフロンティアである。おりしも、自衛隊を派遣している南スーダンは再び内戦の危機を迎えている。PKO、ODA、NGO活動などすべてを活用した平和構築の戦略を立て、仲介・和平工作を含めて平和を生み出す外交活動にも一段とエネルギーを注力すべきであろう。

『読売新聞』二〇一六年十月二日

首脳外交の効用

現代は首脳外交の時代である。過去数週間の安倍首相の動向を見ていれば、そのことは明白である。

八月末にケニアのナイロビで行われた第六回アフリカ開発会議（TICADⅥ）に出席して以降、九月に入るとロシア極東ウラジオストクで行われた「東方経済フォーラム」に出席して、日露首脳会談に臨み、続いて中国杭州での主要二〇ヵ国・地域（G20）首脳会議、さらにラオスで日・ASEAN（東南アジア諸国連合）首脳会議、ASEANプラス3（日中韓）首脳会議、東アジア首脳会議に参加した。九月後半にはニューヨークでの国連総会に臨み、その足でキューバを訪問した。その間、多国間首脳会議の合間に、数えきれないほどの二国間首脳会談をこなしている。

これほど首相が外交の最前線で自ら動き回るということは、かつての日本外交ではなかった。しかし、これは世界的にみれば安倍首相だけの特異な行動ではない。いまや、各国の最高指導者の多くは、次から次に開催される多国間首脳会議に出席し、お互い膝を突き合わせて外交を行っている。安倍首相と韓国の朴槿恵大統領は、ウラジオストクから杭州、そしてラオスでの一連の会議すべてに参加した。たとえは悪いが、一週間の旅行に一緒に参加しているようなものである。

近代の外交の歴史のなかで、このようなことはめったに起きなかった。各国首脳が直接かつ継続的に接触したのは、ウィーン会議とかパリ会議などの大戦争終結の講和を話し合うような何十年に一回あるかどうかという例外的なときだけだった。パリ会議やワシントン会議のような歴史的に例外的な大会議でも、当時の日本の首相は参加していない。毛沢東が中国を代表して多国間国際会議に参加することもなかった。

これに対して、いま、東アジアの首脳は頻繁に多国間会議に出席している。だが、一九九三年のシアトルでのアジア太平洋経済協力会議（ＡＰＥＣ）首脳会議以前には、この地域の首脳が一堂に会するという場はなかったのである。

中国杭州で開かれたG20首脳会議（EPA＝時事）

一体、こうした多国間首脳外交という現象は国際関係にいかなる影響を与えるのだろうか。
実際のところ、国際政治学でこの現象について体系的な研究はまだ十分に行われていない。各国首脳が頻繁に会い続けるのは、一般的には相互理解が深まり、友好関係が増進されると考えてもよいだろう。
しかし、懐疑的な見方も同様に可能であろう。各国の首脳は、それぞれ国家を代表しているのであって、各国の国益を離れたような発言をするわけはない。重要な国際会議に出席するときには、それぞれの官僚機構は全力をあげて発言要領を作り、これに沿って首脳は発言する。
したがって、首脳外交もかつて特命全権大使同士が交渉していたときの外交と本質的には変わらないと言えるのかもしれない。たとえばロシアのプーチン大統領は、主要八ヵ国（G8）サミットへの出席が不可能になるにもかかわらず、先進各国が反対したクリミア編入を断行したではないか、というわけである。

おそらく、首脳間の個人的なコミュニケーションの影響と、従来の国益を反映した外交という両面が存在する。どちらの要因が強く出るかは、なかなか一般的には結論が出ない。

しかし、現代の日本とアメリカにとっての最大の課題ともいうべき対中政策の関連で、多国間首脳外交の意味を考えてみることは重要ではないか。

もちろん、プーチン大統領の例が示すように、多国間首脳外交をすれば、中国が抑制的な行動をとるなどと結論することはできない。ただし、コミュニケーションという意味で、首脳外交には一つ有用な役割があるといえるのではないかと思う。

それは、中国の最高指導者への情報の直接的提供と、最高指導者に関する直接的な情報収集という機能である。

どこの国でも最高指導者への情報は、幾重にもフィルターのかかったものになる。とりわけ中国においては、官僚組織にしてもメディアにしても、自分に都合のよいような事実や解釈しか取り上げない傾向がある。南シナ海における仲裁裁判判決にしても、各国メディアは中国外交の失敗だと評しているが、中国メディアは失敗とは認めていないし中国外務省が最高指導者たちへの報告で「失敗でした」などとは言っていない可能性が高そうだ。

日本では外務大臣といえば有力閣僚であって、次の首相を狙える人物が務める場合が多いし、国家安全保障会議のメンバーである。

これに対して、最近の中国の外相は、共産党の序列でとても一〇位に入らない。外相会談で話し合ったことが、本当に中国の最高レベルにバイアスなく共有されるかどうかわからず、しかも、中国外相の言っていることが、最高指導者の意図をどれだけ反映しているかの確証も持ちにくい。もしそうだとすると、多国間首脳会議が頻繁に開催されるという傾向は、中国の最高指導者への直接的な情報の提供、さらには直接的な要求の機会という意味で大変な重要性を持つし、最高指導者を直接観察する場としても有用といえる。

たしかに、多国間首脳会議に参加する相手国に対し、中国外務省はおそらく必死に会議で中国に不利になる発言をしないよう働きかけるであろう。その結果、奥歯にものが挟まったようなことしか言わない参加者も出てくるかもしれない。

しかし、それぞれの発言にはおのずからニュアンスの違いが出てくるものである。とりわけ、日本やアメリカが歯に衣着せぬ発言を、多国間会議の場と個別の中国との二国間会談の場で行っていけば、こちらの意図は直接、最高指導者には伝わるはずだ。

繰り返しになるが、これで、中国の行動が本当に抑制されるかどうかは定かではない。フィリピンと係争中の南シナ海のスカボロー礁を埋め立て、そこに軍事施設の建設を断行するかもしれないし、尖閣周辺にさらに多数の艦船を派遣するかもしれない。しかし、その感触をつかむためにも、首脳会談は最大の情報源となりうるのである。

首脳外交が一般的に国際関係にいかなる影響を与えるかはそれほど明らかではないとはいえ、対中政策という観点からすれば、きわめて貴重な情報収集と交渉の機会を与えてくれる場として使わない手はない重要なものだと言えよう。

4　トランプと世界

激動する世界と民主平和論

『毎日新聞』二〇一六年十二月十三日

この一年を振り返って、これほど激動した年はなかったと思う人も多いと思う。イギリスの欧州連合（EU）離脱決定、はらはらどきどきした米大統領選挙とその結果としてのトランプ氏当選。シリア内戦は一向に終結に向かう動きをみせないなか、トルコではクーデター騒ぎがあり、ブリュッセルでのテロなどのほか、バングラデシュのテロでは日本人にも犠牲者が出た。日本周辺では、年の初めから北朝鮮が核実験やミサイル実験を繰り返した。中国の南シナ海での勢力拡張に対して中国の主張を否定する仲裁裁判の結果が出たが、中国は無視を高言。これに対し、係争中のフィリピンで新たに就任したドゥテルテ大統領は、中国への融和的な動きもみせる。まことに、複雑にして激動した国際情勢であった。

しかし、まったく逆に、国際情勢のなかで継続していること、変化していないことは何なのかについて考えてみることも有益ではないかと思う。実際のところ、継続していること、変化していないことは数多くあり、それらはほとんど自明のことだと思われている。しかし、そのなかで、「豊かで安定した民主主義国の間では戦争がほとんど考えられなくなった」という現象は、確認しておく意味があると思う。

これは国際政治学で「民主平和論」と言われる議論で、必ずしもすべての国際政治学者が正しいと言っているわけではない。しかし、過去二〇年間を振り返ってみると、この傾向は継続している。筆者は、このような傾向を確認するのに、政治体制の自由度はフリーダムハウスというNGOが毎年各国について評価している指標と、人びとの生活の質を表す指標として国連開発計画が毎年発表している人間開発指数（HDI）を使うのだが、これで過去二〇年を振り返ってみた。フリーダムハウスの指標では、政治体制は「自由」「部分的に自由」「不自由」と区別され、HDIは、〇から一に近づくにつれて人間開発の度合いが高くなる。

一九九五年の時点で、政治体制度が「自由」でHDIが〇・八以上の国は、日本やアメリカやイギリスを含めて二一ヵ国あったが、これらの国々のうち、この水準から離れて、政治体制が「部分的に自由」とか「不自由」になったり、HDIが〇・八以下になったりした国は一ヵ国もなかった。実際には、二〇一四年までには、この基準にあてはまる国・地域の数は、韓国や台湾を含めて四二ヵ国・地域まで増加している。そして、この四二ヵ国・地域の間では、この二〇年間に一度も戦争が起きていない。

イラク戦争の事例や、アフガニスタン、リビアなどへの欧米諸国の軍事関与を指摘する方もいるかもしれない。しかし、これらは「豊かで安定した民主主義国の間」での戦争ではない。つまり、これらの事例によって、民主平和論に例外が生じているわけではない。そして、さらに言えば、これらの事例は、国際政治のもう一つの継続性を示している。その継続性とは、「民主主義国もまた、そうでない国々との間では戦争の可能性が継続している」し、民主主義国以外の国々の間では、戦争や内戦やクーデターの可能性が継続しているということである。

このように考えてみると、現在の激動もまた、この二つの継続性のなかで起こった現象だとみることもできよう。イギリスのEU離脱決定はたしかに衝撃的ではあったが、これによってたとえば英独や英仏の間で武力衝突が起こると考える人は誰もいないだろう。仮に台湾で住民投票が行われ「独立」が選択されたとしたら、どれだけ台湾海峡で軍事対決の可能性が高まるかと比較すれば、イギリスのEU離脱はあくまでも「安定した民主主義国間」での問題であるということが理解できるであろう。トランプ政権誕生といえども、アメリカが日本やヨーロッパに戦争を仕掛けるなどとは誰も考えない。

これに対し、ヨーロッパではバルト三国、アジアでは日本や韓国や台湾は、依然として緊張感のある国際政治に直面しなければならない。これらの国々（地域）は、自らは「豊かで安定した民主主義」を機能させているが、周辺には、そうでない国々が存在する。周辺国との間の紛争は、処理をあやまれば、軍事的なものになる可能性が存在する。これを防ごうとすれば、やはり、それなりの抑止と防衛の体制が必要となる。トランプ政権の不確実性の一つは、これらの国々の抑止と防衛の体制に対してこれまでアメリカの果たしてきた役割が変わるのではないかという恐れなのである。

自らは「豊かで安定した民主主義国」であるアメリカは、軍事支出では圧倒的存在である。「世界の警察官」であると自称しないにしても、その動向は、戦争と平和をめぐる二つの継続性のなかで、決定的意味をもつ。アメリカが不必要な介入を慎みつつ、世界の平和の維持に貢献していくか。「豊かで安定した民主主義国」でありアメリカの同盟国でもある国々の対応もまた、これに大きな影響を与えるであろう。

『読売新聞』二〇一七年二月二十日

トランプとマディソン的民主主義

日米首脳会談は、日本にとっても米国にとっても、そして世界にとっても有益であった。トランプ政権が、これまでの米国の対日戦略を変更しない姿勢を示したからである。

日本が米国の重要な同盟国であり、尖閣諸島を含めて日本の施政権下にある区域に対して、日米安全保障条約が適用されることをトランプ大統領が明言した。また、日米首脳会談の直前にトランプ大統領が中国の習近平国家主席との電話会談で、アメリカが「一つの中国」政策を変更しないと伝えたことも、東アジアの国際政治に継続性をもたらしたと言える。

しかし、トランプ大統領と側近たちのさまざまな発言をみると、本当にこの政権は、安定的な国政運営や対外政策を実施していくのかという点について、依然として心配はつきまとう。日米首脳会談の後、国家安全保障担当のマイケル・フリン大統領補佐官が辞任した。外交・安全保障の司令塔が、政権発足から一ヵ月足らずで更迭された。日本を含め、自由民主主義の価値によって立つ国々は、アメリカとどう付き合っていくべきか。

最悪の事態は避けられるだろうとみてよい理由はある。それは、米国の政治体制だ。トランプ大統領の言動に注目すべきは言うまでもないが、自由民主主義を奉ずる国々にとって、より興味深いことは、トランプ政権に対して、米国の政治体制がどのように反応していくかということではないかと思う。

しばしば指摘されるように、米国の政治体制は、世界で最も古い成文憲法のもとにある民主主義体制であり、その根幹は、権力間に「抑制と均衡」の仕組みが組み込まれていることである。この「抑制と均衡」という原理の背後には、いかなる政治制度も注意深く設計しなければ、常に「専制政治」になる危険があるという現実認識があった。

憲法制定時にこの点を最も明確に議論したのが、その後、第四代大統領になったジェームズ・マディソンであった。マディソンによれば、立法・行政・司法の権限を一つの権力が握ることは、その権力が多数派であれ少数派であれ、選挙で選ばれた存在であっても、専制政治を生み出しかねない。人びとの自由を脅かす専制政治をいかに防ぐかということが、マディソンたちの作った憲法の最大の眼目だったと指摘できる。

マディソンは、「賢明な為政者が常に決定の座にあるとは限らない」(『ザ・フェデラリスト』)と考え、選挙で賢明でない為政者が選ばれても専制が行われないように憲法を書いた。そのために、複雑な「抑制と均衡」の仕組みが作り出されたのだ。

トランプ政権が発足し、いままさにマディソンが想定したような事態が米国に起こっているのかもしれない。最近の入国管理についての大統領令をめぐる裁判所と政府とのやり取りは、米国の政治体制に組み込まれた「抑制と均衡」の一つのメカニズムが働いていることを示している。閣僚を含む政権幹部の人事の多くは、議会の承認が必要とされる。さらに言えば、米国では予算は議会が作るし、外国との通商交渉をする権限も議会にあり、大統領は議会の委任を受けなければならない。現在、上下両院とも共和党が多数を保持しているが、最近の閣僚候補承認手続きで判明したように、共和党議員がすべて大統領の指名候補に投票したわけではない。

このように見ると、米国という国の政治体制は、政治指導者の一存で何でもできるものではない。米国で自由民主主義がひっくりかえるような最悪の事態は起きないであろう。

しかし、そのことは、トランプ大統領の政権運営が安定的に行われるという意味ではない。移民政策を含めて国内政策について大統領が選挙戦中に主張してきたことを変えないとすると、議会における審議はよくいって停滞し、場合によっては共和党議員からも大幅な造反が起こるかもしれない。

政権人事もなかなか進まず、さらに各種の裁判が進行し、さまざまな差し止め命令などが出る恐れがある。つまり、政権運営は、何も決められない機能不全に陥るかもしれないのである。

言うまでもなく、機能不全のほうが専制政治よりもはるかにましだというのがマディソンたちの民主主義論なので、機能不全はマディソン的民主主義がうまく機能していることを示している。おそらく、米国の同盟国にとっても、機能不全の米国のほうが専制政治の米国よりもはるかによい。

米国の対外戦略の一貫性が継続していくのであれば、米国が機能不全に陥るという可能性があるとしても、日本などの同盟国は何とか付き合っていかざるをえないだろう。

しかし、対外戦略の一貫性は継続できるのであろうか。今回の日米首脳会談が示したように、具体的な対外政策の中身を検討していけば、これまで積み上げられてきた対外政策の枠組みを変更することは、そう簡単ではないことがわかる。

国防長官と国務長官は、第二次世界大戦後に継続してきた米国の対外戦略を断固として維持する構えのように見える。

ユーラシア大陸に他を圧するような軍事大国を出現させないという現実主義の戦略と、自由民主主義国と連帯して可能な限り自由な経済秩序を維持するという戦後リベラルの戦略は、そう簡単には変わらない。

日本など同盟国にとって最大の懸念は、この対外戦略の一貫性の維持をめぐって国内で政治問題化し、米国の対外政策もまた機能不全に陥ることである。

環太平洋パートナーシップ協定（TPP）からの離脱や北米自由貿易協定（NAFTA）の再交渉表明など、トランプ大統領の通商政策や、国連などの国際機関への政策は心配されるところではある。だが、米国がこれらの通商や外交でリベラルでない政策をとってきたことは過去にもある。

より深刻な可能性は、世界的危機に米国が対応能力を発揮できない事態だ。世界的危機が起きるなか、ホワイトハウスと国防総省や国務省の関係が悪化したり、政権内が内部抗争で混乱したりすることは、これまでもなかったわけではないが、大統領や側近の言動の不規則性をみるとき、心配にならざるをえない。

日本をはじめ米国の同盟国は、マディソン的民主主義が専制政治の出現を防いでいる間、米国の対外戦略の基本を変更すべきでないとする米国内の勢力を外から積極的に支持していかなければならない。

ジャパン・ファーストの懸念

『毎日新聞』二〇一七年四月十一日

トランプ米大統領が「アメリカ・ファースト」と言い始めてから、何とかファーストという言葉がよく使われるようになった。一国の指導者が自分の国のことを第一に考えるという意味であれば、当然のことである。アメリカのこれまでの大統領で「アメリカ・ファースト」でなかった人などいないであろう。

トランプ大統領のこの言葉が心配されるのは、彼の他の発言からみて、アメリカさえ良くなればいい、他国はどうなってもいいという強い自己中心性があるのではないかと懸念されること、そして、さらには、彼の言う政策が本当にアメリカのためになるのかわからない、かえって逆効果になるのではないかという懸念があるからである。

自己中心的であっても、それが本当にアメリカの利益になるのであれば、心配するのは外国だけかもしれない。しかし、アメリカ人の多くが心配しているのは、そのような自己中心的な言動は、めぐりめぐってアメリカの不利益になるかもしれないと考えているからだし、場合によって、アメリカのためになると彼が主張している政策が事実誤認や誤った分析にもとづいており、端的にアメリカのためにならない可能性が高いからなのである。

したがって、世界にとってもアメリカにとっても、トランプ政権に求めることは、真の意味で「アメリカ・ファースト」とは何を意味するか考えてほしいということである。しかし、そのことが本稿の主要なテーマではない。本稿で考えてみたいのは、ひるがえって、わが国においてもトランプ大統領について懸念されるような「ジャパン・ファースト」があるのではないかということなのである。日本の政策や私たちの物の見方のなかに、非生産的な自己中心性や、事実誤認や誤った分析によって逆効果しか生まないような政策はないだろうか。

いくつか事例を考えてみたい。第一は、最近政府が行った自衛隊の南スーダン国連平和維持活動（PKO）からの撤収決定である。たしかに現在の南スーダンにおいては、平和維持活動として自衛隊が行っているような施設部隊の任務はあまりないのかもしれない。しかし、韓国軍や中国軍も撤収していないなかで、日本だけが撤収するということは、南スーダンのような国の将来は日本には関係ないというメッセージを出すことになるのではないか。もちろん、撤収の決定とほぼ同時に南スーダンへの無償援助を増やすとしたわけだから、何もしていないわけではない。しかし、施設部隊しか派遣できないことの原因になっているPKO五原則の見直しをしようという声はほとんど聞こえない。自衛隊員が一人も犠牲にならずに帰ってこられるのだから良かったではないか、こういう感情が多いのではないか。ここには、自らの国だけ良ければそれでよいのだという自己中心性はないだろうか。

第二の事例は、日本の対外援助をめぐって時に行われる日本企業の受注率を上げろという要求である。円借款にしても、無償資金協力にしても、その原資は国民の税金なので、対外援助が最終的に日本国民の利益になることは望ましい。実際、多くの開発途上国では日本は役立つ援助をしてくれる信頼できる国であるとの評価が高い。それにもかかわらず、円借款を供与するのであれば、何としてでも日本企業に受注させろという声が存在する。しかし、円借款で行う大規模インフラプロジェクトで、日本企業、日本企業とばかり言っていると、相手の国からは、日本の援助は結局日本のためだけにやっているのではないかと思われかねない。「質の高いインフラ」というのは、結局日本企業が受注しやすいインフラのことか、などと言われては、せっかくの格調高い政策概念が台無しである。しかも、日本企業といっても、多くの企業が巨大プロジェクトに参画する場合は国際的コンソーシアムになるのが普通であって、日本企業受注がどこまで日本経済に直結するかは実は必ずしも明確ではないのである。相手から尊敬もされず、日本経済にも実際は大して役に立たないというようなプロジェクトに国民の税金を投入してはいけないであろう。

第三の事例は、自由貿易へのコミットメントである。アメリカが環太平洋パートナーシップ協定（TPP）に参加しないことになり、安倍政権は、それにもかかわらずアメリカを粘り強く説得すると言っている。正しいと思う。一方、国内では「ああ良かった」と思っている面もあるのではないか。日本自身に保護主義的なメンタリティーはまだまだ強いのではないだろうか。

トランプ政権に対して、非生産的な「アメリカ・ファースト」は望ましくないと説得していかなければ、自由主義的な世界秩序を維持するのは困難になっていくかもしれない。今後の主要七カ国（G7）などのサミット外交を通して、日本はヨーロッパ諸国などとともにアメリカが自由主義的世界秩序から逸脱しないよう説得していく必要がある。そのためにも、自らの「ジャパン・ファースト」があまりに国内中心、重商主義、保護主義になっていないかどうか、常に点検していく必要がある。

北朝鮮の核兵器開発問題

『読売新聞』二〇一七年十一月五日

トランプ米大統領が日中韓をはじめ東アジア諸国を歴訪する。大きな焦点は北朝鮮問題である。具体的にどのような展開になるのかを読み切ることはできないが、北朝鮮の核兵器開発やミサイル開発をめぐる戦略的課題ははっきりしている。安全保障問題としての北朝鮮問題の構図を整理してみたい。

第一に、北朝鮮の核兵器開発やミサイル開発が国際社会として容認できないことは明白である。九月十一日の国連安保理決議第二三七五号を含めて何度も出された安保理決議に違反しているのみならず、北朝鮮は、過去四半世紀以上にわたって虚偽の約束に恫喝をおりまぜ、国際社会を愚弄してきた。

このような北朝鮮の行動を国際社会がいささかでも容認するようなことがあれば、核不拡散体制は崩壊の危機に瀕するのみならず、国際法を基調とする国際秩序もまた、危機的状況に陥るであろう。

しかし、第二には、このような規範的明白さに、北朝鮮が耳を傾ける可能性がほとんどゼロであって、現在保持している核兵器やミサイルをただちに放棄させるのもほぼ不可能だという問題がある。

つまり、北朝鮮に核兵器開発やミサイル開発の不当さを指摘し続けるのが必要不可欠だが、それによって、北朝鮮の行動を変更させるのは難しい。

第三に、北朝鮮が核兵器やミサイルを保持するだけでなく、増産し、能力向上を図っていくことにより、確実に日本の安全保障環境は一段と悪化してしまう。

一九五〇年代の朝鮮戦争のときには、日本に直接被害が及ぶ可能性はなかった。九〇年代になって北朝鮮が中距離弾道ミサイルを開発し始めて、日本は北朝鮮から直接攻撃を受ける可能性に直面したが、その時点では北朝鮮はまだ核兵器を保持していなかった。

これが変化したのがこの一〇年間である。北朝鮮が核実験を繰り返し、日本は北朝鮮の核攻撃の射程に入ってきた。しかも、現在の勢いで開発を続ければ、米本土までもが核ミサイルの射程に入るのは時間の問題だろう。

北朝鮮が核攻撃を企図しているかどうかわからない時点で、北朝鮮に予防的に軍事的措置をとることは、国際法上も問題があるし、現実的にもきわめて困難である。核兵器による予防戦争は許されないし、北朝鮮の反撃能力を通常兵器のみによって完全に無力化し、韓国や日本に被害を及ぼさない攻撃というのも著しく困難だからである。

つまり、軍事面において、北朝鮮は韓国のみならず、日本や米国に対しても抑止力を持っているのである。

とすれば、どうしたらよいのであろうか。私は、やはり抑止と制裁の組み合わせによる圧力の強化ということに尽きると思う。

抑止とは、相手方に攻撃を思いとどまらせることだが、通常、拒否的抑止と懲罰的抑止という二つの方法があるといわれる。拒否的抑止とは、攻撃しても成功しない、つまり「こちらの防衛力が相手を上回る」と相手に思わせて、攻撃させないようにすることだ。

一方、懲罰的抑止とは、もし攻撃したら、その攻撃よりもはるかに強力な反撃をするぞという態勢をとり、相手に攻撃を思いとどまらせることである。

抑止が効果のない場合は存在する。相手が正常な戦略的計算ができない場合、相手の存在がつきとめられない場合、あるいは相手が自己破壊的な存在である場合である。一部のテロリストに抑止が効かないのではないかといわれる場合は、このようなケースだ。一体、北朝鮮はどうか。

私はこれまでの北朝鮮の行動からみて、抑止の効果はあると思っている。北朝鮮の目標は政権の維持であって、自己破壊的ではない。また、北朝鮮は領域を持つ国家であるのでどこに反撃すればよいかは明白である。さらに、これまでの北朝鮮の行動はきわめて戦略的であって、目的の不当さを除けばきわめて計算高く合理的である。

つまり、北朝鮮の核兵器による他国への攻撃は抑止できる。いかに北朝鮮が能力を向上させたとしても、米国の核戦力を第一撃で全滅させることは不可能であり、そうだとすれば、北朝鮮の米国への核攻撃は抑止できる。

北朝鮮の韓国や日本への核攻撃も、第一撃で、米国の通常兵力ならびに核戦力を無力化できないとすると、おそらくは通常戦力のみによる米国の反撃で北朝鮮は壊滅させられてしまう。したがって、韓国や日本への核攻撃も抑止される。つまり、米国の拡大抑止は、依然として効果があると思われる。

それでは、北が核攻撃をする可能性はないから安心だといってよいか。もちろんそうではない。北朝鮮が合理的だったとしても誤認の可能性は常にあるからだ。拒否的抑止も懲罰的抑止もともに強化していかなければ、誤認を生む可能性を限りなくゼロに近づけることはできない。その意味で、弾道ミサイル防衛システムの強化は必要不可欠である。弾道ミサイル防衛システムは、抑止という観点からいえば、一〇〇％の精度がなければ無意味だということにはならない。

成功確率が上がれば上がるほど抑止の可能性は高まる。日本が米国との緊密な連携のもとでの通常戦力による反撃能力を持つことも、誤認を防ぐために効果がある。北朝鮮の恫喝や通常戦力による韓国や日本への攻撃に対して、それぞれ独自にも反撃できる形を作ることは、北に対米抑止能力についての過信を生ませないためにも重要だ。

しかし、この抑止強化の努力に加えて、制裁を強化していかなければならない。時に制裁は効かない、という意見を聞くこともあるが、正しくない。

そもそも、これまで国際社会は北朝鮮へ本格的な制裁を行ってきていない。中露がほぼ通常の貿易を行い続け、多くの国が北朝鮮の労働者にほぼノービザ（査証不要）での渡航を認めていた。九月十一日に採択された安保理決議二三七五号は、まだ全面的制裁とは言えないが、実施されれば、これまでの実態より格段に厳しい制裁になる。これを実施していくことが必要となる。

もちろん制裁は、北朝鮮を改心させることが目的であるが、北朝鮮が改心しなくとも必要である。つまり、北朝鮮の核開発やミサイル開発をこれ以上促進させる事態を防がなければならないからだ。

弾道ミサイル防衛にしても、包括的な抑止の仕組みにしても、北の武器が少なければ少ないほど効果がある。逆に、北朝鮮に核兵器やミサイルを大増産させることは何としても防ぐ必要がある。日米両国をはじめ国際社会は、長期にわたる北朝鮮との「冷戦」を、本気で戦っていく必要がある。

『毎日新聞』二〇一七年十二月十二日

米国ファーストの一年

アメリカが国際的な秩序に関心を持たない世界の一年目がようやく終わろうとしている。エルサレムをイスラエルの首都と認定するという表明も、まさにその傾向を示す直近の一例にすぎない。しかし幸いなことに、世界は、二〇一六年の大統領選挙直後に懸念されたほどは悪くならなかった。トランプ大統領が選挙キャンペーン中に行った同盟軽視の発言を現実化するような行動はとらなかったので、世界は大混乱に陥らずにすんだからである。合衆国憲法が規定するチェック・アンド・バランスの仕組みは、内政においても、破壊的変化が生ずることを防いでいるといってよいだろう。

人事の混乱は依然として継続しているが、そのなかで安全保障関係の要職（国家安全保障問題担当の大統領補佐官、国防長官）に有能な元軍人を起用したことで、安全保障に関しては、伝統的なアメリカの路線が進められてきた。とくに北朝鮮の核開発とミサイル開発に対しては、時に首をかしげざるをえない大統領のツイッターの書き込みにもかかわらず、基本的に北朝鮮への抑止を最大限強化し、必要な制裁を強化するという路線が貫かれた。

南シナ海においても、トランプ大統領自身は、時に人ごとのような言葉を口にしているが、実際には、米軍は「航行の自由」作戦を行い、中国が好き放題はできないという状況を維持してきている。この秋、トランプ大統領が東アジアを歴訪し、アジア太平洋経済協力会議（APEC）首脳会議や東南アジア諸国連合（ASEAN）関連の会議に出席したことも、全体としてアメリカの東アジアへのコミットメント（関与）を確認したという意味で良かったといえよう。

しかし、安全保障以外の局面において、アメリカが国際秩序を主導していこうという姿勢はほとんど見られなかった。通商面では、環太平洋パートナーシップ協定（TPP）からの離脱をいち早く決定した後も、北米自由貿易協定（NAFTA）の再交渉や米韓FTAの見直しを進め、今回のアジア歴訪中には、貿易交渉は基本的に二国間で行うのだと語った。できるだけ多くの国と多国間で経済連携の仕組みを作ったほうが、結局、取引コストも低下し、アメリカにも利益をもたらすという発想はみられなかった。実際のところ、政権内の人事が進んでいないこともあり、二国間交渉で行くという方針は、きわめて乏しい成果しか生まないと思われるが、これを変えようとする兆候はない。気候変動など、その他の多国間の国際秩序形成には、トランプ政権はまったく関心をもっていないようだ。

一体、今後の世界秩序はどうなってしまうのであろうか。中国共産党第一九回全国代表大会を無事に開催し、国内権力基盤を固めた習近平の中国が、世界秩序をリードするようになるとの観測もある。実際、近年の自由な国際経済秩序から最大の恩恵を受けていたのが中国であるとすれば、世界第二の経済大国である中国には責任ある立場で世界をリードしていく義務があるといってもよい。しかし、中国にかつてのアメリカが果たしたような役割を期待することは、無理であろう。「新型の国際関係」を築くと中国は言っているが、抽象論であって、どのように国際的な交渉を引っ張っていく気なのかはよくわからない。

結局のところ、協力できる国々の輪をできるかぎり大きくして、望ましい国際秩序の方向に一歩でも近づくための努力をするしかない。果たして、そのようなことはできるのか。単なる理想論にすぎないのではないか。アメリカがアメリカ・ファーストであり続けるとすれば、他のすべての国々も皆自国ファーストになって、世界は収拾がつかなくなるのではないか。

もちろん、そのようになる恐れはあるが、私は必ずしもそこまで悲観的になる必要はないと思っている。まず、アメリカが圧倒的に強い安全保障の面では、すでに述べたように、アメリカは自らの責任を放棄するようにはみえない。とすれば、世界が考えなければならないのは、軍事・安全保障以外の分野で、当面アメリカがやる気がないなかで、各国が協力して世界秩序を維持していくことができるかということである。私は、これは可能だと思っている。なぜなら、経済やその他の分野で、アメリカは軍事におけるほど圧倒的ではないからである。

鍵となるのは、ヨーロッパと日本が、カナダやオーストラリアを巻き込み、中国やインドへも働きかけ、多角的な国際秩序を守るための積極的な協力ができるかである。実際、TPP11（アメリカ抜きのTPP）の発効に向けた動きや、日本が欧州連合と経済連携協定（EPA）の締結を目指した交渉が進んでいる背景には、関係国の間で国際協力を推し進めなければならないという機運が存在している。

十一月に開催された気候変動に関するパリ協定の実施に向けた締約国会議（COP23）でも、中国も含めて、積極的な言動がみられた。さらに、トランプ政権は気候変動問題に消極的であってもアメリカの民間セクターや地方政府などには、かなりの積極性がみられる。つまり、軍事・

安全保障以外の分野では、アメリカが消極的でも、アメリカ以外の国々の間で国際協調は可能だし実現できる。

長期的にみれば、トランプ政権の方針はアメリカの国益にかなわないので、いずれは国際協調の輪に戻ってくると私は思う。それまでは、各国の協調で国際秩序を維持発展させるしかない。世界第三の経済大国である日本の役割は大きいと言わざるをえない。

『毎日新聞』二〇一八年四月十日

完全な非核化とは

三月下旬、北朝鮮の金正恩委員長が訪中し、中国の習近平国家主席と会談した。四月二十七日には、韓国の文在寅大統領との南北首脳会談が予定され、五月末までには、米国のトランプ大統領との米朝首脳会談が実現するかもしれない。南北首脳会談前の四月十七日には安倍晋三首相が訪米し、トランプ大統領と日米首脳会談を行う。東アジアは久々に首脳外交の舞台となりつつある。

昨年の東アジアが、北朝鮮のミサイル発射、核実験や、これをめぐる非難合戦に明け暮れたことにくらべると大きな変化である。今年に入るまで非核化に向けてまったく積極的な姿勢を示さなかった北朝鮮が、韓国の代表団や中国の習主席に対しては非核化の意思を示したと報道されている。昨年のように、次から次へとミサイル発射や核実験を行うよりは、望ましい態度の変化である。

しかし、首脳外交の行方はまったく楽観を許さない。今回の外交面での変化が真の意味での非核化につながる保証はないからである。一九九〇年代以来の北朝鮮の言動からみれば、今回もまた、非核化への数々のステップごとに見返りを求め、実際には核兵器やミサイルを温存し、ひそかにさらなる開発を進めるかもしれない。今回の中朝首脳会談を受けて、中国が北朝鮮への制裁を緩めることになれば、北朝鮮は非核化へのプロセスをただただ長引かせるだけに終わるかもしれない。米東部まで届く大陸間弾道ミサイル（ICBM）開発をやめると宣言するだけで、核兵器開発については曖昧な決着を探るかもしれない。

これらを防ぐために国際社会は、これまで以上に北朝鮮への厳格な要求を明示し、その要求が満たされて初めて限定的な制裁解除が行われるのだという方針をとっていかなければならない。今後北朝鮮との首脳会談が実現するとすれば、韓国も米国も「完全で検証可能かつ不可逆的な核廃棄」という要求から後退してはならないし、中国も一方的に北朝鮮に寛大な姿勢をとるようなことがあってはならない。安倍首相も日米首脳会談でトランプ大統領と十分な意思疎通を図るとともに、日中韓サミットを実現することによって、北朝鮮に対し、国際社会の団結を示す努力を行わなければならない。

「完全で検証可能かつ不可逆的な核廃棄」を担保する仕組みを構築することは、実際には容易でない。仮に北朝鮮が「完全で検証可能な核廃棄」を約束しても「不可逆」性を担保するのは困難になりつつある。北朝鮮が核開発を始めた九〇年代と異なり、現在の北朝鮮は核兵器や高性能ミサイルの開発にかなり成功してしまっているからである。

核やミサイルの開発技術は、北朝鮮の科学者たちの頭のなかや実験ノートに詳細に記録されている。施設を解体し、査察することができたとしても、科学者の頭のなかまで消し去ることはできない。つまり、北朝鮮の科学者に既知の技術があることを前提にして、どうしたら再び核兵器やミサイルの開発をできないようにすることができるのか、不可逆的な非核化を実現することができるのかという難問が残っているのである。

核物質の廃棄や核兵器開発施設の解体は当然必要となるが、「不可逆的な非核化」にはそれだけでは十分でない。もちろん、北朝鮮が核開発の再開などに乗り出さないと約束をするのが前提であるが、これまでの経緯からして言葉だけの約束を信じることはできない。徹底的な査察の仕組みを作り上げるとともに、北朝鮮が核やミサイルの開発を再開しようとしても、そのために必要な資材を調達できないような仕組みを作る必要が出てくる。

現在も、原子力供給国グループ（NSG）やミサイル関連技術輸出規制（MTCR）などの安全保障に関する国際的な輸出管理レジームは存在するが、それにもかかわらず北朝鮮はここまで核・ミサイル開発を進めてきた。国際社会は、北朝鮮を対象にした特別に厳格な輸出管理レジームを作らなければならないと思われる。対話が進む過程で既存の核物質や関連施設が廃棄・解体され、さまざまな制裁が徐々に解除されるとしても、強力な対北朝鮮輸出管理レジームを最後まで継続させなければならない。

このように厳格な「非核化」と「核・ミサイル再開発阻止」の仕組みに北朝鮮が合意するかどうかはわからない。対北朝鮮特別輸出管理レジームなどというのは差別的な国際取り決めであって受け入れられないと言い、席を蹴り、対話を中断するかもしれない。もしそういうことになれば、国際社会はさらに強力な制裁に進んでいくしかないであろう。

もちろん、北朝鮮の指導者がこれまでの核開発やミサイル開発の根源的な非合理性を認め、国際社会との共存を選択することが望ましい。しかし、その選択を国際社会が受け入れるには、北朝鮮の単なる言葉だけでは十分でない。「完全で検証可能な核廃棄」を行った後も、かなり長期にわたり「不可逆」性を担保する特別の査察と輸出管理のレジームを受け入れることが必要となる。これを北朝鮮の指導者に理解させなければならない。

5 人類の課題

持続可能な開発目標（ＳＤＧｓ）

『読売新聞』二〇一六年五月九日

世界中でテロが起こり、難民は至るところにあふれている。世界経済も不安定だ。北朝鮮は国連決議を無視して核実験やミサイル実験を行う。ロシアや中国の自国優先の地政学的行動は、周辺諸国に不安を与えている。それにもかかわらず、アメリカもヨーロッパも積極的なリーダーシップを発揮しようともしない。国連をはじめとする国際機関も有効な措置を打ち出していない。世界情勢はお先真っ暗だと考えざるをえないのだろうか。

必ずしもそうとばかりはいえない。二十一世紀に入ってから一五年ほどの間で良くなったこともある。

たとえば、世界的にみた貧困人口の減少である。国際的には、一日一・二五ドル以下で暮らす人びとが極度の貧困状態にあると言われることが多いが、この極度の貧困層は一九九〇年には全世界で約一九億人に上っていた。これが昨年には、七億三六〇〇万人にまで減少した。この間、世界の人口は約五三億人から約七三億人に増加しているので、極度の貧困人口の比率は相当低下したことがわかる。以前は世界中の三人に一人以上が極度の貧困だったのに対して、現在は、一〇人に一人程度になっている。

かつて、富める国々はますます富み、貧しい国々はますます貧しくなり、南北問題にはなかなか解決の目処が立たないといわれた。なんとかしなければいけないというわけで、二十一世紀を契機に、国連でミレニアム開発目標（ＭＤＧｓ）が設定された。八つの目標と二一のターゲット項目が設定され、二〇一五年を目標達成年とした。

当初、目標達成には懐疑的な見方が多かったが、一〇年代に入って、かなりの目標が達成できるのではないかとの希望が持たれるようになってきた。第一のターゲットは、まさに極度の貧困人口の割合の半減であったが、これは一〇年には達成された。

もちろん、すべての目標が達成されたわけではない。しかし、極度の貧困の減少や飢餓人口の半減などが実現したことにより、国際社会としてさらなる取り組みをしようとする機運が盛り上がった。

その結果、昨年九月、今後一五年間で国際社会全体として達成すべき目標として「持続可能な開発目標」（ＳＤＧｓ）が、国連総会で全会一致で合意された。ＳＤＧｓは、一七の目標と一六九のターゲットで構成され、ＭＤＧｓにくらべて、より包括的なものとなっている。しかも、開発途上国のみの目標ではなく先進国も含めたすべての国の目標となったことが大きな特徴だ。

たとえば、ターゲット５－５の「政治、経済、公共分野でのあらゆるレベルの意思決定において、完全かつ効果的な女性の参画及び平等なリーダーシップの機会を確保する」とか、ターゲット８－５の「若者や障害者を含むすべての男性及び女性の、完全かつ生産的な雇用及び働きがいのある人間らしい仕事、ならびに同一労働同一賃金を達成する」などは、日本にとっても喫緊の課題であろう。

短期的な課題に苦しむ世界のなかで、このような長期的・野心的な目標群が異論なく合意された点は希望が持てることかもしれない。昨年暮れの気候変動に関する「パリ協定」の成立に加え、長期の構造問題について、国際社会は重要な合意に到達できたからである。世界は混迷しているようにみえるが、案外、健全な方向に動いているのだろうか。

必ずしもそうとばかりはいえない。たしかに、国連総会が全会一致でＳＤＧｓに合意したことは良かった。また、一七の目標と一六九のターゲットというのも包括性という観点からは良いと評価できるであろう。

しかし、なぜ大きな異論が出なかったかといえば、先進国から開発途上国、国際機関や民間活動団体（NGO）など、さまざまな関係主体がそれぞれ大事だと思う目標を、ほとんどすべて丸のみにして並べたからだった。みな良い目標だから、だれも異論を出さなかった。だが、目標の間でも、あるいはその下位にあるターゲットの間でも、優先順位ははっきりしていない。その結果、一七の目標はそれぞれがサイロのような縦割り構造をなし、一つの目標の達成のためには、下位にあるターゲットだけを実現すればいいかのように見えてしまう。

私は、国際協力機構（JICA）の理事長だったときに、SDGsの策定のための国際的議論にいささか関与したのだが、こんなに目標やターゲットが多すぎては政策の指針にならないと議論したことを覚えている。硬い言葉を使えば、目標間の相互連関性が意識されておらず、十分構造化されていないのである。一〇から二〇くらいの決定的数値目標を設定し、それぞれを達成すれば、それら以外の数多くの目標もおのずから実現するという形にすべきだったと思う。

せっかくできた国際的合意だから今さら作り直すわけにもいかない。日本としては、SDGsを十分尊重しつつも、その実現に向けてできる限り体系的な方策を作り出すため、国際的議論をリードしていくべきであろう。

抽象的な話ばかりでは、わかりにくいと思うので一例を挙げれば、妊産婦死亡率の低下というターゲットがある。これは、SDGsでは3-1というターゲットで、二〇三〇年までに出生一〇万人当たりの妊産婦死亡を七〇人未満にしようというものである。日本や他の先進国では、出生一〇万人当たりの死亡数は五人程度なので、七〇人未満でもまだまだ大変な状況である。しかし、一五年の現状は二一六人と多いため、このターゲットは死亡率を三分の一に低下させようとする大変野心的なものと言える。

私は、このターゲットは常に参照されるべき決定的数値目標だと思う。なぜなら、妊産婦死亡率というのは、他のさまざまな開発目標が実現しなければ低下しない目標であり、しかも、これが低下するということは、他のさまざまな開発目標を実現するのに効果的な目標だとみられるからである。

医療分野だけを改善させても出産の危険は低下しない。薬だけでどうなるものでもない。安全な水が容易に入手できなければならないし、いざというときに病院までたどりつける道が整備されていなければならない。内戦下であればさらに状況は悪い。妊婦を含めて家族の教育も大事だ。妊産婦死亡率の改善にはインフラや教育そして平和が大事なのである。

そして、妊産婦死亡率が改善することは、子供の成長に決定的である。子供の栄養や教育も改善する。当然、女性の社会参画にもつながるし極度の貧困の減少にもつながる。つまり、この指標を見ることで、開発の相互連関がうまく動いているかどうかが判断しうるのである。

日本政府は、本年の先進七ヵ国（G7）サミットの議長国として、世界経済や安全保障・テロなどの諸課題に加えて、とくにインフラ、保健、ジェンダーを重視するという。妊産婦死亡率の低下は、一つの数値目標の事例にすぎないが、日本政府の重視する三つのテーマのすべてに関連する目標である。SDGsの実施プロセスの一つのテーマとして着目するのも一つのアイデアではないか。

気候変動の深刻な被害

『毎日新聞』二〇一八年八月十四日

この夏ほど、気候変動の影響を日本人が実感した年はなかったのではないか。これまでも豪雨は頻発してきたが、台風でもないのに七月初旬の豪雨のように広範囲にわたって深刻な被害が出たことはない。また、七月中旬からの猛暑は各地で史上最高気温を記録するすさまじさであった。

この広域豪雨と長期にわたる熱波が、人類の引き起こした気候変動の結果であるとただちに断定することは科学的には慎重になる必要があるのかもしれない。だが観測史上これまでにない現象だとすれば、産業革命以来の人為的地球温暖化の表れとみてほぼ間違いないだろう。そうだとすれば、人類が無為にいままで通りの行動を続ければ、ますます自然は人類がこれまで想定していなかったような形で災害をもたらすことになろう。

まさにこのような認識が生まれたからこそ、一九九二年には気候変動枠組み条約が締結され、二〇一五年にはパリ協定が締結されたのであった。パリ協定では平均気温上昇を産業革命以前の状態から二度未満、望ましくは一・五度未満に収める対策をとるべきである旨が合意された。そのためには、温室効果ガスの排出を大幅に減少させなければならない。このような施策は通常

「緩和策」と言われる。しかし緩和策のみでは、現に起こる被害を食い止められない。被害を最小化する「適応策」もまた必要なのである。

今回のような豪雨と熱波にどう対応するかが、まさに喫緊の「適応策」ということになる。そして、振り返ってみると、このたびの政府の対策には反省すべき点が多々あったのではないかと思う。

豪雨についていえば、被害が想定を超えるほど広範囲に及んだことから、全容の把握に時間がかかり、初期の対応が遅れたことは否めない。広域的な情報収集と、これを総合して迅速な救助活動が可能になるようなシステムの再構築が求められる。

熱波については、七月二十三日に気象庁が「災害級」であると発表していたにもかかわらず、災害対策本部も設置されなかった。災害とは、物理的破壊をともなうものとの思い込みがあるのだろうか。この夏の熱波による熱中症での死者数が確定するには時間がかかるだろうが、新聞で報道されている消防庁発表の少なくとも数倍に及ぶのではないか。熱波という災害も、被害者の多くは、高齢者、子供、貧困層などの弱者であって、この点は他の災害と同様である。物理的破壊をともなう災害ではないため、これまで体系的な対策がとられておらず、もっぱら熱中症にならないよう、個々人に注意を喚起しただけであった。はっきり「災害」と認定して、政府として最も危険にさらされている人びとを保護するような、特別の措置をとるべきではなかったか。

今後もさまざまな異常気象が発生することを想定するなら、「災害」に関する固定観念を捨て、想像力を働かせて、適切な対応策をとらなければならない。政府全体として、今夏の事態を再検討して、新たな災害対策を策定すべきである。

しかし、「適応策」をいかに積み重ねても、温室効果ガスの増加に歯止めをかけ減少させていかなければ、事態はさらに悪化するであろう。有効な「緩和策」が必要不可欠である。しかし、気候変動は地球規模の現象なので、一国のみの対策では不十分であり、国際社会が共同行動をとらなければならない。まさに、ここにこそ国際社会がパリ協定に合意したことの意味があるのである。

それにもかかわらず、アメリカのトランプ政権はパリ協定を否定し、離脱すると宣言した。トランプ政権と同じように、国際社会が気候変動問題に無為無策でいれば、事態は確実に悪化するであろう。日本はどうすべきだろうか。

アメリカについていえば、トランプ政権はともかく、気候変動への対策の必要性を認識している州政府や民間団体は多いので、これらと協調行動をとって、政権に政策変更を迫る必要があろう。

他方、日本自身も「緩和策」を積極的に進めなければ、国際社会に働きかけるのは難しい。旧式の石炭火力をできる限り減少させ、大胆に再生可能エネルギーの普及に努め、自ら温室効果ガスの排出を低下させるための措置を講じる必要がある。再生可能エネルギーの欠点をあげつらうより、その欠点を補う技術革新に全力を挙げるべきであろう。

しかし、日本の努力のみで温室効果ガスの排出を低減させるのは不可能である。二酸化炭素排出の絶対量からすれば、中国、インドなど、人口の多い新興国の排出量を大幅に減少させることが必要である。

もちろん、それぞれの国の努力が不可欠であるが、私は、この際、日本の政府開発援助（ODA）のかなりの部分を気候変動問題の対策に使うべきではないかと思う。政府は「質の高いインフラ」を普及することをODAの実施にあたって宣言しているが、温室効果ガスの排出を最小化するためのインフラを最優先すべきであろう。日本のODA供与国のなかでいえば、インドとの協力が重要となろう。現状のままで推移すれば、インドの石炭火力依存は増加する。インドが石炭火力依存を大幅に低下できるような協力を考えていくべきであろう。

温室効果ガス削減

『読売新聞』二〇一九年二月十七日

米中の「新冷戦」で暗雲

世界気象機関（WMO）によると、この一月は世界的に異常気象の月だった。米ミネソタ州南部では三十日、米国史上の最低気温（氷点下四八・九度）を下回る氷点下五三・九度を観測した。一方、季節が逆の南半球のオーストラリアは史上最も暑い夏となった。二十四日にアデレードで四六・六度と過去最高を記録している。

激しい寒波があるのだから地球温暖化は進んでいないのだろうと思いがちだが、むしろ気候変動の結果、気象の振れ幅が大きくなっているとみるべきである。米中西部が強烈な寒波に見舞われている間、アラスカ州や北極周辺の気温は例年よりも高かった。昨年夏は日本周辺も極端な異常気象に見舞われている。

言うまでもなく、こうした気候変動問題への国際的な取り組みの中心は、二〇一五年に採択され、一六年に発効した「パリ協定」である。協定は産業革命後の年間平均気温の上昇幅を「二度未満」、望ましくは「一・五度未満」に抑える目標を定めた。この目標達成へ締約国が独自の貢献策を策定し、二〇年以降は国別計画の見直しを定期的に提出することになった。

だが、国別貢献策の策定方法について細かなルールを定めなかったため、貢献策の基準年や目標年、指標が国ごとに異なる事態が生じてしまった。その意味で、昨年十二月にポーランドで開かれた国連気候変動枠組み条約第二四回締約国会議（COP24）で、二〇年以降の国別貢献策の策定方法やその他の取り組みに関する実施指針の合意が達成されたことは大きな一歩である。これにより、各国の取り組みが比較でき、進捗状況も理解しやすくなった。

ただ、実施指針の策定のみをもって実際の温室効果ガス削減がただちに実現するとは限らない。現実に、一六年春までに提出された当初の国別貢献策を集計したところ、三〇年には世界全体で温室効果ガスの排出量が二酸化炭素換算で五六二億トンに上ることがわかった。一〇年の排出量は約四九〇億トンであり、これでは世界の科学者を多数動員した「国連気候変動に関する政府間パネル（IPCC）」のシナリオは狂い、産業革命前比で「二度未満」という目標は到達不可能となる。

パリ協定が採択された一五年頃には、楽観視できる要素もまだあった。民間活動団体（NGO）などの支援を受けて二酸化炭素排出量の計算を続けている「グローバル・カーボン・プロジェクト」は、化石燃料由来の排出量について一四〜一六年、世界的に上昇が止まったと推計し、その後の減少を予測していたからである。だが、一七年には一・七％、一八年には二％以上も増加し、元に戻ってしまった。現在の地球の表面気温は、産業革命の時代と比較して一度程度高くなっているといわれる。昨年夏の日本周辺の異常気象や、この冬の世界各地での異常気象とも無縁であるまい。産業革命前比で二度未満の上昇に抑える目標を達成するには、二〇一七〜一八年にみられたような増加傾向を反転させる必要がある。しかも、過去に提出された国別貢献策を大幅に上回る目標を実現しなければならない。

世界的にいえば、最大の温室効果ガス排出国である中国と米国の排出量を圧倒的に減少させなければならない。一五年の世界全体に占める排出量は中国が二八・四％、米国が一五・四％で、日本は三・五％だった。パリ協定が画期的なのは、最も多くの温室効果ガスを排出する米中両国が、ともにこの協定に合意し、参加したことにあった。

しかし、いまやトランプ政権はパリ協定からの離脱を表明してしまった。中国はパリ協定には総じて肯定的な姿勢を示しているが、現在の国際政治情勢は、中国の今後の対応に暗雲を投げかけている。米国と中国の間で「新しい冷戦」とも言いうる状況が生まれてきているからである。米国がパリ協定から離脱し、しかも中国に貿易戦争を仕掛ける状況の下で、中国が果たして温室効果ガス削減に関して積極的な措置をとっていくだろうか。

日本や欧州諸国は相当難しい対応を迫られることになろう。なぜなら、米中新冷戦という文脈においては、米国と価値観を共有している日本や欧州は、権威主義体制をさらに強化しつつある中国が技術覇権を握る事態や軍事的優越を手にすることを阻止するため、米国との協調行動をとる必要があるからだ。

しかし、気候変動問題という文脈においては、米国に対してパリ協定への復帰を求めつつ、中国には最大限の努力を促さなければならないのである。

今年、主要二〇ヵ国・地域（G20）首脳会議の議長国を務める日本にとっては、外交において米中双方に対して戦略的かつ繊細な舵取りをする必要がある。新冷戦のなかで米国と立場を共有しつつも、米中両国に対して「新冷戦と気候変動は別である」と説得し続けなければならないのである。

日本自身も気候変動問題にしっかりと取り組まなければ、説得力を持てない。パリ協定締結前に日本が提出した国別貢献策は、三〇年度における温室効果ガス排出量を一三年度比で二六％削減するという内容だった。率直に言って「消極的」としか言いようのない目標だ。この削減幅をどれだけ増やすかが課題となる。

再生可能エネルギーの利用を従来の想定よりも大幅に引き上げる必要がある。そのために太陽光発電や風力発電が重要となることは言うまでもない。

ただ、日本政府として本気で取り組むべきもう一つの課題は、地熱発電の大幅な拡大ではないか。火山国である日本には、世界有数の潜在力がある。にもかかわらず、地熱発電は現在、総発電量の〇・三%を占めているにすぎない。発電所の適地が国立公園の内部や温泉地の近辺に多いため、建設計画が進まないのだという。一二年に、ある程度の規制緩和が行われたが、政府が計画する三〇年度のエネルギーミックス（電源構成）の目標では、総発電量に占める地熱発電の割合は約一%にとどまっている。

国際協力機構（JICA）は、発展途上国での再生可能エネルギーによる発電支援の一環として、ケニアやインドネシアといった国々で地熱発電を積極的に支援している。日本企業の地熱発電に関する技術は世界最高水準であり、ほとんどすべてが日本企業からの調達によるものである。

私もJICA理事長時代に現場を視察したが、日本が世界に勧めていることが、なぜ国内ではできないのか、と考えた。自然環境との調和や温泉業者との調整は簡単ではないかもしれないが、政府が本腰を入れさえすれば、地熱発電量は大幅に増やすことができるのではないか。

ＳＤＧｓと日本の課題

『毎日新聞』二〇一九年六月十三日

「ＳＤＧｓ」といっても、何の略語かと聞き返されることは少なくなってきた。企業や非政府組織（ＮＧＯ）、自治体、小学校から大学にいたるまで、ＳＤＧｓ推進の活動が行われるようになっており、政府のＳＤＧｓ推進本部によって、数多くの団体に「ジャパンＳＤＧｓアワード」が授与されてきている。

日本社会が内向きになっているのではないかと言われるなかで、ＳＤＧｓについて、日本国内でこれだけ認知度が上がったのは結構なことである。国際情勢といえば、米中貿易戦争が収まる気配をみせず、多国間の協調の枠組みが維持できるかどうかが危ぶまれている昨今である。世界第三の経済大国である日本で、理想主義的とも言いうるＳＤＧｓを促進する機運が高まっているのは国際社会のなかでの日本の健全性を示しているのであろう。

したがって、今月末に大阪で開催される主要二〇ヵ国・地域（Ｇ20）首脳会議で、ＳＤＧｓの主要課題について政府が日本のイニシアチブを発表し、国際社会の取り組みに指導力を発揮しようとするのは当然である。八月末には、横浜で第七回アフリカ開発会議（ＴＩＣＡＤ７）が開催され、アフリカ各国の首脳が来訪する。また九月には、国連でＳＤＧｓサミットが開催される。

G20の閣僚級会合や首脳会議の成果も踏まえて、世界のSDGs達成に向けての指導力を発揮すべきである。

しかしながら、SDGsの達成のために指導力を発揮するということは、実際には容易ならざる事業だと認識しなければならない。第一に、トランプ大統領はSDGsに関してまったく無関心である。アメリカ社会でSDGsについて関心を持つ人びとは存在するが、日本などと比べてみれば、超大国アメリカのSDGsへの関心は著しく低い。SDG13の気候変動への取り組みに至っては、パリ協定からの離脱に見るように敵対的ですらある。

第二に、SDGsの多くの目標は、世界の現状からみて野心的ではあるが、完全に達成することは困難なものが多い。SDGsの一丁目一番地であるSDG1「貧困撲滅」では、二〇三〇年までに極度の貧困状態にある人びとをゼロにすることをターゲットとしている。これは、SDGsの前身であるミレニアム開発目標（MDGs）の極度の貧困人口を一九九〇年から二〇一五年までに半減しようという目標が実際に達成されたことを受けて作られた目標である。九〇年に世界全体で二〇億人に上るといわれた極度の貧困人口は、一五年には八億人程度に減少できた。

しかし、このことは、この八億人を二〇三〇年までにゼロにするのが容易であることを意味しない。なぜなら、一五年までの極度の貧困層の激減のかなりは中国で起こったからである。現在、極度の貧困層の多くが居住しているサブサハラを中心とする後発開発途上国が、今後一〇年以上にわたってかつての中国のような高度成長を実現できるかどうか。中国ができたのだから他の途上国もできるはずだと期待したいが、実際には課題は山積している。

第三に、SDGsが具体的な目標やターゲットを列挙することでできあがっていることにともなう困難も認識しなければならない。SDGsとしては、一七の目標とその下に一六九のターゲット、さらにこのターゲットの達成度を計測するために二三二の指標が合意されている。ターゲットのなかには、SDG3-1のように世界の妊産婦死亡率を一〇万人当たり七〇人未満とするなどというきわめて明確なものもあれば、「大幅に削減する」とか「漸進的に達成する」などという達成できたのかできなかったのかやや曖昧なものもある。

日本については、多くのターゲットの達成状況や達成可能性が世界各国のなかでは高い。しかし、日本もデータの面で不安がないわけではない。例えば、各国のSDGsの現在の達成状況をサーベイしているベルテルスマン財団の報告書によれば、日本のSDGs1-1-1（極度の貧困人口の割合）は、〇・五％となっている。極度の貧困人口とは、一日当たり一・九〇ドル以下で暮らしている人びとと定義されている。一日約二〇〇円で暮らしている日本人は本当に六五万人もいるだろうか。なぜこうした数字が使われているのかはよくわからないが、恐らく背景には、そもそもこのような統計を日本では作成していないことがあると思われる。日本の統計も早急に整備していかないと、いくら日本のイニシアチブを強調したくても説得力に欠けてしまうであろう。

SDGsの目標とターゲットについてのもう一つの問題は、SDGsに明示的に強調されていない問題をどうするかということである。例えば「誰一人取り残さない」というSDGsの精神からすれば、「難民」や「国内避難民」こそ取り残してはならない人びとである。しかし、一六九のターゲットや二三二の指標には、「難民」や「国内避難民」はまったく登場しない。

日本がSDGsで指導力を発揮するためには、指標やターゲットを重視するとともに、そこに明示されていない現象についても「誰も取り残さない」という哲学から課題をつねに見出し、解決に貢献する姿勢が必要となるのである。

6　覇権競争

米中通商交渉

『読売新聞』二〇一八年五月十三日

今月三日と四日、財務長官や通商代表を含む複数の米国の経済関係閣僚が中国を訪問し、通商問題の協議を行った。中国の対米貿易黒字の大幅な削減を求める米国に対し、中国も対抗措置をとる構えを崩さず、目に見える進展はなかったと報道された。トランプ政権がますます保護主義に傾斜し、米中貿易戦争になったら世界経済に大きな影響が出るのではないか、との懸念も指摘された。

たしかに二国間交渉で通商問題に対処しようとするトランプ政権の姿勢には問題が多い。しかし、今回の米中交渉は単なる通商交渉ではない。二十一世紀の世界秩序の大問題をめぐる交渉と言わなければならない。すなわち、問題の本質は「中国の台頭」であり、どのような中国を世界が許容するのかという点である。

米国の交渉団は今回、二〇一五年に中国が発表した「中国製造２０２５」という産業高度化計画への政府補助をやめろと要求した。とんでもない内政干渉のように見える。これまた、トランプ政権の常識外れの政策の表れであろうか。

これまで中国の台頭が議論されるとき、問題にされたのは台頭が平和的になされるか否かであった。中国からすれば、「中国製造２０２５」は軍事政策ではない、まさに「平和的発展」の政策であって何が問題なのかと言いたいだろう。

決定的な変化は昨年秋から今年春にかけて起きた。昨秋の第一九回全国代表大会で習近平党総書記は、繰り返し「強国」という言葉を使い、中国型の発展モデル「新時代の中国の特色ある社会主義」が世界の途上国のモデルになると自負した。今年三月の全国人民代表大会では、国家主席の任期を撤廃する憲法改正を行った。つまり共産党一党支配の下で権威主義体制を強めつつ経済発展を続け、そのモデルを世界に広げると宣言したのである。

もちろん、これまでもそれほど民主的でない国が発展した例はある。シンガポールの一人当たり国内総生産（ＧＤＰ）が世界最高水準なのはよく知られる。しかし、こうした事例は、石油産出国か人口規模の小さい国であった。世界の産業の動向を左右することは考えられず、まして安全保障や世界秩序全体に影響することはありえなかった。

いまや中国は世界第二の経済大国である。「中国製造２０２５」が実現すれば、人工知能（ＡＩ）など二十一世紀の最先端分野のほぼすべてで世界の第一線に立つ。言論の自由を認めず、国家主席任期も廃止し、顔認証システムを国中に張りめぐらして国民の情報を集中管理するオーウェル式の国家が世界の産業を支配するようになったらどうなるか。

これがトランプ政権の対中要求の背後にある恐怖と言ってもよい。実際、中国は世界中で権威主義的な経済発展モデルを広めようとしているようにも見える。人権問題で国際的な批判にさらされている国々に、中国は、政治的条件をつけないという言い方で援助している。アリババやテンセントなど中国のプラットフォーマー（インターネットの基盤を提供する事業者）が途上国の情報空間を占拠し、その国の情報を中国にすべて提供したらどうなるか。中国は軍事力を使うことなく自らの支配圏を広げられるのではないか。その支配圏が世界中を覆えば、自由も民主主義も圧殺されてしまうのではないか。

つまり「平和的」であっても、現在の中国が、その権威主義体制を強化しつつ発展を遂げることは、世界秩序に大きな影響を与えるし、自由主義的な秩序が望ましいと考える人びとには脅威となるのである。

では、われわれはどうすれば良いのだろうか。

何よりも、公平な経済競争の仕組みを中国との間に確立することは必須である。中国に関しては、これまでも自国企業のみに有利な投資規制を行うとともに、知的財産権を保護せず、場合によってはサイバー攻撃で情報を入手するなどの不正行為が指摘されている。グーグルなど外国のプラットフォーマーを排除する一方で、対中進出企業のサーバーを自国内に置くことを求めるなど、反自由主義的な規制も存在する。

トランプ政権の対中通商交渉の姿勢には、二国間の貿易赤字を人為的に減少させることを求めるなど、経済学的におかしい要求もある。しかも、本来、中国に対して公平な市場環境を求めるのであれば、米国単独ではなく、日本や欧州連合（ＥＵ）などと共同で交渉するほうが効果的だろう。まさに環太平洋パートナーシップ協定（ＴＰＰ）で合意したようなさまざまなルールをこそ、中国に求めるべきである。その意味でいえば、米国がＴＰＰに復帰したうえで、ＥＵとも共同し、中国に要求するのが正道であろう。

しかし、現在の世界経済の動きの速さからすれば、それほどのんびりはしていられない。米国が本気になって中国との間で、投資規制や知財保護、とりわけ中国国内における情報統制などについて交渉するのであれば、日本やＥＵもこれを支援すべきである。たしかに通商交渉において、相互主義による対抗措置を求めることは保護主義につながる危険がある。だが、貿易戦争を恐れるあまり正当な要求をためらっていては、中国との間で公平な競争条件は達成できない。

とはいえ、「中国製造２０２５」への国家補助をやめろといっても、中国はやめないだろう。仮にある程度公平な競争環境ができても、中国の産業力は強化されるだろう。とすれば、自由主義的な国々としては、自らの競争力を高め、中国に負けないようにするしかない。米国やEU、日本における技術開発力を強化せねばならない。日本の研究開発力強化は、単に日本経済のためだけでなく、われわれの自由と民主主義を守るためにも決定的に重要だと認識すべきである。

また、政府開発援助（ODA）や直接投資に関して、経済協力開発機構（OECD）諸国は途上国の政治体制や中国との関係を念頭に置いた戦略性を持たなければならないだろう。インドやインドネシアなどの民主主義体制の国家には、その産業高度化に向けた支援を行わねばならない。権威主義的であっても民主化の可能性や方向性がある国々についても、積極的に支援すべきである。そして、中国型の発展モデルに向かうことが明確になった国があるとすれば、そのような国に対する支援は減らすことが良いのではないか。

以上述べたことは、ただちに反中国的な外交政策をとれということではない。北朝鮮問題をはじめ中国と協力しなければならない外交政策は多いし、中国との友好関係はいずれにしても促進せねばならない。ただ、中国が今後も権威主義的傾向を強めていくとすれば、われわれは中国との間で「体制間競争」を行わざるをえないのだという認識は忘れるべきではない。

貿易戦争から「新しい冷戦」へ

『中央公論』二〇一八年十一月号

八〇年代と比較したトランプ政権の四つの特徴

「新しい冷戦」が始まったと考えるべきであろうか。いまや「貿易戦争」という言葉で米中関係を特徴づけることは普通のことになっている。はたしてこの関係は「貿易」にとどまる対立なのだろうか。一九八〇年代から一九九〇年代にかけて、アメリカが日本の対米貿易黒字を問題にして日米貿易摩擦が激化したが、現在進行中の米中貿易戦争は、日米貿易摩擦の現代版と言っていいのか。というより現在の米中対立は、単なる貿易戦争ではなく、似ている現象を探すとすれば、米ソ冷戦に匹敵するのではないか。つまりイデオロギーと軍事・安全保障をも包含するシステミックな紛争が展開されつつあるとみるべきなのではないか。

トランプ大統領は、しばしば貿易収支が国の損得を表しているという趣旨の発言をしている。その点からすると現在の米中貿易戦争は、一九八〇年代の日米貿易摩擦に相似するところが多いようにみえる。

一九九〇年のアメリカの世界全体に対する貿易赤字は一二四三億ドルで、そのうち対日赤字は四四五億ドルであり、全体の三六%を占めていた（IMF, Direction of Trade Statistics より）。経済学者の多くが二国間の貿易赤字を問題にすることは経済学的に意味がないと言っても、多くのアメリカの政治家たちは、日本が対米輸出を控えアメリカからの輸入を増やすことを求めた。その結果、累次にわたって自動車などの輸出自主規制が行われ、オレンジや牛肉の市場開放をめぐる交渉が行われた。日米摩擦の最終局面では、米国製の半導体の輸入について数値目標が設定された。そして一九八九年には日本市場の構造そのものが問題なのだとして「日米構造問題協議」が行われたのであった。

現在のアメリカにおける対中貿易赤字もまた膨大である。二〇一七年の数字でいえば、七九七〇億ドルにのぼる対外貿易赤字のうち、三七五二億ドルが対中貿易による赤字であり、実に四七%にのぼる（IMF同統計より）。この五月に、アメリカの経済閣僚が大挙して訪中し中国側にさまざまな分野で要求をつきつけたことも、かつての日米貿易摩擦を彷彿とさせる光景であった。

しかし、通商交渉という観点に限っても、現在の米中貿易戦争には、かつての日米貿易摩擦にみられなかった特徴がある。

第一に、トランプ大統領自身が多角的貿易秩序について語ることは少なく、二国間で交渉を進めることになんらためらいがないことである。かつて米国の大統領が、多角的貿易秩序に関心を持たなかったことはない。

第二に、トランプ政権は、中国との貿易交渉のみならず、カナダ、メキシコ、韓国、EU、日本など、アメリカに対して貿易黒字のあるすべての国・地域との間で、二国間交渉を推し進めようとしている。しかも、相手国それぞれが一律にアメリカに対して「不公正」な行動をとっているかのごとき発言をしている。

第三に、それぞれの国との交渉で、いきなり関税をかけると言ってから交渉を強要する姿勢がみえる。中国との交渉においても、いきなり五〇〇億ドル相当の中国の対米輸出品に関税をかけ、中国が報復すると、さらに中国からの輸出品二〇〇〇億ドル相当、必要とあれば、中国からの対米輸出品すべてに追加関税を課すとまで言っている。日米貿易摩擦では、実際の関税の応酬に至る以前にさまざまな合意がなされた。

そして、第四に、アメリカの対中要求が、中国における知的財産権保護の規則制定や着実な実施、外国からの投資にともなう技術移転の強要の停止、さらには中国の産業政策ともいうべき「中国製造2025」における国家補助をやめること（報道によれば、この計画自体の撤回まで求めているともいわれる）など、従来の貿易交渉の枠を大きく超えるような内容になっていることである。

支離滅裂な大統領と「賢明」な政治制度

このようにトランプ政権の通商政策を全体として俯瞰すると、優先順位付けのはっきりしない、悪く言えば支離滅裂な戦術のようにみえる。おそらく、このような特徴が生まれたのは、トランプ大統領という個性と彼の政権運営がはらんでいる不透明性、不確実性があるからである。もっとも、トランプ大統領自身は、支離滅裂にみえること自体をそれほど気にしていないようにもみえる。交渉相手に自らの真意を悟らせないことが「取引」を成功させる秘訣だと思っているようだからである。

しかし、政権発足直後からの報道や、最近出版されたボブ・ウッドワードの著書や、政権内部の高官と称する「匿名著者」によるコラムなどが指し示している姿は、意思決定と実施に関する混乱である。トランプ大統領の衝動的で十分考え抜かれていない決断を、政権内部の「大人」たちが、説得とサボタージュによって、なんとか回避し、アメリカ政府としての決定がアメリカの国益を損ねないようにしているというのである。

真相はよくわからない。しかし、徐々に明らかになりつつあることは、トランプ大統領の政策決定には相当な制約がかかっているということである。大統領であるから、その法的権限は大変大きい。しかし、個人としての大統領の発言がアメリカ合衆国の決定として実施されるためには、さまざまな政治・行政プロセスを経過することが必要となる。トランプ政権におけるこれまでの人事はきわめて異常であって、いまだに多くの枢要な省において高官人事が進んでおらず、さらには着任した高官の辞任・離任も続いている。そのなかで、匿名著者の見解では、「静かな抵抗勢力」が国を誤らないように努力しているというのである。もちろん、この「抵抗勢力」を乗り越えてトランプ大統領が命令を実施させることは不可能ではないが、これまでのところ、「抵抗勢力」の同意を得られない政策は、サボタージュされ、実施されても適当に「お茶を濁す」ような形で行われているにすぎないようにみえる。

さらに言えば、アメリカ合衆国の政策は、行政府のみが決定できるわけではない。これまでにもアメリカの司法は、さまざまな形でトランプ政権の政策実行を制約してきた。また、立法府もアメリカ合衆国の政策にとって決定的である。合衆国憲法第八条は、関税や通商交渉については連邦議会に権限を与えており、行政府が各国と通商交渉をすることは可能であるが、最終的には議会に決定権がある。したがって、行政府が通商交渉を行う場合は、その内容が議会からみて合意できる範囲内のものであるような圧力が働くことになる。

トランプ大統領自身は、このような制約に対して、おそらく不快に思っているのであろう。それこそが、アメリカにおける反トランプ陣営の人びとが、トランプ氏をアメリカの自由と民主主義にとって危険であると思っている所以である。もしトランプ氏自身が、この制約を根本的に打ち破る行動が可能になれば、それはアメリカの憲法体制を根底から覆すことになり、アメリカにおける自由民主主義体制の崩壊を意味する。そして、もしそのようなことが起これば、世界の自由主義的民主制のもとにある人びとにとって、中国の台頭どころの騒ぎではない一大脅威となる。

このアメリカにおける自由民主主義の崩壊という可能性は完全には否定できないものの、私は、まず起こらないと思う。これまでのトランプ政権は、この制約を乗り越えることができていないし、強固なトランプ大統領支持層のなかに反自由主義的傾向がないわけではないにしても、反自由主義運動が顕著になっているわけではない。現在、予想されているように、十一月の中間選挙で下院が民主党多数になれば、ますます、制約は強まる。多くの論争的な政策課題については、なかなか実施できないことになるのであろう。

いわば、これは十八世紀末に「建国の父」たちが合衆国憲法体制に組み込んだセーフティバルブであった。ジェームズ・マディソンは、「賢明な為政者が常に決定の座にあるとは限らない」（『ザ・フェデラリスト』）という想定で合衆国憲法を起草した。「賢明な為政者」不在のときは、政府全体が機能不全になることによって、「専制」を防ぐということが自由主義的民主制の根幹にある考え方であり、そのような作用が現在進行しているのであろう。

知的財産権・ハイテク産業に浸食する中国

通商政策についても、そのような機能不全が発生し、最終的によくわからない結末に到達するかもしれない。現実的にいえば、いかなる通商交渉も完全な自由貿易や完全な保護貿易となるわけではなく、さまざまなモノやサービスに関してそれぞれ自由度・保護度の異なる取引がなされている。

八月末にアメリカとメキシコが合意した内容は、完全な自由貿易主義者からすれば望ましくないであろうが、政治的決着とすれば、ありえないものでもなかった。「静かな抵抗勢力」が、この程度で手を打てばひどいことにならないと判断したのであろう。

いずれにしても、長期的経済効果はただちには現れないので、トランプ大統領がその気になれば、「アメリカの勝利だ」といって交渉を終わらせることができる。私は、カナダやEUや、そして日本についても最終的には、このようなやや「うやむやな」合意になるのではないかと思う。

中国との貿易戦争はどうか。その他の国々とくらべて貿易赤字の額が桁外れに大きいことから、決着はそう簡単ではない。さらにいえば、アメリカが中国に求めていることの内容が、他国との通商問題と質的に異なっていることが決定的であろう。トランプ政権が、EUや日本も含めて鉄鋼やアルミニウム製品の輸入に対し「安全保障上の理由」から関税をかけると言ったとき、同盟国からの鉄鋼やアルミ製品についての問題に安全保障を持ち出すのはおかしいと数多くの論者が指摘した。結局、同盟国との間の通商問題は、雇用などの調整問題であって、安全保障問題ではないということになろう。トランプ政権の通商政策にみられる先述の第一と第二の特徴は、結局、アメリカの国益を代表しておらず、「抵抗勢力」を含めてアメリカ社会全体が骨抜きにする方向に動くのではないか。

これに対し、現在のアメリカが中国に求めていることは、単なる雇用調整の問題ではない。仮にトランプ大統領個人は、雇用の問題が最重要だと思っているとしても、アメリカ合衆国全体の国益からすれば、中国の最先端部門での産業開発力のほうが重要なのである。

この六月に、ホワイトハウスは、『中国の経済侵略がアメリカと世界の技術と知的財産権をどのように脅かしているか』と題する報告を公表した。この報告によれば、中国は、技術や知的財産の物理的手段およびサイバー手段による窃盗を行うほか、さまざまな規制や国内的措置を講ずることで、外国企業に技術移転を強要し、さらにアメリカなどの研究機関に滞在する膨大な人数の中国人学生や研究者を通して情報収集を行い、さらに国有企業の外国投資によって高度技術を保持する外国企業の買収をはかっているという。このような活動を通して、同報告書は、中国が「米国を含む外国から基軸となる技術や知的財産を獲得し、未来の経済成長と防衛産業の数多くの向上を促進する将来のハイテク産業をわが物にしようとしている」と論ずるのである。

昨年末に発表されたアメリカの『国家安全保障戦略』もまた同様の見解を表明していた。同戦略は、「中国とロシアは、アメリカのパワーと影響力に挑戦し、アメリカの安全保障と繁栄を浸食しようとしている。両国は、自らの経済を不自由で不公正にしたままで、軍事力を向上させ、自らの社会を抑圧し自らの影響力を増大させるため情報とデータをコントロールしようと決意している」と断言し、「毎年、中国などの競争者は、何千億ドルもの知的財産を盗取しているのである」とホワイトハウスの報告書と同様の認識を示していた。

そして、このような安全保障に関する対中懸念は、トランプ政権の文書においてのみならず、広くアメリカ社会で共有されるに至ったようにみえる。この春、中国の通信機器メーカーのZTEが、イランと北朝鮮への違法輸出をしたとして、アメリカ製半導体の供給が停止された。アメリカ製の部品の供給が止まることによってZTEは自社製品の製造が不可能になり倒産がささやかれた。このとき、北朝鮮との取引を狙っていたトランプ大統領は、習近平から頼まれたといって制裁の緩和をほのめかした。これに対して、議会を中心にトランプ政権は批判にさらされることなったのであった。

経済学者のポール・クルーグマンも「明らかにいんちきの安全保障上の議論を使って同盟国を傷つけている大統領が、敵対的な専制国家を助けるため本当の安全保障上の問題を無視している」と批判したのであった（The New York Times, May 28, 2018）。徹頭徹尾トランプ批判を繰り返しているクルーグマンも、中国が「敵対的な専制国家」であり、「本当の安全保障上の問題」を持っていることを当然視しているのである。いまや、民主党支持者も含めて、中国からの技術的挑戦（とりわけ不正なそれ）は、広くアメリカ全体に共有された脅威となりつつあるのである。

中国に対するアメリカの現在の姿勢は、単にトランプ政権、ましてやトランプ大統領個人の一時的な思い込みから生まれているわけではない（最近、アメリカのなかでEUや日本と協力して、知的財産権保護や技術移転、産業政策のための国家補充などについてWTOの枠組みでルール作りをしようとの意向も出てきており、ここにも、アメリカ全体の国益の方向性がみえているといえよう）。

二〇年で変容した世界システム

アメリカにおけるこのような対中国観の形成は、結局のところ、過去二〇年以上にわたる中国自身の変化によって引き起こされたものである。冷戦が終わったとき、中国の国内総生産（為替レート換算）は日本の四分の一程度であった。それが二〇一〇年までに日本を抜き去った。中国が公表している軍事費についても、一九九〇年頃には日本の防衛費よりはるかに小さかったが、いまや日本の防衛費の三倍以上ともなっている。海軍や空軍の能力も向上させ、二〇一〇年代に入ると、東シナ海において日本に対し対決的姿勢をとることもためらわなくなり、南シナ海では人工島の建設など自らに有利な既成事実の構築を進めるようになった。

このように対外的にパワーを振るうことをためらわなくなった中国に対して、アメリカにおける中国認識の見直しが進んできたのである。その典型が、前述の『国家安全保障戦略』であった。同戦略によれば、「何十年にもわたってアメリカの政策は、中国の台頭と中国の戦後国際秩序への統合を支持していけば、中国の自由化につながるという考えに根ざしていた。われわれの希望と反対に、中国は、他国の主権を犠牲にして自らの力を拡張してきた。中国は、圧倒的スケールでデータを収集・駆使して、腐敗や監視も織り込みつつ、自らの権威主義体制の特徴を拡大させてきた」。しかも、同じような認識は、民主党政権で東アジア政策の実施にあたってきたカート・キャンベルなども示すようになっている。

筆者は、かねてより世界システムにおいて、政治体制の自由度と生活水準の高低を基準に国々を分類すると、国々の行動がおおまかに理解しやすくなると主張してきた。生活水準が高く政治的自由度も高い国々の間（「自由主義圏」）では「民主主義諸国の間の平和」がもたらされ、経済相互依存にもとづき人びとの自由な行き来が可能となるが、それ以外の国々の間（「現実主義圏」や「脆弱圏」）や、自由主義圏とそれらの国々との間では依然として軍事紛争の可能性もあると考えてきた。このような考えから、世界の国々を政治的自由と生活水準の二つの軸にそってプロッ

図Ⅲ-3　三圏域とGDP（1995）

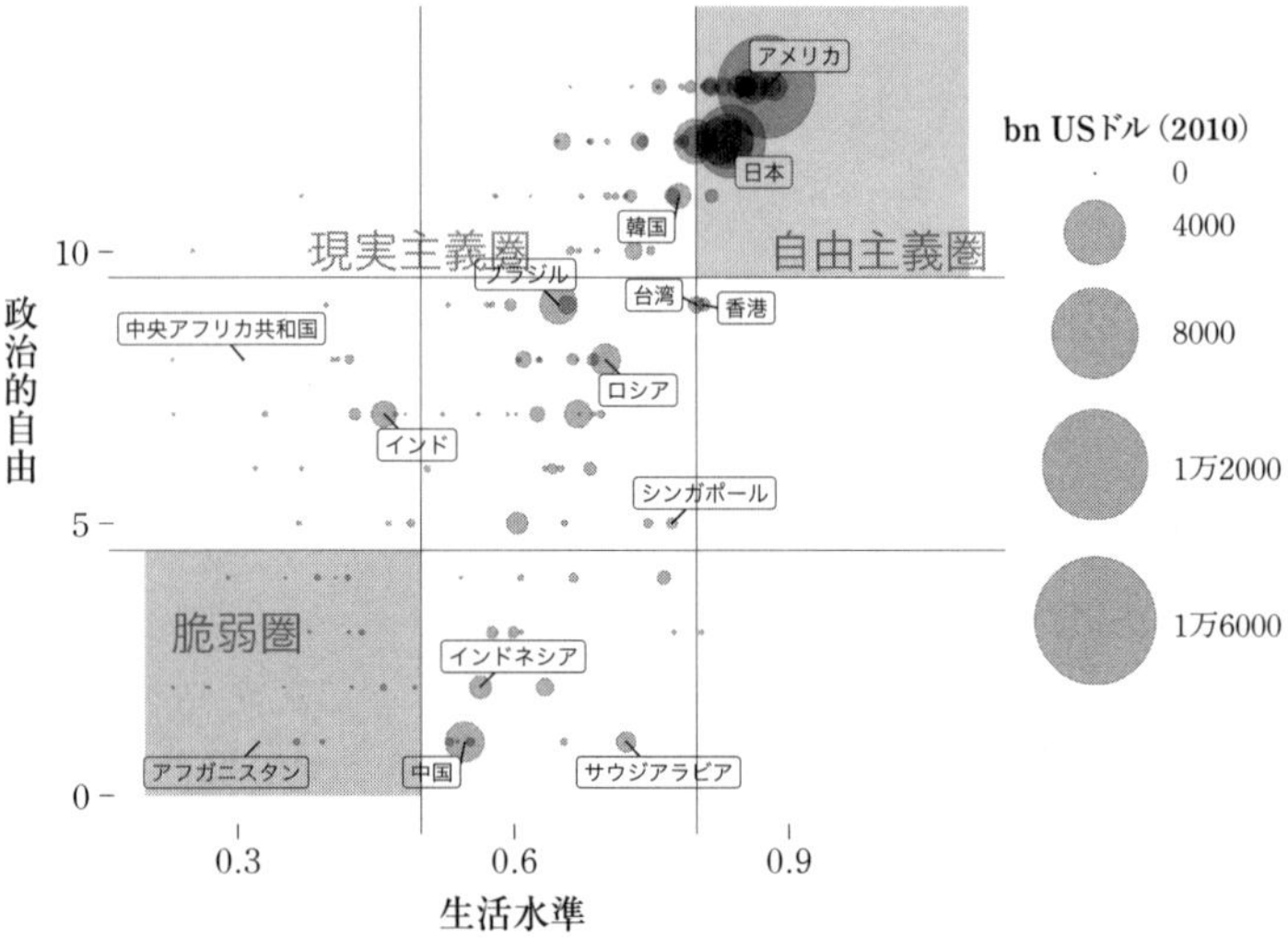

トするグラフを作ってきた。政治的自由はフリーダムハウスの指標を使い、生活水準は、国連開発計画による人間開発指数を用いる（第Ⅰ部で掲げた図を再掲する）。

図Ⅲ―3は、一九九五年の図で、政治的自由と生活水準に加えて、○の大きさで各国の国内総生産を示している。政治的自由も生活水準も高いのが図の右上であるが、ここにアメリカや日本などが入る。全体の分布をみると、生活水準が高くなればなるほど政治的自由は高くなり、しかも経済規模も大きくなるという傾向がみてとれるであろう。つまり、冷戦が終わった直後の一九九五年時点では、生活水準が上がるとともに民主化が進むという「近代化論」で言われたような傾向が観察されたのであった。その直前に、かつて権威主義体制であった韓国や台湾が経済成長とともに民主化をなし遂げていった

図Ⅲ-4　三圏域とGDP（2015）

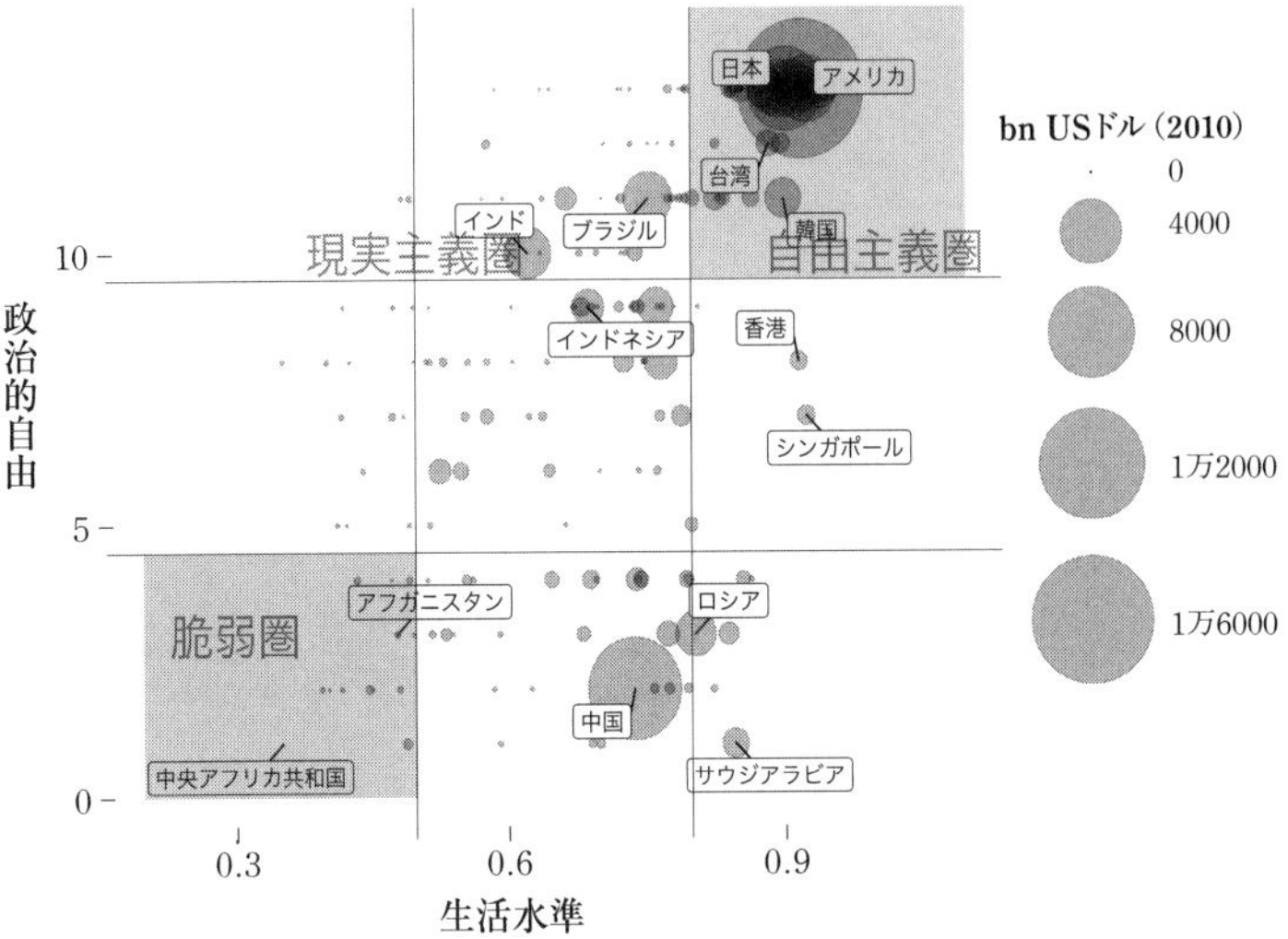

ことも、このような傾向を裏打ちするエピソードと思われた。当時、中国はまだ貧しく図の左下にあり、ロシアはソ連解体直後の民主化の動きがあり、政治的自由はある程度高い水準にあった。

これに対し図Ⅲ－4は二〇一五年の配置を示した図である。インドやインドネシアが右上に向かって動いたことがわかるのと同時に、中国が政治的自由を一切上げることなく人びとの生活水準を向上させつつ経済規模を大きくしていったことがわかる。そして、ロシアは、政治的自由を低下させつつ右下に向かって動き、経済規模もまた回復させた。つまり、図Ⅲ－3において右上に向かう方向性が多くの国を覆っていたのに対し、図Ⅲ－4では、右上に向かう動きとならんで右下に向かう動きも顕著に見られるようになったのである。

このような世界システム大の動きが徐々に明らかになりつつあるまさにそのとき、習近平中国共産党総書記は、第一九回全国代表大会の報告で以下のように宣言した。

中国の特色ある社会主義が新時代に入ったことは、（中略）中国の特色ある社会主義の道・理論・制度・文化が絶えず発展を遂げ、発展途上国の現代化への道を切り開き、発展の加速だけでなく自らの独立性の維持も望む国々と民族に全く新しい選択肢を提供し、人類の問題の解決のために中国の知恵、中国の案を出していることを意味する。

つまり、途上国の発展モデルとして、図Ⅲ－4の右下に向かう道がありうることを中国が実証したというのである。習近平や中国共産党の指導者たちは本気なのであろうか。中国共産党の統治システムや政策決定のあり方からして、総書記の報告に表れる文言が、指導者の気まぐれから書き込まれることはありえない。

時系列からいえば、まさにこの報告の二ヵ月後に発表されたアメリカの『国家安全保障戦略』は、中国の台頭を支持することが中国の自由化につながるというアメリカのこれまでの政策が誤っていたことを認めたのであった。現在の米中関係が本当に「新しい冷戦」となっていくとすれば、習近平報告こそ「新冷戦開始」の宣言であったということになろう。

「新しい冷戦」の始まりと日本の立ち位置

もちろん米中関係がそれほど先鋭な対立、ましてや軍事的対決には向かわない可能性はある。『国家安全保障戦略』も、中国やロシアなど修正主義国との関係は競争なのであって、ただちに対立や紛争につながるものではないといっている。また、中国も、この春頃から対外強硬論的な論調を極力控えるようになってきた。米中貿易戦争においても、場合によってはかなり大胆な譲歩をすることで、アメリカの知的財産権保護や技術移転の問題に応えるかもしれない。

しかし、中国共産党が現在の政治体制を維持しようとする以上、潜在的には「新しい冷戦」は常に存在し続けるであろう。中国ほど経済規模も影響力も大きい存在が、自由主義的民主制に代替する発展モデルを指導者自らが提示した以上、世界はある種のイデオロギー対立に入ったと言わざるをえない。冷戦の終結によって、自由主義的な民主制に挑戦する政治イデオロギーは当面消滅した。イスラム原理主義は、その経済的可能性からいって、とうてい自由主義的民主制に対抗できる発展プログラムを保持していなかった。中国の提起する発展モデルは、そうではない。実績があるからである。

しかも、中国モデルが国内的に国民の自由を認めない強固な権威主義体制を前提とするからには、中国が経済規模でも軍事力でも増大するにしたがって、これは自由主義的民主制の国々にとって安全保障面でも内政面でも脅威になりうる。国内に中国型のイデオロギーを支持する勢力が出てくることによって、かつての国内冷戦のごときものが発生する危険があるからである。

「新しい冷戦」が先鋭化していけば、日本のような自由主義的民主制をとる国にとって「人ごと」ではありえず、立場を鮮明にしないという選択はない。他方、中国の今後の姿勢の変化によっては「新しい冷戦」が潜在化したように見えるかもしれない。それでも、おそらく中国との関係は「これまで通り」というわけにはいかない。とりわけ安全保障に関連するハイテク分野については、重要技術が移転しないような慎重な取り扱いが必要となる。日本もまた、アメリカやヨーロッパ諸国とならんで、知的財産権の保護、技術移転の問題、データ管理などの面で中国に必要な要求をしていかなければならない。

いずれにしても、中国が産業高度化の夢を諦めることはありえない。ZTEの事案は、かえって高度技術の国産化への決意を強く固めさせることになったであろう。「新しい冷戦」は、体制イデオロギーをめぐる対立であるとともに高度産業技術をめぐる競争として続く。自由主義的民主制を保持する主要国として、科学技術面での競争に負けない態勢を作っていかなければならない。

とはいえ「新しい冷戦」は「冷たい」戦争なのであって、「熱戦」になることは防がなければならない。とすれば、日本としてみれば、日米同盟を強化し抑止力を維持するとともに、中国との間で「平和共存」の領域も作っていく必要があろう。昨今言われている「インド太平洋地域」における日中企業間の協力は、同地域の開発途上国の発展に資するということを原則に判断していけば、日本として協力をためらう必要はない。第三国で行われる事業において、無責任な対外貸し付けが起きず、環境や人権にも配慮した持続的開発が行われるのであれば、それは発展途上国にとって中国モデルが輸出されたことになるわけではない。また、そのような共同事業が中国企業の行動にも反映していけば、中国モデル自体を変化させることに貢献するかもしれない。

中国国内でも、昨年の習近平報告以来の対外姿勢の「おごり」に警鐘を鳴らし、国内における弾圧強化を好ましく思わない人びとも存在する。中国の政治体制が、自由化の方向に向かうことを日本の対中政策や安全保障政策の前提にはできないが、中国に自由化を求める人びとが存在することを忘れてはいけない。中国における自由化の道が完全に閉ざされたと考える必要もないと思う。

『日本経済新聞』二〇一九年一月八日

米中「新冷戦」の構図

平成の初めに冷戦が終わってほぼ三〇年、いま世界は新冷戦ともいえる時代に入りつつある。二十世紀の冷戦は、米国とソ連という二大軍事大国の間の権力闘争であり、かつ自由主義とマルクス・レーニン主義という二つのイデオロギーの間の思想闘争だった。しかも冷戦の最盛期には、米ソ両国の間にほとんど経済交流はなく、軍事的には互いが相手を何回も壊滅させられるほどの核兵器を持っていた。

図Ⅲ-5　中国が最大の貿易相手国である国と地域（2017）

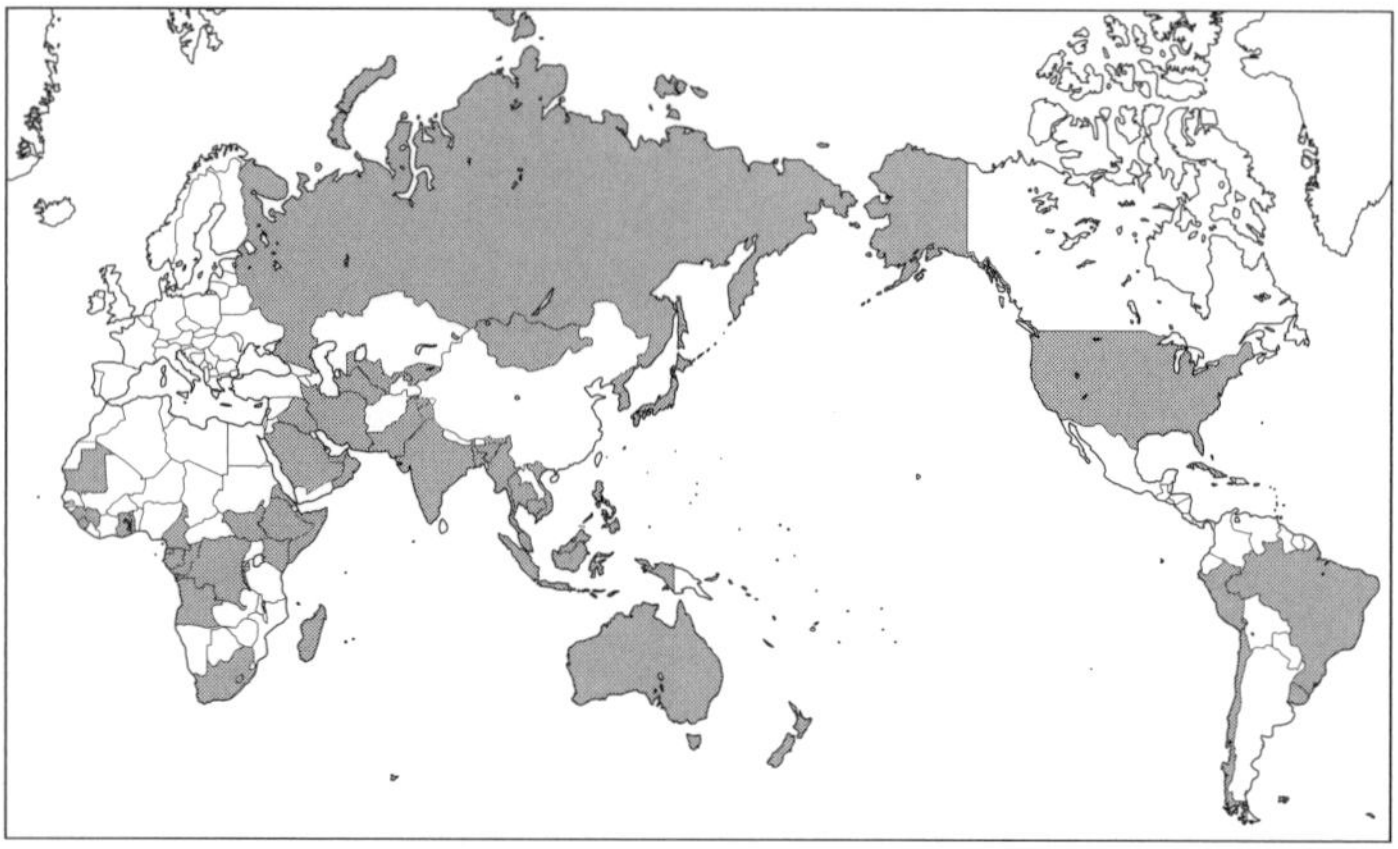

Data: DOTS

したがって現在生じつつある米国と中国の間の対立図式が、かつての冷戦とまったく同じ形をしているというには無理がある。米中の核戦力はいまだに非対称である一方、米中は互いが最大の貿易相手国だ。また核戦力に関していえば、必ずしも常に中国に同調するとは限らないロシアは、中国をしのぐ能力を持っている。

さらに依然として中国の公式イデオロギーは「マルクス主義」ではあるが、現在中国が代表しているイデオロギーは、かつてのマルクス・レーニン主義ほどの体系性もなく、世界的な高評価を獲得しているわけでもない。

それにもかかわらず、現在進行中の米中関係には「冷戦」的といえる側面が存在する。

第一に中国の経済力が急速に米国に接近していることは間違いない。為替レートで換算した中国の国内総生産（GDP）はまだ米国に追いついていないが、購買力平価で計ったGDPでみれば中国はすでに米国を追い越している。さらに貿易に限れば、中国はすでに世界最大の貿易大国である。いまや米国、日本、韓国、インドを含む五三ヵ国・地域で中国は最大の貿易相手国となっている(図Ⅲ－5)。これに対して、米国が最大の貿易相手国になっているのは三七ヵ国・地域にすぎない。

中国の軍事費はまだまだ米国の水準には達していないが、もし米国が関与しないということになると、アジアでは圧倒的に巨大な軍事大国である。さらにサイバー攻撃などの能力に関しては、米国に匹敵するかもしれない。

第二にイデオロギー面で現在の中国がかつてのマルクス・レーニン主義のような体系的な理論を保持していないにしても、自由主義的な政治体制をとらなくても経済発展が可能だとするモデルを提示しているとみることはできる。

二〇一七年十月の第一九回全国代表大会で、習近平総書記(国家主席)は「中国の特色ある社会主義の道・理論・制度・文化が絶えず発展を遂げ、発展途上国の現代化への道を切り開き、発展の加速だけでなく自らの独立性の維持も望む国々と民族に全く新しい選択肢を提供し、人類の問題の解決のために中国の知恵、中国の案を出している」と述べている。

そして一八年三月の全国人民代表大会(全人代)で憲法を改正して国家主席の任期を廃止する一方、自らの産業政策である「中国製造２０２５」を実現しようとしている。つまり民主化のための政治改革を進めるのでなく、権威主義体制を強化しつつ世界最先端の産業技術力を身につけると宣言しているのである。

こうした中国の動きに対して、オバマ政権までの米国はいわゆる関与政策をとってきた。つまり中国が経済成長を続けて豊かになっていけば、やがて政治改革を進めて人権状況も改善し民主化に向かうのではないかという期待のもとで、世界市場での中国の自由な活動をなるべく阻害しないような政策をとってきた。

もちろん一九九〇年代にも中国の経済成長が軍事大国化につながり、自由主義的な国際秩序に挑戦するようになるのではないかという懸念は存在した。しかしその段階では、中国を封じ込めようとすることは、確実に中国を敵対国の方向に追いやってしまうから望ましくないという見方が有力だった。

とはいえ、中国が敵対国になる可能性は否定できないので、そのための備えとしては、米国を中心とする強い同盟関係を維持しておけばよいのだと考えられた。九〇年代半ばに進められた日米同盟の「再定義」は、まさにそのことを意識したものだった。

こうした関与政策が可能だった背景には、経済成長は民主化をもたらすはずだという期待と、米国の軍事面、さらには技術面での圧倒的優越は崩れることがないという自信があった。二〇一〇年代に入り、この二つの前提が怪しくなってきた。中国は民主化に向かうどころか、国内では言論弾圧を強め、対外的には東シナ海や南シナ海で強圧的行動をとるようになった。

憲法改正による国家主席の任期撤廃は、まさに中国は絶対に民主化しないという宣言であるとみられた。また技術面でも中国は急速に能力を向上させてきた。自らの情報空間を遮断しておきながら、中国は自由に情報が流通する世界の情報空間から合法・非合法の両方の手段で積極的に情報を入手し、世界的な情報産業を育てるまでになった。

こうした中国の行動を放置しておけば、米国の技術優位が揺らぎかねず、最終的には軍事的優越すら中国に与えてしまうかもしれないと懸念されるようになったのである。

首脳会談に臨むトランプ大統領と習近平国家主席（2018年12月、ブエノスアイレス、AFP＝時事）

ここに及んで米国は従来の関与政策に別れを告げた。民主化しない中国には、絶対に技術的優位を与えてはいけないという意志が米国のコンセンサス（合意）になりつつあるようにみえる。トランプ氏という型破りな大統領の対中批判をきっかけにして、米国社会に鬱積していた対中不満が一挙に爆発したかのようだ。

二十世紀の冷戦で「封じ込め」という政策を提唱した米外交官ジョージ・ケナンはかつて、民主主義国はなかなか挑発に乗らないが、ひとたび挑発が許せないとなると怒りで戦うという趣旨のことを語っている。現在の米国社会は、中国に対してそうした心理状態になっているようにみえる。

前述したように、これはかつての「冷戦」とは異なる状況だ。しかし実際には軍事的には戦わないものの、「冷たい戦い」であることは間違いないのではないか。

二〇一八年十二月の米中首脳会談で米中貿易戦争はいったん「休戦」となった。九〇日間の交渉がうまくいけば、何らかの合意が生まれるかもしれない。しかし中国が自らの政治体制の変革につながるような改革をしない限り、新しい合意もまた「休戦」にすぎないのだろう。いまのところ中国は慎重に露骨な対米批判を慎んでいる。しかし事態の推移によっては大規模な反米運動が起きる可能性は排除できない。

中国の隣国であり米国の同盟国である日本は、この「新冷戦」にどう対応すべきだろうか。最初に確認すべきは、現在米国が問題視している中国の状況は、民主主義国である日本にとって人ごとではないということだ。民主化しない中国が、米国もしのぐ技術的優越を保持すれば、日本人自身の自由も安全も脅かされる。したがって同盟国としての日本の立場は、基本的に米国と同じということになる。

しかしながら中国と地理的に近接する日本にとっては、米中関係ならびに日中関係の急速な悪化はできるだけ避けなければならない。とりわけ軍事的緊張が高まることは避ける必要がある。「新冷戦」は「冷たい」ままで推移するようにしなければならない。

かつての冷戦でもさまざまな関係安定化の試みがなされた。新しい冷戦の時代に新しいデタント（緊張緩和）の可能性を模索する必要が出てくるのかもしれない。

長期経済変動の底流

『毎日新聞』二〇一九年一月十日

次から次に起こる事件や危機の連鎖の底流で何かが大きく動いている。平成の時代が終わり、冷戦終結から三〇年が経つ現在、世界はこれまでと違う時代に入りつつあるのではないか。年明けの各メディアの社説やコラムの論調はそのような視点にあふれている。

どのような底流なのか。言うまでもなく、昨年以来頻繁に指摘されるようになったのが「新冷戦」である。目の離せない課題であって、筆者もまた同様の論考を発表している。しかし、ここでは、新冷戦のさらに底流で、政治や技術なども取り込む長期の経済変動が起きているのではないかということを考えてみたい。

冷戦後三〇年の時代は日本では低成長の時代であったため、日本にいるとこの時代が世界的にみても低成長だったのではないかと錯覚しがちである。実際には、世界的に見て、この時代は史上稀にみる高度成長の時代であった。

かつて一九五〇年代から六〇年代末にかけては、高度成長の続いた世界経済の「黄金時代」と言われた。まさに日本の高度成長は、この時代の大きなエピソードであった。しかし、この時代の高度成長を享受したのは欧米と日本の五億四〇〇〇万人、世界人口の二〇%程度の人びとだった。

九〇年代から二〇一〇年代に至る時代は、この「黄金時代」に勝るとも劣らない大成長の時代だった。人口規模が一〇億を超える中国やインドが高度成長をしたのだから当然であろう。その結果、極度の貧困層の人びと（一日一・九〇ドル未満の生活費で暮らす人びと）は、九〇年に世界全体で一八億九五〇〇万人程度もいたのが、一五年には七億三六〇〇万人へと半数以下になったのである。この間世界の人口は約五三億人から約七三億人に増えており、貧困人口の比率は大幅に減少したことになる。

しかしながら、この世界的高度成長の時代は、いまや終わりつつあるように見える。一〇年代に入ってから成長率がそれ以前の二〇年間とくらべて鈍化しているからである。リーマン・ショック後、中国が世界の成長を救ったと言われてきたが、実際はその中国経済も減速傾向が続いており、最近の国際通貨基金（ＩＭＦ）の世界経済見通しは連続して将来予測を低下させるようになっている。

図Ⅲ－６は世界全体の一人当たり世界総生産の成長率をプロットし、そこに傾向線を引いたものである。傾向線は停滞から下降に向かうような傾きを示している。

この図からは、第二次世界大戦後の高度成長期が六〇年代半ばまで続き、九〇年代半ばまで下降期があり、その後は一〇年代頃まで上昇し、いまこれが下降に向かいつつあるように見える。

かつて二十世紀初頭のロシアの経済学者、ニコライ・コンドラチェフは、世界経済には四〇～五

図Ⅲ-6　1人当たり世界総生産成長率：1950-2016

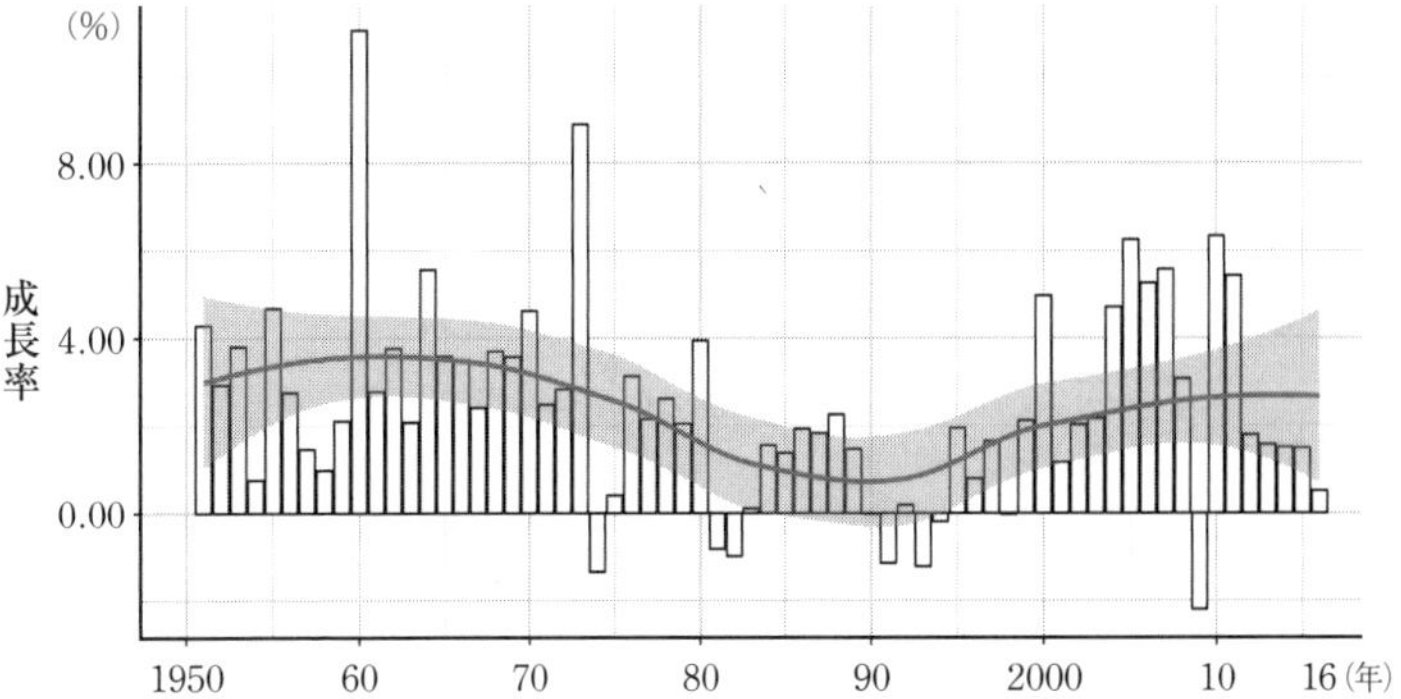

Data: The Maddison Database Project

〇年周期で上昇と下降を繰り返す長波があると主張したことがある。いま世界は、コンドラチェフの下降局面に入ろうとしているのかもしれない。

そして、コンドラチェフ以後の長波の研究者たちの仮説では、この長波は単なる経済の上下動ではなく、技術・経済・政治・軍事など包括的な国際秩序の変動と関係していると言われる。コンドラチェフは、長波の上昇期は技術革新、世界経済への新たな国の参入、金の生産の拡大などが起きた時期だと指摘していた。

九〇年代初めの時代とは、冷戦終結によって中国を含む旧社会主義圏諸国が世界経済に組み込まれた時代であった。そして、技術面でいえばパソコンとインターネットの普及から携帯端末へと技術革新が進み、世界中ほとんどすべての人びとの生活のあり方を変える変化が起きた時代であった。

かつて雁行形態論を提唱した経済学者、赤松要は、このコンドラチェフの上昇期とは、技術革新によって産業構造が「異質化」し、この異質なものが自由貿易によって世界的に拡散して、「同質化」が進むプロセスであると言った。まさにカリフォルニアで起こったＩＴ主体の経済が世界中に普及し、国境を越えたバリューチェーンが出来上がったのが二十一世紀の世界だった。

赤松は同質化した世界では、やがて過剰生産の傾向が生まれ、これが保護主義を生み、国際経済は減速し世界経済は停滞して、コンドラチェフの波は下降に向かうと指摘した。かつて七〇年代末の世界は、家電製品や自動車があふれかえった時代であり、これが激烈な日米貿易摩擦を引き起こした。

さらにコンドラチェフの上昇期とは、新興国が覇権国にキャッチアップする時代であるといわれた。十九世紀末の上昇期にはドイツとアメリカがキャッチアップし、五〇年以後の上昇期にはソ連、西ドイツ、日本がキャッチアップした。そして引き続く下降期は、覇権国と新興国の間で、誰が生き残るかを競う時代だといわれた。二十世紀前半の下降期ではドイツがたたきつぶされ、アメリカはイギリスをパートナーとして生き残った。二十世紀後半の下降期にはソ連がたたきつぶされ、ドイツと日本はアメリカのパートナーとなった。

果たして保護主義がどこまでいくのか。覇権的競争はどのような形態をとるのか。これが今後の焦点であろう。二十世紀前半のコンドラチェフ下降期のような大破局（第一次世界大戦＋大恐慌＋第二次世界大戦）が起きないようにすることが二十一世紀の最大の課題ということになろう。

大戦後の歴史的位相と米中新冷戦

『VOICE』二〇一九年六月号

米中関係の深刻な対立

現在の国際政治の最大の課題は米中関係である。そして、その米中関係は、異なる統治イデオロギーを奉ずる二つの強国が、直接の戦争に訴えることは避けつつもさまざまな領域で対立を継続しているという意味でいえば、「冷戦」といってもおかしくない。しかし、しばしばいわれるように、現在の米中関係は、かつての米ソ冷戦とは相当違う特徴をもっているのであって、「冷戦」という言葉を使うのは不適切であるということもある。たしかに、一九五〇年代の米ソ間には、ほとんどまったく経済交流がなかったのに対し、現在のアメリカと中国は、それぞれがお互いの最大の貿易相手国である。かつての米ソ間の情報流通は著しく制限されていたのに対し、現在の米中の間はインターネットで瞬時に情報が行き来している。

しかし、それにもかかわらず、現在の米中関係に深刻な対立要因が存在することを否定するわけにはいかない。一体、この対立はどのようにして生じたのか。この関係が「対立」的になるには、その背景にいかなる構造があるのか。今後、どのような展開がありうるのか。本稿では、このような問題を考えるために、やや迂遠にみえるが、第二次世界大戦後の歴史的位相のなかで、その構造的特徴が各国の関係にいかなる影響を与えてきたのかを考えてみたい。

あらかじめ単純化して、筆者の見解を述べておくと、現在のアメリカは、自由主義的世界秩序を維持するために覇権的リーダーシップを振るうことに疲れた一九七〇年代以降のアメリカに相似しており、現在の中国は、アメリカにとっては同時期のソ連に似た側面と、それと同時に日本にも似た側面をもつ存在である。したがって、米中関係の今後の展開を考えるとき、一九七〇年代から一九八〇年代にかけてのアメリカとソ連、およびアメリカと日本との関係を振り返ってみることが有益である。これが本稿の主張となる。

パックス・アメリカーナの戦後秩序

言うまでもなく、第二次世界大戦後の時代は、アメリカの経済力と軍事力が世界を圧倒していた時代、パックス・アメリカーナといわれた時代であり、経済システムとしては「ブレトン・ウッズ体制」と呼ばれた時代であった。第二次世界大戦後、アメリカは国際経済秩序を再建するため、IMF（国際通貨基金）とGATT（関税及び貿易に関する一般協定）を主導し、敗戦国であったドイツと日本に自国市場を開放し、固定相場制のもとでドルという国際流動性を供給することによって、各地に高度成長をもたらし、世界経済に「黄金時代」（エリック・ホブズボーム）をもたらした。この過程で、第二次世界大戦で荒廃した西欧や日本は復活を遂げた。

アメリカは、共産主義の脅威に対抗し自由主義的秩序を守るとして、世界各地で大規模な援助とともに、さまざまな軍事介入を行った。この時代について、東西冷戦という名称で二つの陣営が対等に対峙していたような印象で語られることも多いが、海空軍力でも、技術力でも、全般的な経済力でもアメリカ陣営が優位に立っていたことは間違いない。冷戦下の自由主義陣営にとって、アメリカはまさに「銀行家」であり「警察官」であった。

しかし、一九六〇年代も後半にさしかかると、西欧諸国や日本の経済成長の結果、アメリカの経済力は他の西側先進国とくらべて相対的に低下することになった。同盟諸国からの輸出の増大によって、競合した繊維産業などの衰退を招いた。経済的にいえば、世界は「多極化」に向かうといわれたのである。

また、ベトナム戦争に典型的にみられたように、アメリカの積極的な軍事介入は、経済的コストを上昇させるとともに、軍事介入にともなう人的犠牲が高まるにつれて、国内社会における深刻な亀裂を生み出すことになった。ブレトン・ウッズ体制の基礎とも考えられたドルと金との固定相場制は、西側諸国の対米輸出競争力を強めるとともに、フランスなどがドルで金との交換を求めることによって、しばしば危機に晒されることになった。

このような戦後秩序の成功にともなう矛盾が臨界点に達する頃登場したのが、ニクソン政権であった。ニクソン政権は、ベトナム戦争からの名誉ある撤退を求めて、それまでの戦略の徹底的な見直しを行い、アジアのことはアジアに任せるという「ニクソン・ドクトリン」を打ち出すとともに、それまで、ソ連よりも敵視していた中国との関係改善を図った。ニクソン政権の中国接近は、日本などではほとんど予測もされていなかったので、これが事前通告なしに発表されると、「ニクソン・ショック」と呼ばれた。

また、この第一の「ニクソン・ショック」の一ヵ月後、ニクソン大統領は、金とドルとの固定レートでの交換をやめ、アメリカへの輸入品すべてに一〇％の輸入課徴金を導入するなどの「新経済政策」を発表した。ニクソン大統領はアメリカが「片手を背中に縛られて競争」するのは終わりにしたいと語ったのであった。この第二の「ニクソン・ショック」によって、国際金融システムは変動相場制に移行することになった。また、一九七三年には、第四次中東戦争をきっかけに「石油危機」が起こった。それまでアメリカを中心とする石油メジャーが支配してきた世界の石油市場が大きく揺さぶられたのである。

つまり、一九七〇年代の初めには、アメリカ自らが、同国が築いてきた秩序に対して、損な役回りをしたとの感情が生まれ、その秩序を自ら壊すような行動をとるようになった。しかも、このアメリカの打ち立てた秩序にあからさまな挑戦が起こるようになってきたのであった。はたして、現在の状態を生み出したような世界はこの時代と近似するところはあるだろうか。

アメリカの圧倒的優越と過剰介入

言うまでもなく、いまわれわれの生きている世界は冷戦後の世界とみることが可能である。一九八九年以降、ベルリンの壁の崩壊、東欧の共産主義政権の崩壊、ドイツ統一、そしてソ連自身の解体と、ほとんど誰もが想定していなかった現象が次から次へと起こった。歴史家のエリック・ホブズボームは「短い二十世紀」が終焉したといい、政治学者のフランシス・フクヤマは「歴史」自体が終わったのだと論じた。

しかし、いまから振り返ってみると、これらの議論がいうようなそれほど大きな断絶がここで起きたのではなかったのかもしれない。軍事的な側面からいえば、アメリカに挑戦するかにみえていたソ連が崩壊したため、アメリカの軍事的存在は圧倒的なものとなった。チャールズ・クラウサマーの「単極のとき」という論文がいうように、アメリカは再び第二次世界大戦直後のような優越した地位についたのであった。

解体したソ連圏の復興は混乱を極めたが、世界的に民主主義国が広まることをアメリカは歓迎して、これに援助を与えた。クリントン政権の国家安全保障戦略のキーワードは「関与（エンゲージメント）」と「拡大（エンラージメント）」であり、自由主義的秩序を積極的に支援していこうというものであった。一九八〇年代にアメリカの経済力は衰退しているといわれたが、一九九〇年代に入ると、インターネットを基盤とする情報技術が本格的に経済を動かすようになり、その技術革新と商業的利用のほとんどはアメリカで発生した。

日本をはじめ多くの先進工業国の成長が著しく低下するなか、アメリカのみが先進工業国としては比較的高い成長を遂げた。世界貿易機関（WTO）の成立を背景に、世界貿易は拡大を遂げた。「グローバリゼーション」が、この時代のキーワードとなった。つまり、一九九〇年代は、アメリカと自由主義的イデオロギーが優越するなかで経済的相互依存が進展したという意味で、一九五〇年代以降の時代にきわめてよく似た構造的特徴をもつ時代だったのである。

天安門事件の孤立から脱した中国が将来の超大国になるのではないかとの予想は、一九九〇年代の初めにはすでになされていたが、アメリカは、経済成長とともに中国も自由化の方向に向かうことを期待し、アメリカ企業の中国への投資を促進した。また、中国が国際的にさまざまな制度に参加することは、中国の国際社会への「社会化」を促進し、国際的にも協調的な行動をとるようになることを期待した。中国に対するいわゆる「関与政策」であった。

そして、この関与政策のシンボルともいえたのが中国のWTO加盟であった。中国は、WTOというそれまでにも増して自由主義的な国際経済秩序のなかで、世界最大の貿易国となり、空前の経済成長を遂げた。中国は、世界中に中国製品があふれたが、その最大の受け取り手は開放的なアメリカ市場であった。中国は、その統治イデオロギーからいえば、冷戦下のソ連を継承する共産主義国家であったが、鄧小平の「改革開放」路線の帰結が自由化であろうとの期待のもとに、戦後秩序において日本が受けたような優遇策を享受したのであった。

もちろん、当時から中国の経済成長が将来的にアメリカの軍事的脅威になる可能性は十分指摘されていたが、そのことが、アメリカの関与政策を変化させることはなかった。世界的な技術革新が次から次へと起こっていたアメリカは、技術力で中国に追いつかれるなどとは想像もしなかったのである。それより何よりもアメリカにとって脅威だったのは、世界的なテロリズムだと思われた。二〇〇一年九月十一日のニューヨークとワシントンへのテロ攻撃以後、アメリカの安全保障面での関心は、アルカイーダを代表とするテロ組織を撲滅することとなった。二十一世紀初めのアメリカにおいて、一九五〇年代の共産主義への恐怖に相当したのは、脱国家的テロリズムであった。

アメリカの圧倒的優越と民主主義拡大の熱意、そしてテロに対する恐怖、この三つが結合して登場したのが、いわゆる「新保守主義」（ネオコン）の発想であった。アメリカの軍事力でもって強権的権威主義政権を打倒しさえすれば、世界に民主主義を拡大していくことが可能であるとの発想で、イラク攻撃も行われた。しかし、実際のイラク統治の拙劣さもあり、この全能の幻想は実現せず、かえってテロをイラクから中東全体に拡散させることになった。

さらにまた、イラク攻撃によってアフガニスタンにおける秩序回復のために必要な勢力が割かれ、アフガニスタン情勢も好転しなかった。南ベトナムに膨大な援助を与えていけば、共産主義の北ベトナムに対抗できる民主的な国家を南ベトナムに成立させることができるとの期待からベトナムへの介入の泥沼にはまってしまった一九六〇年代が、二十一世紀に入って再び繰り返されたかのようであった。イラクとアフガニスタンからの撤退を掲げたオバマ政権は、かつてのニクソン政権の役回りを演ずることになった。

このように観察してみると、冷戦後の時代は、相当程度、第二次世界大戦後の時代と似ていることがわかる。圧倒的な軍事力と最新の技術力に支えられた経済的優越を背景に、この時代もまた、アメリカによる覇権の時代だったといえそうである。しかも、この覇権を握っているという自己認識が、最大の脅威への過剰ともいえる反応を生み出した。この過剰介入が、アメリカ社会を対外的積極外交を慎む方向に向かわせることになる。

ソ連の軍事的脅威と日本の経済的脅威

アメリカ主導の秩序が動揺し、アメリカ自らがその秩序に反するような行動をとっていった時代には、その後実際何が起きたのか。まず、一九七〇年代のアメリカ外交には、相当な揺らぎがみられた。一九七三年のパリ協定でベトナムからのアメリカ軍撤退が決まったが、その後一九七五年の北ベトナムの南ベトナム併合に対しては、アメリカはほとんどなすことがなかった。ソ連との軍備管理を進める一方、デタント（緊張緩和）が必要であるとの認識が強まったが、これに対するアメリカ国内の反発は徐々に強まっていった。一九七六年の大統領選挙で当選したカーター大統領は、朝鮮半島からアメリカ軍を撤退させることを自らの公約にしていた。結局、国防省その他の反対でこれは実現しなかったが、消極姿勢が目立ち、イラン革命後の混乱のなかテヘランのアメリカ大使館が占拠されたとき、この救出作戦が惨めな失敗を喫したことは、アメリカ人に多大の屈辱感を与えることになった。

対外行動に揺らぎがみえているこの時期、しかしながら、ソ連の軍事力拡大に対する脅威認識は急速に高まっていった。戦略核兵器ではパリティ（平衡）が保たれ相互確証破壊の状況に達しているとみられていたが、ソ連の戦略核ミサイルの開発は、同国に第一撃能力を与えてしまうのではないかとの懸念が強まっていった。さらにソ連がヨーロッパにSS-20という中距離核ミサイルを配備し始めたことは、これに対抗策をとらないことには、アメリカの同盟国に対する拡大抑止の信頼性を保てないと深刻に懸念された。

さらにまた、ソ連は、アフリカ方面の数多くの国に援助を与え、自らの勢力を伸張させていた。決定的だったのが、一九七九年末のソ連のアフガニスタン侵攻であった。のちにわかったソ連の政策決定のプロセスからみると、アフガニスタン侵攻にそれほどの戦略性はなかったようであるが、当時ソ連は、アフガニスタンを押さえ、その後、中東からアフリカを自らの勢力圏にするための王手をかけてきたとみられたのであった。

このようなソ連の動きに対して、断固対抗しなければならないという姿勢を示したのがレーガン政権であった。つまり、軍事面での揺らぎから、徐々に軍事的脅威認識が強まり、挑戦は断固排除するとの姿勢転換が起こったのであった。

経済面でいえば、ソ連は脅威ではなかった。経済面での覇権国アメリカへの脅威は、日本であるとみられた。第二次大戦後の開かれた貿易秩序の恩恵を最も享受したのが日本であり、世界第二の経済大国になった。日本は、自らの市場を閉鎖したまま、開放的なアメリカ市場に洪水のように輸出をする「不公正」な貿易を行っているのだと非難された。

そもそも日本の資本主義は、アメリカなどの資本主義とは本質的に異なるシステムであって、自由な競争をしていけば、日本のみが利益を得る構造になっていると論じられた。したがって、日米間の貿易を自由にしておくことは、日本のみを利するのであって、最終的には数値目標を決めて貿易を管理していかなければならないという方向に向かっていった。

レーガン政権は、軍事面ではソ連の脅威に対抗するためSS-20に対抗する中距離核ミサイルをヨーロッパに配備するとともに、スターウォーズ計画を発表するなどソ連への軍事圧力を強めていく一方、経済面では日本と多方面にわたる通商交渉を進め、日本に対米輸出自主規制を求めることに加えて、日本市場開放とそのために数値目標を求めるなどの圧力をかけ続けたのである。結局、アメリカの覇権の衰退期とみられたこの時期、同国は、実際には自らの覇権への挑戦は許さないとの姿勢を示したのであった。

長期化する米中新冷戦のなかで

二〇一六年の大統領選挙キャンペーンの最中からトランプ大統領が語ってきたことは、これまでのアメリカ外交の基本路線から乖離する主張が多かった。同盟国への非難も躊躇わず、就任演説でも、アメリカだけが一方的に損を被ってきたとの趣旨の発言を行った。依然として、西欧の同盟諸国との関係はギクシャクしたままである。

しかし、トランプ大統領個人の言動にもかかわらず、アメリカ社会内部のさまざまな発言やアメリカが実際に実施してきた政策を検討してみると、少なくとも対中政策に関しては、かなりはっきりとした方向性がみえてきた。

第一に、中国をイデオロギー的な敵対者とみる見方である。習近平政権以前は、民主主義に向かっていたわけではないにしても、開放化は進み国家主席の任期制が厳格に遵守されるなど「法の支配」に向かう傾向もみられた。しかし習政権以降は、国家主席の任期撤廃など、これが止まってしまっただけでなく逆行し始めたとみられるようになった。

二〇一七年秋の第一九回全国代表大会で習近平は、中国型の発展モデルを自賛し、これを世界に広める姿勢を示した。つまり、現在の中国は、かつてのソ連のようにイデオロギー的にアメリカに敵対し、競争しようとしているのではないかとみられるようになったのである。最近、アメリカ国内でとみに強調され、大きな批判の対象となっているのが、新疆ウイグル自治区の強制収容所における人権弾圧である。一九七〇年代後半以降、ソルジェニーツィンの『収容所群島』が描き出したソ連の強制収容所における人権弾圧への怒りを彷彿とさせるものである。

第二に、中国の地政学的動きや軍事力増強についても懸念はますます強くなっている。かつてのソ連がアフリカへの進出を狙ったことに対する警戒があったごとく、中国の「一帯一路」構想によるアジアからアフリカ、さらにはヨーロッパの国々まで自らの勢力圏に取り込もうとする動きへの脅威認識が高まっている。しかも、中国による開発途上国へのインフラ支援の融資は、債務の罠に陥れる意図的戦術であるとの見方が強くなっている。さらに、軍事増強も大きな懸念材料である。アメリカは最近、中距離核戦力全廃条約（INF条約）からの離脱を表明した。その背景には、ロシアの中距離核の問題もあるが、中国がINF条約に拘束されないなか、着々と中距離弾道ミサイルを配備していることもある。つまり、いまやアメリカの多くの人びとが、現在の中国はかつてのソ連のごとき存在であると見始めているということになる。

第三に、中国の産業政策が一大脅威とみられるようになったことが重要である。中国が二〇一五年に発表した「中国製造2025」は、中国が最先端の産業で世界制覇を遂げるためのブループリント（青写真）とみられた。かつて、日本の産業政策がアメリカ国内で脅威認識をもって語られた以上の脅威認識が生まれた。そして、中国にここまでの産業競争力をつけさせてしまったのは、中国がアメリカやその他の国の知的財産権を侵害したり、中国に投資する企業に技術移転を強要したり、さらにはあからさまな米国技術の盗取を行うのを許してきたからだとの反省が広まった。

つまり、冷戦後秩序の動揺のなかから、アメリカにとっての最大の課題は、中国であることがはっきりしてきたというのが、現段階のアメリカの国際認識なのである。そして、もし一九七〇年代末から一九八〇年代にかけてのアメリカの行動が、今後の同国の行動に関するいささかのヒントとなるとすれば、アメリカの中国に対する姿勢はきわめて強硬であり続けるということになろう。なぜなら、いまの中国は、アメリカにとってかつてのソ連でもあり日本でもあるからである。

もちろん、この帰結がいかなるかたちに収束することになるかの予測は不可能である。しかし、アメリカにとって、この課題は、一九八〇年代よりも困難なものとなりうる。かつてのソ連には、日本の産業競争力はなかったし、日本はそもそもアメリカの同盟国でありアメリカに安全保障を依存する存在だったからである。現在の中国は、核戦力を含む独自の軍事力をもち、世界最先端に迫ろうとする産業競争力を獲得しつつある。もし現在の中国がかつての日本のように、産業競争力の面のみでの挑戦者であれば、妥協は可能であろう。日本が当時したように市場開放の約束を行い、非関税障壁をできる限り撤廃し、アメリカに大量の直接投資を行うことでアメリカ国民の雇用に貢献するなどをすればよいからである。

しかし、中国がかつてのソ連と同様の側面をもつとすれば、そもそも中国の対米投資は制限されざるをえない。中国の軍事力増強がとどまらず、中国共産党の強権体制が続き人権弾圧も継続するとすれば、仮に貿易面である種の妥協が続いたとしても、アメリカの対中国姿勢は、一九八〇年代の対ソ姿勢を彷彿とさせるようなものになる可能性は大きいのではないか。そうだとすれば、米中新冷戦は、相当長期にわたって継続するとみなければならないであろう。ソ連にゴルバチョフが登場したことが、さまざまな偶然の結果だったとすれば、よほどの偶然が起きなければ、米中新冷戦はなかなか終わらない。

このような米中新冷戦を前に、日本の立場ははっきりしてはいるが、困難なものとならざるをえない。中国が権威主義体制を強めつつ、世界最先端の産業競争力を獲得し、これを背景にサイバー・宇宙・電磁波なども含む軍事力増強を継続するとすれば、これは日本にとっても脅威である。まして、このようなモデルを中国が世界に広めようとすることは、アメリカのみならず日本や他の自由主義的民主主義諸国にとっても脅威だからである。

日本は安全保障や技術に関する同盟の連帯を維持しつつ、最大の貿易相手国である中国との間で積極的な関係の築ける領域をどうやって探っていくか。ここに日本外交の課題があり困難も存在する。

あとがき

本書は、二〇一一年以降、折に触れ執筆した論文や論評をある程度のまとまりあるように並べて再録したものである。執筆時点での国際情勢に合わせて書いたものであり、テーマもさまざまである。体系的な著作として構想したものではないので、『新しい中世』で概観したような近代世界システムについての見方や分析が繰り返され、煩わしいと感じる部分もあろうかと思う。それぞれの論評は独立してお読みいただくことを想定していたためである。ご寛恕いただければ幸いである。また、そのような次第で、内容は発表当時のままである。ただし、本書全体の一貫性の観点から、文体や用語等を変更した部分もある。

本書は、中央公論新社の吉田大作さんのお勧めによりまとめたものである。論文や論評は吉田さんに選定していただき、文体や用語の統一についてもご助言いただいた。深くお礼申し上げたい。

筆者は、本書に収録されている論文や論評を書いている間、三度職場を変えた。二〇一二年四月に、東京大学を離れ国際協力機構（JICA）の理事長に就任し、二〇一五年十月、JICA理事長の任期満了にともない東京大学に復職、二〇一七年四月、政策研究大学院大学の学長に就任した。大学と国際協力の現場を行き来したことになるが、大変貴重な経験であった。とりわけJICAの関係者の皆様に感謝申し上げたい。また、その間研究室業務は、すべて池田恭子さんのご助力で進めることができた。いつもながら有難うございます。

二〇一九年十二月

田中 明彦

田中明彦（たなか・あきひこ）

1954年埼玉県生まれ。東京大学教養学部卒業、マサチューセッツ工科大学大学院博士課程修了（Ph.D.政治学）。東京大学東洋文化研究所教授、東京大学副学長、独立行政法人国際協力機構（JICA）理事長などを経て、現在、政策研究大学院大学学長。著書に『新しい「中世」――21世紀の世界システム』（サントリー学芸賞）、『ワード・ポリティクス――グローバリゼーションの中の日本外交』（読売・吉野作造賞）、『複雑系の世界――「テロの世紀」と日本』『アジアのなかの日本』『ポスト・クライシスの世界――新多極時代を動かすパワー原理』他。

ポストモダンの「近代《きんだい》」
――米中《べいちゅう》「新冷戦《しんれいせん》」を読《よ》み解《と》く

〈中公選書〉

著　者　田《た》中《なか》明《あき》彦《ひこ》

2020年1月25日　初版発行

発行者　松田陽三

発行所　中央公論新社
〒100-8152　東京都千代田区大手町1-7-1
電話　03-5299-1730（販売）
03-5299-1740（編集）
URL http://www.chuko.co.jp/

DTP　今井明子

印刷・製本　大日本印刷

Published by CHUOKORON-SHINSHA, INC.
Printed in Japan　ISBN978-4-12-110101-3 C1331
定価はカバーに表示してあります。